WESTEND

EMRAN FEROZ

TOD PER KNOPFDRUCK

Das wahre Ausmaß des US-Drohnenterrors
oder Wie Mord zum Alltag werden konnte

WESTEND

Mehr über unsere Autoren und Bücher:
www.westendverlag.de

Die Deutsche Nationalbibliothek verzeichnet diese Publikation in der Deutschen Nationalbibliografie; detaillierte bibliografische Daten sind im Internet über http://dnb.d-nb.de abrufbar.

MIX
Papier aus verantwortungsvollen Quellen
FSC www.fsc.org FSC® C083411

ISBN 978-3-86489-180-9

Umschlaggestaltung: Buchgut, Berlin
Satz: Publikations Atelier, Dreieich
Druck und Bindung: CPI – Clausen & Bosse, Leck
Printed in Germany

Inhalt

Vorwort

Erst im 20. Jahrhundert wurde der Himmel vom Menschen erobert. Es dauerte nicht lange von der Konstruktion des ersten Flugzeuges bis zur Bewaffnung der bemannten Fluggeräte. Die zahlreichen Kriege, die im letzten Jahrhundert stattfanden, waren geprägt von Fliegerbomben, die von Piloten abgeworfen wurden. Auch in Regionen der sogenannten Dritten Welt kennt man den Tod aus der Luft bereits aus der Kolonialzeit, etwa durch die Kampfflieger der Briten, die damals schon ihren strategischen Vorteil gegen ihre Widersacher am Boden einsetzten. Damals wie heute waren meisten Menschen in diesen Regionen dem Bomben der Kampfflieger hilflos ausgeliefert. Unterdessen wurde die technologische Entwicklung der Tötungsmaschinen im Westen mit großem Eifer weiterverfolgt, und die Konstruktion von Hightech-Kampfjets und Helikoptern sollte nur der vorläufige Höhepunkt sein. Unbemannte Kampfdrohnen, die sich beliebig fernsteuern und bewaffnen lassen, haben die Kriegsführung im 21. Jahrhundert revolutioniert und erfreuen sich bei den verantwortlichen Politikern und Funktionären im Westen einer immer größeren Beliebtheit. Das verwundert nicht, denn schließlich schont der Drohnenkrieg das Leben der eigenen Soldaten und ist für die Öffentlichkeit in westlichen Ländern weitestgehend »unsichtbar«. Diese technologische Entwicklung, die die Bezeichnung »Errungenschaft« gewiss nicht verdient hat, prägt zum gegenwärtigen Zeitpunkt den Alltag in mehreren Ländern der Welt. Insbesondere die Vereinigten Staaten von Amerika haben diese Entwicklung maßgeblich vorangetrieben und dafür gesorgt, dass der Tod per Knopfdruck – nichts anderes geschieht hier tagtäglich – erfolgreich etabliert wurde. Anfang 2001 besaßen die USA weltweit nicht mehr als 50 Drohnen, 2013 waren es bereits zwischen 7 500 und 8 000. Inzwischen ist der klassische Pilot zum Auslaufmodell geworden. Das US-Militär bildet heute weitaus mehr Drohnenpiloten als konventionelle Kampfflieger aus, die meisten von ihnen sind Zivilisten, die das reale Schlachtfeld, etwa in den Bergen Afghanistans oder in den Wüsten Jemens, niemals betreten werden. Wie in einem Computerspiel töten sie Menschen, die sich viele tausend Kilometer entfernt befinden, per Knopfdruck, bevor sie wie andere Menschen mit einem normalen Arbeitsalltag ihre Schicht beenden, Feierabend machen und nach Hause zu ihren Familien gehen. »Es ist so, als ob man auf Ameisen tritt und danach nicht mehr daran denkt«, gab etwa Michael Haas, ein ehemaliger Drohnenoperator der US-Luftwaffe, später zu Protokoll.[1] Während seiner sechsjährigen »Karriere« saß Haas im Luftwaffenstützpunkt Creech in Las Vegas und tötete mit dem Joystick in der Hand Menschen in Afghanistan. Wer sie gewesen sind, weiß er nicht. Obwohl Haas seine Verbrechen offen zugibt und sich gegen den Drohnenkrieg ausspricht, können die Angehörigen seiner Opfer nicht auf Entschädigung oder die Aufarbeitung seiner Taten hoffen. Für sie bleiben die Mörder ihrer Familienangehörigen, ihrer Söhne und Töchter, ihrer Nachbarn und Freunde ebenfalls unbekannt. Für die betroffenen Menschen in Afghanistan, in Jemen, in Irak und vielen anderen Ländern sind Haas und seine ehemaligen Kollegen eiskalte Mörder, die ihnen alles genommen haben und ihren Alltag terrorisieren.

Für mich selbst war der Drohnenkrieg stets etwas Dystopisches, das die meisten Menschen nur aus düsteren Science-Fiction-Filmen kennen. Die erste Predator-Drohne sah ich im Fernsehen, als das

US-Militär Afghanistan, die Heimat meiner Eltern, bombardierte. Viele meiner Schulfreunde empfanden diese Waffen als »cool«, und offensichtlich waren selbst acht- bis zehnjährige Knirpse wie wir damals schon überzeugt davon, dass die USA in dieser Welt »die Guten« darstellen. Der sogenannte Krieg gegen den Terror, den das Weiße Haus nach den Anschlägen des 11. Septembers 2001 ausrief, begann am Hindukusch und wird dort bis heute geführt. Es war für mich beängstigend, mitanzusehen, wie andere Afghanen, deren Eltern nicht das Glück hatten, irgendwie in den sicheren Westen zu gelangen, einfach ausgelöscht wurden – und zwar nur weil sie Afghanen sind, sich wie solche verhalten oder wie sie aussehen. Schwarze Haare, ein Bart und ein Turban oder ein Pakol – eine klassisch afghanische Kopfbedeckung – reichten offenbar schon aus, um als »Terrorist« gejagt zu werden. Wäre auch ich ins Fadenkreuz geraten und hätte in der Heimat meiner Vorfahren als »Terrorist« oder »feindlicher Kämpfer« gegolten?

Umso überraschter war ich, als mir auffiel, dass trotz der bekannten Tatsachen eine kritische Berichterstattung sowie eine öffentliche Auseinandersetzung zum Drohnenkrieg praktisch nicht stattfand. Der Terror, den die USA und ihre Verbündeten mit ihren Todesmaschinen verbreiteten, war allem Anschein nach keine Schlagzeile wert. Bis heute werden einzelne Drohnenangriffe von vielen Nachrichtenagenturen nur selten aufgegriffen. In den allermeisten Fällen werden die Opfer ohne jegliche Beweise als »Terrorverdächtige« oder »mutmaßliche Militante« abgestempelt. Dies führt dazu, dass das wahre Ausmaß dieses Krieges von der Öffentlichkeit kaum wahrgenommen wird. Hinzu kommt, dass jene, die diesen Krieg führen, allein schon von der klandestinen Natur der Drohnenangriffe profitieren. Bis vor kurzem konnten bewaffnete Drohnen der USA mit maximal zwei Raketen ausgerüstet werden. Eine einzelne Drohne tötete demnach meistens kleine Gruppen von Menschen, etwa vier bis sechs Personen. Derartig »kleine« Angriffe und Verluste werden oftmals als

»sehr gering« oder »unbedeutend« abgetan. Das Gesamtbild des Drohnenprogramms geht dabei vollkommen unter. Für mich war klar, dass ich daran etwas ändern musste und vor Ort recherchieren und den Menschen hier von diesem Krieg berichten musste. Als erste Reaktion gründete ich Ende 2013 das »Drone Memorial«, eine virtuelle Gedenkstätte für zivile Drohnenopfer, die sonst nirgends Erwähnung fanden. Während es zahlreiche reale Gedenkstätten für die verschiedensten Kriegs- und Terroropfer gibt, ist dies bei den Drohnenopfern der USA nicht der Fall. Sie bleiben namenlos und unsichtbar, man könnte meinen, dass sie gar nicht existieren. Eine Sicht, die wohl auch im Interesse der Verantwortlichen für den Drohnenterror ist. Es ist schwer, der medialen Deutungshoheit der westlichen Medien etwas entgegenzusetzen und einer Berichterstattung, die den Wert eines Menschenlebens mit unterschiedlichen Maßstäben misst. »Alle Tiere sind gleich, aber manche sind gleicher«, schrieb George Orwell einst in seiner *Farm der Tiere*. Diese eiskalte Doppelmoral trifft insbesondere auf den Drohnenkrieg sowie die westliche Außenpolitik in Ländern wie Afghanistan zu.

Dieses Buch soll vor allem deutlich machen, dass kein Mensch gleicher, sondern tatsächlich alle gleich sind. Die Opfer des Drohnenkrieges haben unsere Aufmerksamkeit verdient, da es unsere Regierungen sind, die sie terrorisieren. Drohnen sind keine »präzisen« Waffensysteme, die ausschließlich »Terroristen« töten. Dieses verzerrte Bild, was sich schon längst in den Köpfen vieler Politiker festgesetzt hat, ist von Grund auf falsch. Es ist dringend nötig, diese Sicht zu dekonstruieren, um auf die realen Umstände und Auswirkungen des Drohnenkrieges aufmerksam zu machen. In diesem Buch werden Opfer genannt, über die teilweise zuvor noch niemand berichtet hatte. Ihr Schicksal muss beschrieben werden, ebenso wie die Schicksale der Opfer von Charlie Hebdo oder den Anschlägen von Madrid und London oder jenen des 11. Septembers beschrieben wurden. Wo es Opfer gibt, gibt es auch

Täter. Der Drohnenkrieg macht allerdings deutlich, dass es keinen Einzeltäter gibt, sondern dass vielmehr eine ganze Tötungsindustrie hinter dem Mord per Knopfdruck steht, die es zu benennen gilt. In einer Welt, in der trotz der vorherrschenden Zustände dennoch Recht und Gesetz gilt, gibt es auch einige tapfere Menschen, die sich mutig gegen den Drohnenkrieg der USA – des größten Imperiums der Geschichte – stellen und diesen mit friedlichen Mitteln bekämpfen. Diese Menschen machen deutlich, dass jede Art von Widerstand, egal unter welchen Umständen, zählt und wichtig ist, um auf den Tötungskomplex des Weißen Hauses, der CIA, des Pentagons und all ihren Verbündeten aufmerksam zu machen. Die Hoffnung und das Engagement, die diese Menschen verkörpern, stehen über einer düsteren Realität, die gegenwärtig so zermürbend und allgegenwärtig erscheint.

Vom Aufstieg der Todesengel

Als der Todesengel Aishas Gesicht raubte

Am 7. September 2013 nahm eine US-amerikanische Reaper-Drohne einen Pick-up in der ostafghanischen Provinz Kunar ins Visier. Aus rund vier Kilometer Höhe beobachtete das unbemannte, mit Hellfire-Raketen ausgestattete Flugzeug das Fahrzeug, ganz im Unwissen der fünfzehn Insassen. Der Wagen befand sich auf dem Weg nach Gamber, einem nahegelegenen Dorf. Für das US-Militär ist Kunar berühmt-berüchtigt, immerhin wurden in dieser Provinz, die in weiten Teilen von den afghanischen Taliban kontrolliert wird, seit dem NATO-Einmarsch Ende 2001 zahlreiche amerikanische Soldaten getötet.[1] Womöglich war dies einer der Gründe dafür, warum die Drohnenpiloten an jenem Tag im September davon überzeugt waren, dass sich im besagten Pick-up nur Militante, Terroristen oder Extremisten – mittlerweile gibt es für die Aufständischen viele Namen – befinden konnten.

Ausgeführt wurde die Operation von der Special Operations Command, jener schattenhaften Einheit des US-Militärs, die weltweit für Geheimoperationen zuständig ist und Drohnenangriffe wie den beschriebenen zum Alltag in Afghanistan gemacht hat. Wie bei jeder anderen Drohnenoperation wurde auch diese von mehreren Personen gleichzeitig ausgeführt und begleitet. An einem Kontrollpult befand sich der Pilot, der das Flugzeug via Fernsteuerung bediente und ein Sensoroperator, der für die

Kameras sowie für das Waffensystem der Drohne zuständig war. In einem separaten Raum verfolgten ein Missionskoordinator (»mission intelligence coordinator«) und zwei seiner Kollegen das Geschehen über mehrere Monitore. Hinzu kamen unter anderen der Chefkoordinator (»intelligence tactical coordinator«), der die Hauptverantwortung für die Operation innehatte, sowie sogenannte Screener, die die Lage am Boden ebenfalls mitverfolgten.[2] In vielen Fällen sind diese Personen Zivilisten, die für private Sicherheitsdienstleister arbeiten. Diese Privatunternehmen werden wiederum vom US-Militär beauftragt. Mittlerweile sind sie zu Massen in den Schattenkrieg der Vereinigten Staaten verwickelt und allgemein für das Kriegsgeschäft des Pentagons unentbehrlich geworden.[3]

Die Verantwortlichen der Operation waren nicht vor Ort in Kunar. Stattdessen befanden sie sich Tausende von Kilometer entfernt, etwa in der Creech Air Force Base in der Wüste Nevadas oder anderswo in den Vereinigten Staaten. Eine wichtige Frage, die sich hierbei stellt, ist folgende: Was sehen all diese Personen überhaupt? Können sie tatsächlich unterscheiden, ob es sich bei den Personen am Boden um Männer, Frauen oder Kinder handelt? Wissen sie, ob sie bewaffnete oder unbewaffnete Menschen sehen? Die Antwort lautet nein. Die Bilder sind bei weitem nicht so gut, wie uns Medien und teure Hollywood-Produktionen glauben machen wollen. De facto fällt es den Drohnenpiloten oftmals schon schwer, fahrende Autos wie jenen Pick-up ausreichend zu identifizieren. Viele Faktoren, etwa die Tageszeit, der Staub in der Luft oder der bewölkte Himmel, spielen hierbei eine Rolle. Die Aufzeichnungen der Gespräche der Piloten, Sensoroperatoren und Koordinatoren haben deutlich gemacht, dass auch Kinder und Frauen durch die Kameras kaum erkannt werden. Selbiges gilt für Bewaffnete und Unbewaffnete.[4]

Dennoch bestimmten diese Menschen an jenem Tag über das Schicksal der 15 Afghanen im Pick-up. Sie hatten die Macht über

Leben und Tod – und sie entschieden sich für den Tod per Knopfdruck, für die vollständige Vernichtung. Per Fernauslöser wurden die Hellfire-Raketen gezündet und das Leben von 14 der 15 Insassen, allesamt Zivilisten, ausgelöscht. Nur ein kleines Mädchen, die damals vierjährige Aisha, überlebte. Doch bei dem Angriff verlor das afghanische Mädchen nicht nur ihre Familie, sondern auch ihr Gesicht. Es wurde zerfetzt und entstellt.[5]

»Hast du von dem Angriff gehört, der auf der Straße nach Gamber stattfand?« wurde Meya Jan, Aishas Onkel, kurze Zeit später am Telefon von einem Bekannten aus dem Nachbardorf gefragt.[6] Meya hatte ein ungutes Gefühl im Bauch. Er hatte Angst um seine Schwester Tahera, deren Ehemann Abdul Rashid, seinen einjährigen Neffen Jundullah und um Aisha. Gemeinsam mit anderen Dorfbewohnern begab er sich zum Tatort. Dort konnte er nur noch Aisha lebendig bergen. Sie wurde in ein Krankenhaus in der nahegelegenen Stadt Asadabad gebracht. Doch die Ärzte vor Ort konnten Aishas Wunden lediglich reinigen und stellten fest, dass sie durch den Angriff ihr Augenlicht verloren hatte. Die Ärzte sagten Meya, dass sie für Aisha aufgrund ihrer schweren Verletzungen nichts mehr tun könnten. Noch am selben Abend organisierten sie den Transport nach Jalalabad, der Hauptstadt der Provinz Nangarhar. Dort, so hieß es, bestünde die Hoffnung, Aisha besser helfen zu können. Doch auch dort wirkten die Ärzte hoffnungslos und meinten, dass ein moderneres Krankenhaus notwendig sei. Nach vier Tagen Behandlung wurde Aisha mittels eines Hubschraubers und dank der Hilfe von UNAMA – der Unterstützungsmission der Vereinten Nationen in Afghanistan – nach Kabul gebracht. Dort konnte sie zwar besser behandelt werden, allerdings wurde ihr Fall von der Internationalen Sicherheitsunterstützungstruppe der NATO (ISAF) übernommen. Das Schicksal des Mädchens hatte sich bereits herumgesprochen. Es hieß, dass wieder einmal afghanische Zivilisten durch US-amerikanische Luftangriffe getötet worden seien. Aisha befand sich nun im französischen Militärkrankenhaus nahe dem Kabuler Flughafen. Auch der damalige Präsident Afghanistans, Hamid Karzai, erfuhr von Aisha und besuchte sie im Krankenhaus. Als Karzai das sah, was von Aishas Gesicht übrig geblieben war, fing der Präsident an zu weinen. »In diesem Moment wünschte ich mir, dass sie mit ihrer Familie gemeinsam gestorben wäre«, meinte er sichtlich erschüttert in einem späteren Interview mit der *Washington Post*.[7] Doch Aisha lebte – und für jene, die von ihrer Geschichte erfuhren, wurde ihr entstelltes Gesicht zum Symbol des US-Drohnenterrors in Afghanistan.

Karzai ist eine mehr als umstrittene Persönlichkeit der afghanischen Politik und wurde während seiner Amtszeit zum Inbegriff der Korruption in Afghanistan. Außerdem war es ein offenes Geheimnis, dass der »Bürgermeister von Kabul«, wie er spöttisch genannt wurde, kaum Macht hatte ohne den Rückhalt aus Washington. Dennoch macht Karzai bis heute regelmäßig auf sich aufmerksam, weil er den Krieg Washingtons in Afghanistan öffentlich kritisiert. Der ehemalige Präsident, dessen Aufstieg erst von Gnaden der Amerikaner ermöglicht wurde, sieht im US-Krieg in Afghanistan einen der Hauptgründe für den Anstieg von Extremismus in der Region. Außerdem, so Karzai, würden vor allem Zivilisten wie die Familie Aishas unter der US-amerikanischen Besatzung leiden. Vielen Beobachtern zufolge war die politische Eiszeit, die zwischen Karzai und der Obama-Administration deutlich spürbar wurde, das Resultat derartiger Statements. Plötzlich hielten die Amerikaner nicht mehr viel von ihrem Mann in Kabul. Für sie war er zunehmend eine undankbare Marionette, die die Fäden zu ihrem Puppenspieler abgetrennt hatte, gegen ihn rebellierte und ihr eigenes Süppchen kochte.

Man kann von Hamid Karzai halten, was man will. Seine Anteilnahme für Aisha war jedoch echt. Auch für ihn stand das Schicksal des kleinen Mädchens symbolisch für das Leid, das die Bevölkerung seit Jahren erfuhr. In Washington wusste man bereits, dass man, wieder einmal, keine militanten Kämpfer, sondern unschuldige Zivilisten getötet hatte. Gleichzeitig war man sich der Brisanz des Falls bewusst, denn die Gefahr war groß, dass die Geschichte Aishas Wellen schlagen und internationale Medien sich auf sie stürzen würden. Der US-Regierung drohte miserable Publicity für ihren »Krieg gegen den Terror« am Hindukusch und in anderen, vergessenen Regionen der Welt.

Von heute auf morgen verschwand das afghanische Mädchen aus Kabul. Laut offizieller Darstellung wurde Aisha in die Vereinigten Staaten gebracht, um sie dort besser behandeln zu können. Es ist jedoch naheliegend, dass der Entschluss auch getroffen wurde, um Aisha vor dem Licht der Öffentlichkeit zu verbergen. Aishas Familie zufolge geschah all dies ohne ihr Einverständnis. »Es war offensichtlich, dass sie Aisha verstecken wollten. Die US-Regierung will nicht, dass jemand von deren Kriegsverbrechen erfährt«, so Meya Jan, Aishas Onkel. »Ihr Gesicht hätte den Drohnenkrieg der Amerikaner endgültig enttarnt«, fügte er hinzu.

Vertreter der damaligen Karzai-Regierung sagten hingegen, dass die Familie damit einverstanden gewesen war, Aisha in die Obhut einer Pflegefamilie zu übergeben und sie in einer Spezialklinik behandeln zu lassen. »Wir haben die Zustimmung ihres Onkels«, so ein ehemaliger Sprecher von Hamid Karzai.[8] Welcher Onkel damit gemeint ist, wird allerdings nicht klar. De facto steht hier Aussage gegen Aussage. Die afghanische Regierung, vor allem jene Hamid Karzais, ist nicht gerade bekannt dafür, die Wahrheit zu sagen.

Tatsächlich ist Ähnliches schon einmal geschehen. Im August 2010 war auf der Titelseite des renommierten Magazins *TIME* das entstellte Gesicht einer afghanischen Frau, die ebenfalls den Namen Aisha trug, zu sehen. Der reißerische Untertitel dazu lautete »Was passiert, wenn wir Afghanistan verlassen?«[9] Mit »wir« war natürlich die westliche Staatengemeinschaft gemeint, die 2001 in das Land einmarschierte, um den Afghanen – und vor allem den

Frauen – Freiheit, Menschenrechte und Demokratie zu bringen. Der Ehemann der jungen Frau hatte ihr Nase und Ohren abgeschnitten. Durch das Titelbild sollte, wie könnte es auch anders sein, suggeriert werden, dass die unterdrückten Afghaninnen weiterhin auf die militärische Präsenz der NATO im Land angewiesen seien, um sie vor ihren wilden, bärtigen Männern zu beschützen.

Diese Vorurteile sind ein fester Bestandteil jenes kolonialen Diskurses, der vom Westen bereits vor einigen hundert Jahren konstruiert wurde, um die eigene Gewalt in anderen Ländern zu rechtfertigen. Genauso selbstverständlich ist es auch, die Opfer der eigenen Gewalt zu verschweigen und zu verdrängen. Dies ist auch einer der Gründe, warum Aisha, das Drohnenopfer, auf keiner Titelseite eines der großen Politmagazine im Westen zu finden war. Ein derart niederschmetterndes Schicksal wäre ihr nämlich niemals zuteil geworden, wenn »wir« nicht in ihr Land einmarschiert wären und es nicht regelmäßig bombardieren würden.

Das, was Aisha widerfahren ist, kann nur als Terroranschlag bezeichnet werden. Als nichts anderes wird es nämlich von den Menschen vor Ort, Menschen wie Aishas Familie, wahrgenommen. Es ist eine Art von Terror, die nicht nur in Afghanistan, sondern auch in vielen anderen, mehrheitlich muslimischen Ländern mittlerweile zum Alltag geworden ist. Für viele Menschen sind die Drohnen, die über ihre Häuser fliegen, zu etwas Normalem geworden. Sie sind stets da, sie überwachen jede Bewegung und sie schlagen zu. Die summenden Drohnen mit Raketen, die wortwörtlich nach dem Feuer der Hölle (»Hellfire-Raketen«) benannt sind, bestimmen über Leben und Tod. Obwohl die Drohnen in den jeweiligen Ländern von der einheimischen Bevölkerung mittlerweile verschiedene Namen erhalten haben, hat sich vor allem der Name »Todesengel« durchgesetzt. So werden die Killermaschinen von einigen Paschtunen in Afghanistan sowie in Pakistan genannt. Es waren allerdings keine Engel, die Aisha an jenem Tag ihr Gesicht und ihre Familie raubten, sondern Menschen, die stundenlang in einem engen Raum am Joystick sitzen. Wie in einem Computerspiel verfolgen sie Menschen auf ihrem Monitor und töten auf Befehl, bevor sie ihre Schicht beenden und ihr Feierabendbier genießen. Doch tragischerweise leben wir in einer Zeit, in der ein solches Vorgehen und ein solcher Arbeitsalltag – zumindest im Westen – nicht als das bezeichnet wird, was es ist: Mord.

Wie die allererste Drohne zum Einsatz kam

Die Geschichte des globalen Drohnenkrieges der USA begann am 7. Oktober 2001 in Afghanistan. Es war jener Tag, an dem die sogenannte Operation »Enduring Freedom« (»Unvergängliche Freiheit«) der NATO im Land begann. Die westliche Staatengemeinschaft wollte unter der Führung der USA den Afghanen Demokratie und Menschenrechte bringen. Zur Unterstützung hatten Afghanistans Nachbarstaaten, Länder wie Pakistan, Usbekistan oder Tadschikistan, bereits im Vorfeld erklärt, Washingtons »Krieg gegen den Terror« zu unterstützen. Eine Form dieser Unterstützung war die Bereitstellung von Militärbasen sowie des Luftraums. So kam ausgerechnet im Schatten dieser Pläne zum ersten Mal eine Waffe zum Einsatz, die die Werte und zivilisatorischen Errungenschaften des Westens vollkommen negiert.

An jenem Tag hatten US-Piloten im Combined Air Operations Centre (CAOC) in Saudi-Arabien ein Haus in der südafghanischen Stadt Kandahar, dem Machtzentrum der damaligen Taliban-Regierung, im Visier. Das Ziel der Operation war Mullah Mohammed Omar, der damalige Führer und Gründer der Taliban. Auch im Pentagon in Washington sowie in der CIA-Zentrale in Langley wurde das Geschehen live mitverfolgt. Die Predator-Drohne, die bei dem Einsatz gesteuert wurde, war mit zwei leichtgewichtigen

Hellfire-Raketen ausgestattet und startete vom Luftwaffenstützpunkt Khanabad im Süden Usbekistans.

Im Umfeld des Hauses, in dem die Amerikaner den Taliban-Führer vermuteten, waren mehrere Menschen zu sehen. Plötzlich schoss eine Hellfire-Rakete der Drohne in die Menge. Menschen wurden zerfetzt, Körperteile flogen durch die Luft. Jemand hatte auf den Knopf gedrückt. »Who the fuck did that?«, war die erste Reaktion eines hochrangigen Militärs, der das Geschehen in Saudi-Arabien mitverfolgte. Bis heute ist nicht bekannt, wer für den allerersten US-amerikanischen Drohnenangriff verantwortlich war. Grund hierfür sind vor allem die Verstrickungen in der Kommandostruktur des US-Militärs, der CIA und der NATO, die im Krieg in Afghanistan zu einem schwer zu durchschauenden Geflecht an Verantwortlichkeiten geführt hat. Hierarchie und Handlungsbefugnisse bleiben für Außenstehende oftmals unklar. In vielen Fällen, wie auch dem beschriebenen, ist später nicht mehr nachzuvollziehen, wer zu was berechtigt war, wer über wen das Sagen hatte und wem letztendlich die Hauptverantwortung zuzuschreiben ist. Insbesondere betrifft dies das Zentralkommando der Vereinigten Staaten (kurz: CENTCOM), die CIA, das Weiße Haus sowie das Pentagon.

Noch weniger wurde bekannt über jene Menschen, die durch den Angriff am 7. Oktober starben. Bestätigt wurde hingegen, dass das eigentliche Ziel des Angriffs, Mullah Omar, erfolgreich fliehen konnte. Er starb erst über ein Jahrzehnt später eines natürlichen Todes.[10] Von diesem Tag an gehörten Drohnen-Angriffe zum Alltag in vielen Regionen Afghanistans. Darüber hinaus sollte dieser erste Angriff zum Exempel werden für all die Angriffe in den darauffolgenden Jahren, die im Schatten der Weltöffentlichkeit stattfanden. Bereits der erste Drohnenangriff verfehlte sein Ziel und tötet Menschen deren Geschichte und Identität nie bekannt wurden. Mit einer Ausnahme: Eines der Opfer soll der zehnjährige Sohn Omars gewesen sein, der kurz nach dem Angriff seinen schweren Verletzungen erlag. Dies behauptete der damalige Fahrer des Taliban-Chefs in einem Interview mit dem US-amerikanischen Journalisten Anand Gopal. Wenn die Aussage stimmt, kam bereits beim allerersten Drohnenangriff der Geschichte mindestens ein unschuldiges Kind zu Tode.[11]

Dieses Szenario wiederholt sich seit nun 16 Jahren immer und immer wieder. Unterdessen hat sich der Schauplatz des Drohnenkrieges massiv ausgeweitet. Er findet nicht nur am Hindukusch oder in den Bergen Nordwaziristans statt, sondern auch in den Wüsten Jemens und Somalias sowie in Irak und in Syrien – Regionen, die für die Menschen im Westen seit einigen Jahren nur noch mit Terror und Massenmord assoziiert werden. Dabei ist nicht außer Acht zu lassen, dass für all dieses Blutvergießen nicht nur Extremisten, Milizen oder anderweitige bewaffnete Aufständische wie die Taliban, al-Qaida oder Daesch (»Islamischer Staat, IS«) verantwortlich sind. Eine wesentliche, wenn nicht gar die Hauptlast der Schuld tragen Politiker im Westen, die die Kriege in jenen Regionen mit zu verantworten haben und während ihrer Amtszeiten als politische Entscheidungsträger zu der massiven Militarisierung der eigenen Gesellschaften – in diesem Fall vor allem der europäischen und nordamerikanischen – beigetragen haben. Die Kriegsführung mit bewaffneten Drohnen ist letztlich das logische Resultat jener technisch-militärischen Aufrüstung. Hinzu kommen weitere Gräuel des »Krieges gegen den Terror«, etwa das Foltergefängnis in Guantanamo sowie andere Massenfolteranlagen, die von den Vereinigten Staaten und ihren Verbündeten im Laufe der Jahre errichtet wurden und in vielen Regionen der Welt zu finden sind oder die mittlerweile ebenfalls zum Alltag gewordenen, verdeckten Einsätze von amerikanischen Spezialkommandos.

All diese Dinge, einschließlich der Drohnenangriffe, finden – und das kann man gar nicht oft genug betonen – regelmäßig statt. Sie finden statt, während wir frühstücken, während wir unserer

Arbeit nachgehen oder während wir schlafen und von unserem nächsten Urlaub träumen.

Für die Menschen in den betroffenen Regionen, seien es nun Afghanen, Jemeniten oder Somalier, werden all diese Dinge lediglich als eines betrachtet, nämlich als Terror. Sie unterscheiden nicht, ob ihre Familien durch Autobomben von al-Qaida oder durch Hellfire-Raketen einer Predator-Drohne getötet wurden. Dieser Unterschied wird nur von jenen gemacht, die sich im Recht sehen, mit aller Rücksichtlosigkeit das Leben von Millionen Menschen zur Hölle machen. Der ehemalige US-Präsident Barack Obama, der das Drohnenprogramm sowie den Schattenkrieg der USA tatkräftig ausgeweitet hat, schien sich sehr wohl bewusst zu sein über den Schrecken, den sein Drohnenkrieg verbreitete: »Ich bin wohl ganz gut im Töten«, scherzte er laut Berichten vor seinen Beratern.[12]

Die Todeskonstruktion

Zum Verständnis des US-Drohnenprogramms ist ein Blick auf die technische Entwicklung der Drohnen unabdingbar, denn unbemannte Fluggeräte gibt es schon seit langem. Bereits während des Kalten Krieges wurden Drohnen für Spionagezwecke zum Einsatz gebracht.[13] Dabei handelte es sich vor allem um ähnliche Modelle wie jene, die heute jeder auf Amazon bestellen kann, sprich, kleine, mit Kameras ausgestattete Fluggeräte. Eine wirkliche Zäsur in der Drohnen-Technologie fand erst mit der Konstruktion der ersten bewaffneten Drohne, der Predator, statt. Als Pionier diesbezüglich gilt der israelisch-amerikanische Luft- und Raumfahrtingenieur Abraham »Abe« Karem, der von einem Pentagon-Offiziellen einst als »Moses der modernen Drohnen« und vom britischen *Economist* als der »Drohnen-Vater« (»dronefather«) bezeichnet wurde.[14] Karem, geboren 1937 in Bagdad, arbeitete einst für das staatliche israelische Rüstungsunternehmen Israel Aircraft Industries, das bis heute als weltweit führend in der Drohnentechnologie gilt. Noch unter dem Eindruck des Jom-Kippur-Krieges sollte die eng mit Militär und Geheimdienst verwobene Rüstungsindustrie modernere Waffen produzieren, um sich besser vor den Feinden des Staates Israel »schützen« zu können – in diesem Fall vor allem vor Palästinensern, die sich gegen die illegale Besatzung wehrten. Abe Karem bemerkte allerdings früh, dass seine Zukunft nicht in Israel lag und er sich in dem eng verwachsenen Netzwerk der Industrie nicht erfolgreich etablieren konnte. Aus diesem Grund wanderte er in die Vereinigten Staaten aus, wo er in seiner Garage in Los Angeles die ersten Modelle seiner »Traumdrohne« entwarf und herstellte. Angetrieben von einem fanatischen Erfindergeist sah er sich in einer Reihe mit den Gebrüdern Wright und anderen Pionieren.

Noch in seiner Garage gründete Karem seine eigene Firma, Leading Systems Inc., und im Laufe der Zeit wurden auch die CIA und das Pentagon auf seine Arbeit aufmerksam. Sowohl das US-Militär als auch der Geheimdienst waren auf der Suche nach neuen Waffensystemen für den Einsatz in asymmetrischen Kriegsszenarien. Anfangs spielte man noch mit dem Gedanken, ein gemeinsames Drohnenprogramm mit Israel zu starten. Da jedoch mit Karem ein fähiger Ingenieur auf dem Gebiet bereits im eigenen Land arbeitete, begann eine Kooperation mit seiner Firma. In der Folge wurde Leading Systems Inc. vom Pentagon als Teil eines inoffiziellen Schattenprogramms (»black« project) mit einem Budget von 40 Millionen US-Dollar unter Vertrag genommen. Seitens des Pentagons gab es sehr klare Vorgaben, was die Drohne leisten sollte: Ausgestattet mit Kameras und Sensoren sollte sie in einer Höhe von rund 4,5 bis 7,6 Kilometern operieren können und dabei in der Lage sein, ein Ziel präzise zu beobachten. Zum damaligen Zeitpunkt dachte allerdings noch keiner der Beteiligten daran, ein solches Fluggerät mit Waffensystemen auszustatten. Tatsächlich war sogar seitens CIA und Pentagon der Widerstand groß, ein unbemanntes Fluggerät zu bewaffnen. Jahre später relativierte auch Karem seine Verantwortung, indem er behauptete, dass es nicht seine Idee gewesen sei, die Predator mit Raketen zu bewaffnen.

Abraham Karem baute zwei Prototypen: den »Amber« und den »Gnat«. Beide gelten als Vorläufermodelle der berühmt-berüchtigten Predator-Drohne. Der erste erfolgreiche Testflug dieser Drohnen fand 1986 statt. Mit dem Ende des Kalten Krieges stellte das Pentagon das Projekt jedoch ein, unter anderem aufgrund interner Differenzen und finanzieller Kürzungen. Abhängig von den staatlichen Geldern musste Leading Systems Inc., das mittlerweile zu einer große Firma mit einem mehr als 18 000 Quadratmetern umfassenden Fabrikgelände und einem eigens gepachteten Flugplatz herangewachsen war, im Jahr 1990 Bankrott anmelden. Dem Drohnenbau tat dies jedoch keinen Abbruch: Die Gebrüder Neal und Linden Blue, Gründer des Rüstungsunternehmens General Atomics, glaubten an das Potential von Karems Drohnentechnologie und kauften seine bankrotte Firma. In der Zuversicht, dass CIA und Co. zukünftig weiterhin Interesse an Drohnen für den Einsatz in Krisenregionen haben würden, führten sie die Entwicklung fort.

Tatsächlich bekundete das US-Militär bereits während des Jugoslawienkrieges ab 1991 erneut Interesse an einer effektiven Spionagedrohne. Die Gebrüder Blue trafen sich mit führenden Pentagon-Offiziellen und versicherten, innerhalb von sechs Monaten ein verlässliches Gerät liefern zu können. Gleichzeitig arbeitete die Forschungsabteilung der CIA unabhängig daran, unbemannte Fluggeräte per Satellitenübertragung zu steuern. Doch auch für General Atomics nahm das Geschäft immer größere Dimensionen an. Innerhalb kürzester Zeit bewilligte der US-Kongress der Firma die finanziellen Mittel, um die Entwicklung der Predator-Drohne voranzutreiben. Viele Waffenlobbyisten warben für General Atomics, etwa indem sie Karems Pionierarbeit priesen und die Drohnentechnologie zu einem wichtigen Bestandteil der Zukunft des modernen Krieges erklärten.

1994 kamen Karems Prototypen im Krieg auf dem Balkan seitens der CIA erstmals zum Einsatz. Für den Start und die Landung der Drohnen wurde der Luftwaffenstützpunkt Gjader in Albanien eingesetzt. Ein Jahr später benutzte auch das Pentagon Karems weiterentwickelte Drohnen im Jugoslawienkrieg. Auch zu diesem Zeitpunkt waren die Drohnen noch nicht mit Waffensystemen ausgestattet, sondern lediglich für Spionagezwecke gedacht. Die Predator-Drohne konnte bereits rund 24 Stunden am Himmel schweben und erwies sich – zumindest für die damalige Zeit – als effektives Spionagewerkzeug. Mit dem »Eye in the Sky«, das über Satelliten gesteuert werden konnte, verlagerte sich auch der Arbeitsplatz vieler Militärangehöriger, da Piloten und Analysten nicht mehr gezwungen waren, sich in der Nähe des Schlachtfelds aufzuhalten.

Während der Krieg am Balkan blutig zu Ende ging, blieb die Predator-Drohne erhalten – und sie hatte viele Unterstützer für sich gewonnen, die sie auch anderswo im Einsatz sehen wollten, etwa im Nahen Osten. Der Blick fiel auf Irak unter dem Regime von Saddam Hussein. Dem Pentagon war vor allem die irakische Luftwaffe ein Dorn im Auge und es beschäftigte sich mit der Frage, wie man sie effektiv zerschlagen könnte, ohne das Leben der eigenen Kampfpiloten zu riskieren. Die Predator-Drohne wurde nur bedingt als Teil der Lösung betrachtet, denn sie konnte zwar erfolgreich Informationen sammeln, war allerdings weiterhin von bemannten Kampfflugzeugen abhängig. Noch war die Technologie nicht weit genug, doch bei der CIA und im Pentagon arbeitete man jetzt mit Hochdruck daran, die Drohnen mit Waffensystemen auszurüsten.

Ein weiterer Katalysator dieser Entwicklung waren extremistische Gruppierungen wie al-Qaida. Der Name der Gruppierung, der eigentlich nichts weiter als »Die Basis« bedeutet, fiel bereits vor dem 11. September 2001 regelmäßig in Washington. Die Gruppierung entstand in den 1980er-Jahren während des Krieges gegen die Sowjetunion in Afghanistan und fungierte hauptsächlich als Dreh- und Angelpunkt für freiwillige Kämpfer aus arabischen Staaten. »Die Basis« der Gruppierung lag damals in der pakistanischen Stadt Peshawar, in der viele Geflüchtete aus dem angrenzenden Afghanistan lebten und in der sich auch die Führer des Widerstandes – die afghanischen Mudschaheddin – aufhielten. Der Bürgerkrieg in Afghanistan entwickelte sich, ähnlich wie der gegenwärtige Krieg in Syrien, schnell zum Stellvertreterkrieg. Die beiden Supermächte, die Sowjetunion und die USA, standen sich gegenüber. Am Hindukusch fand man auf der einen Seite die kommunistische Regierung Kabuls, eine Diktatur, die einen brutalen Mord- und Folterapparat kommandierte und von Moskau tatkräftig unterstützt wurde. 1979 marschierten über 100 000 Soldaten der Roten Armee in das Land ein und besetzten es fast zehn Jahre lang. Auf der anderen Seite befand sich der afghanische Widerstand, hauptsächlich bestehend aus Mudschaheddin-Kämpfern, die von der westlichen Staatengemeinschaft unter der Führung der USA unterstützt wurden. Hinzu kamen weitere Staaten, die die Rebellen unterstützten, etwa Pakistan und Saudi-Arabien. Die Eskalation der Lage war typisch für einen Stellvertreterkrieg, und bald schon wurden auch andere Staaten in der Region ebenfalls in den Konflikt hineingezogen: Indien etwa stellte sich an die Seite der Kommunisten in Kabul, da der Erzfeind Pakistan auf der anderen Seite des Schlachtfelds zu finden war.[15]

Die Verwerfungen des Krieges in Afghanistan bereiteten den perfekten Nährboden für radikale Gruppierungen wie al-Qaida. Dass diese Schimäre überhaupt wachsen konnte, war unter anderem eine der Folgen der US-Außenpolitik in der Region. Die Strategen in Washington hatten beschlossen, dass Moskau der größere Feind sei, weshalb sie Osama bin Laden und seine Gefolgschaft unterstützten und dabei etwaige Gefahren ausblendeten. Dies galt auch für Teile der weitaus heterogeneren afghanischen Mudschaheddin, deren Führungsriege zum Teil aus radikalen Extremisten bestand. Wer jedoch meint, dass diese Gruppierungen nur aufgrund der Unterstützung Washingtons, der Saudis oder des pakistanischen Geheimdienstes ISI (Inter-Services Intelligence) wachsen konnten, liegt falsch. Eine gehörige Portion der Verantwortung trug auch die Rote Armee, die weite Teile Afghanistans besetzt hielt und regelmäßig in Dörfer einmarschierte und dort schlimme Massaker verübte oder sie in Schutt und Asche legte.

»Viele von uns sahen die grausamen Bilder aus Afghanistan. Ich selbst weinte, als ich sie sah. Sie bewegten mich derart, dass ich beschloss, nach Afghanistan zu gehen, um dort mitzukämpfen«, meint etwa der ehemalige Guantanamo-Häftling und Autor des *Guantanamo-Tagebuchs* Mohamedou Ould Slahi.[16] Slahi, ursprünglich Mauretanier, der unter anderem in Deutschland und Kanada gelebt hatte, reiste kurz vor dem Fall der kommunistischen Regierung in Kabul Ende der 1980er, Anfang der 1990er Jahre nach Peshawar, wo er sich kurzzeitig al-Qaida anschloss. Später, nach den Anschlägen des 11. Septembers 2001, wurde Slahi aufgrund falscher Vorwürfe von der CIA verschleppt und über 14 Jahre lang im Foltergefängnis Guantanamo festgehalten. Laut Slahi waren die Verbrechen der Roten Armee einer der Hauptgründe der Radikalisierung vieler muslimischer Männer, die nach Afghanistan reisten, um dort zu kämpfen. Ähnlich verhielt es sich auch innerhalb der afghanischen Gesellschaft. Die Mudschaheddin hatten einen enormen Rückhalt innerhalb der afghanischen Bevölkerung, vor allem in den ländlichen Regionen, die regelmäßig Schauplätze von Kriegsverbrechen waren. Hinzu kamen noch die Gräueltaten des Geheimdienstes der Kabuler Regierung, des KHAD, der Tausende junger Männer verschleppte und in geheimen Folterhöhlen ermordete. Die Leichen vieler dieser Afghanen, bei denen es sich hauptsächlich um Zivilisten handelte, sind bis heute verschollen.

Nachdem der Kalte Krieg vorbei war und die letzte kommunistische Regierung in Kabul fiel, verlor Washington sein Interesse an Afghanistan. Das, was sie mit aufgebaut hatten, blieb allerdings. Während die Mudschaheddin sich nun gegenseitig bekriegten und Kabul in Schutt und Asche legten, schmiedete al-Qaida eigene Pläne. Der kommunistische Feind war besiegt, weshalb man sich nun dem nächsten Gegner auf der Liste widmete: den Vereinigten Staaten. Osama bin Laden vertrat die Meinung, dass die muslimische Welt noch lange nicht befreit sei. Stattdessen seien die politischen Führer der jeweiligen Länder allesamt Marionetten der USA und des Westens, der in dieser Region weiterhin Neokolonialismus betreibe. Die Sorge über diesen neuen Feind blieb in Washington vorerst aus. Während des Krieges auf dem Balkan reisten abermals zahlreiche freiwillige muslimische Kämpfer nach Bosnien-Herzegowina, um bosnisch-muslimischen Milizen und Kämpfern beizustehen. Unter den circa 6000 Freischärlern befanden sich auch viele, die bereits Kampferfahrung in Afghanistan gesammelt hatten. Im Kampf gegen die Serben, die maßgeblich von Russland unterstützt wurden, kam es zu einem erneuten Zweckbündnis zwischen der westlichen Staatengemeinschaft und Kampfverbänden, unter denen sich auch al-Qaida-Mitglieder befanden.[17]

Im August 1998 detonierte ein mit Sprengstoff beladener Laster vor den Toren der US-Botschaft in Nairobi, Kenia. Zehn Minuten später explodierte ein zweiter Laster vor einer weiteren Botschaft in Dar-es-Salam, Tansania. Mindestens 224 Menschen wurden durch die beiden Anschläge getötet, unter anderen zwölf US-Amerikaner, darunter zwei CIA-Agenten. Das FBI kam später zum Schluss, dass die Angriffe vom »Islamischen Dschihad«, einer extremistischen Gruppierung, ausgeführt und von Osama bin Laden sowie dessen Stellvertreter Ayman al-Zawahiri gefördert wurden.[18] Der damalige US-Präsident Bill Clinton ließ daraufhin, am 20. August, angebliche al-Qaida-Stellungen in Afghanistan sowie im Sudan bombardieren. In Sudan wurde vom US-Militär allerdings keine »Fabrik für chemische Waffen« bombardiert, wie anfangs behauptet wurde, sondern eine Medikamentenfabrik.[19] Die Folgen sowie der Ort des Angriffs in Afghanistan blieben weitgehend unbekannt. Für mich persönlich, damals noch im Kindesalter, waren die Angriffe sehr prägend. Zum allerersten Mal in meinem Leben konnte ich im Fernsehen mitbeobachten, wie ein fremdes Land meine Heimat bombardierte.

Offensichtlich zog das Pentagon damals sogar in Erwägung, ein gigantisches Teleskop mitten in den afghanischen Bergen zu verstecken, um bin Laden damit aufzuspüren.[20] Schließlich wurde die Entscheidung getroffen, die Suche mithilfe von Predator-Drohnen fortzusetzen, die weiterhin in Bosnien, im Kosovo sowie in Irak im Einsatz waren. Im Pentagon träumte man davon, mit der Predator die Fährte bin Ladens wie ein Raubtier – nicht umsonst hatte man der Drohne diesen Namen gegeben – aufnehmen zu können. Man erhoffte sich, ihn dann mit Tomahawk-Raketen, abgeschossen von einem U-Boot im Persischen Golf, töten zu können.

Die CIA genehmigte das geplante Vorgehen. Im September 2000 startete eine CIA-Pentagon-Operation mit dem Namen »Afghan Eyes« mit dem Ziel, Osama bin Laden mittels einer unbewaffneten Predator-Drohne in Afghanistan ausfindig zu machen. Die Drohne flog ab vom usbekischen Luftwaffenstützpunkt Khanabad und wurde nach dem Start von Piloten im US-Luftwaffenstützpunkt in Ramstein gesteuert. Aufgrund seiner geografischen Lage war die Basis in Ramstein für diese Operation und für alle darauf folgenden unabdingbar. Zeitgleich wurde das Videomaterial der Drohne im CIA-Hauptquartier in Langley, Virginia, mitverfolgt und analysiert.[21]

Später meinte ein damals hochrangiger Offizieller der US-Regierung, Osama bin Laden mitsamt seiner Gefolgschaft in der südlichen Provinz Kandahar gesehen zu haben. Er erinnerte sich an die Länge des Schattens eines der Männer – bin Laden war mit 1,95 Metern von großer Statur – und schloss daraus, den al-Qaida-Chef gesehen zu haben. Auch der damalige Pilot der Drohne behauptete, bin Laden auf dem Schirm gehabt zu haben.[22] Ein hochrangiger Pentagon-Offizieller war sich ebenfalls sicher, dass bin Laden rund vier Stunden von der Predator observiert worden sei. Allerdings war es laut dessen Aussage unklar, ob die aus dem Golf abgeschossenen Marschflugkörper ihn tatsächlich hätten treffen können.

Nur sehr unbedarften Beobachtern dürften derartige Aussagen von US-Offiziellen rational und oder glaubwürdig erscheinen. Bei genauerem Hinsehen wird schnell klar, dass die Verantwortlichen höchst fragwürdig, wenn nicht sogar stümperhaft vorgingen. Wie konnte es sein, dass sich ein hochrangiges Mitglied der US-Regierung lediglich auf die Länge eines Schattens, den er mittels der Kamera einer Drohne abschätzte, berufen kann, um über das Schicksal mehrerer Menschen zu entscheiden? Vor jedem anständigen Gericht würde ein solches Argument sofort verworfen und als zu schwach und unglaubwürdig betrachtet werden. Der Versuch, Osama bin Laden in den Bergen Afghanistans aufgrund der Länge seines Schattens zu identifizieren, kann keiner kritischen Prüfung standhalten, ganz ungeachtet der Tatsache, dass Männer größerer Statur alles andere als eine Seltenheit in Afghanistan sind, vor allem nicht in den Paschtunen-Gebieten im Osten oder im Süden des Landes. Gefehlt hätte es da nur noch, wenn die US-Regierung das Tragen von Turban und Vollbart als weitere Indizien herangezogen hätte.

Nach der Mission »Afghan Eyes« war der Wille groß, aus der Predator-Drohne ein Attentatswerkzeug zu machen. Eine Situation wie jene in Kandahar sollte sich nicht wiederholen. Beim nächsten Mal wollte man in der Lage sein, bei einem solchen Szenario per Knopfdruck zu töten und das (vermeintliche) Ziel auszuschalten. Am 23. Januar 2001 fand dann der erste erfolgreiche Versuch statt: Zum allerersten Mal wurde eine Rakete des Typs »Hellfire« aus der Waffenschmiede des Rüstungskonzerns Lockheed Martin von einer Predator-Drohne aus abgefeuert. Hellfire-Raketen sind besonders leicht und eignen sich daher am besten für den Drohnen-Einsatz. Bei den darauffolgenden Testläufen rekonstruierte die CIA unter anderem Osama bin Ladens »afghanisches Haus« in der Wüste Nevadas, um es anschließend mit der Drohne anzugreifen. CIA und Pentagon versprachen sich einen schnellen Erfolg in der Suche und Eliminierung des Terroristen. Zum damaligen Zeitpunkt wussten sie noch nicht, wie viele solcher Häuser sie in den darauffolgenden Jahren bombardieren würden, ohne bin Laden zu töten.

Bereits bis Mitte November – seit dem ebenfalls nicht erfolgreichen Angriff auf Mullah Omar am 7. Oktober 2001 – feuerte die CIA mittels ihrer nun kampferprobten Predator-Drohne mindestens 40 Hellfire-Raketen in Afghanistan ab. Zeitgleich fanden in diesem Zeitraum mindestens 6500 klassische Luftangriffe, also Angriffe aus bemannten Flugzeugen, der NATO unter der Führung des US-Militärs statt. Dennoch: Das Zeitalter einer neuen, »modernen« Kriegsführung war gekommen. Vor allem die vermeintliche Präzision der Predator-Drohne wurde im Weißen Haus, im Pentagon sowie innerhalb der CIA gelobt. Auch der damalige US-Präsident George W. Bush fand lobende Worte für die neue Waffe seiner Streitkräfte. Sie sei in der Lage, »feindliche Kämpfer zu umkreisen, Informationen zu sammeln und diese umgehend den Kommandanten zu übermitteln«. Außerdem, so Bush, könne sie »mit extremer Präzision« das Feuer auf Ziele eröffnen. Die Jahre danach, sowohl unter Bush als auch unter den darauffolgenden US-Präsidenten, machten allerdings deutlich, dass jene angebliche Präzision mit der Realität nur wenig zu tun hatte.[23]

Die perverse Namensgebung der Waffensysteme

Ein oftmals unbeachteter Aspekt der US-amerikanischen Kriegsführung ist die Namensgebung der Waffensysteme. Militär und Waffenindustrie greifen oftmals auf sehr merkwürdige oder zumindest extravagante Namen zurück, wenn sie ihre Kampfhelikopter und -flugzeuge oder ihre Drohnen und Raketen taufen. Prägnant ist etwa der bereits gefallene Name der Predator-Drohne. Das unbemannte Fluggerät wird mit Raubtieren, wie es sie in der Natur gibt, gleichgesetzt. Raubtiere auf Beutezug sind Teil der Natur. Jagen und gejagt werden, das Überleben des Stärkeren sind Kategorien aus dem Tierreich. Eine Drohne, ein technologisch hochentwickeltes, von Menschenhand erschaffenes Objekt, ist jedoch etwas völlig anderes. Es gibt hier keinen Naturkreislauf, der die Drohne oder jene, die sie lenken, dazu berechtigt, ein menschliches Individuum zur Beute zu machen, zu jagen und zu töten. Allerdings geschieht genau das – und deshalb ist die Namensgebung auch kein Zufall. Jene, die diese Drohnen gebaut haben und benutzen, sprich, die Regierung der Vereinigten Staaten von Amerika, verwendet der Natur entnommene Begriffe zur Rechtfertigung von Zerstörung und Kriegsverbrechen in fremden Ländern.

Dies wird noch deutlicher, wenn man sich die andere bedeutende Drohne von CIA und Co. näher betrachtet: die Reaper-Drohne. Die Reaper-Drohne stammt ebenfalls aus der Produktion von General Atomics und ist unter anderem auch unter dem Namen »Predator B« bekannt. Sie gilt als die Jagd- und Tötungsmaschine schlechthin, weshalb sich der Name »Reaper«, übersetzt »Sensenmann«, durchgesetzt hat. Eine solche Namensgebung hat sowohl etwas Mythisches als auch etwas Theatralisches – und führt die Arroganz und die Selbstgerechtigkeit vor Augen, mit der hier vorgegangen wird. Noch konkreter wird dies bei anderen viel bekannteren Waffen des US-Militärs, etwa dem Apache-Hubschrauber, der erwähnten Tomahawk-Raketen oder auch dem Hubschrauber des Types Black Hawk. All diese Namen sind mit den Indianern, den ursprünglichen Einwohnern des nordamerikanischen Kontinents verbunden. Die absolute Mehrzahl der indianischen Stämme wurde von weißhäutigen, europäischen Kolonialisten ausgelöscht. Zahlreiche Verbrechen, die in der vermeintlich glorreichen Zeit des »Wilden Westens« stattgefunden haben, darunter ethnische Säuberungen, Massenmord und Genozid, wurden in den Vereinigten Staaten bis heute nicht aufgearbeitet. Die einzige Art, in der an die Indianer erinnert wird, sind ausgerechnet die Waffen des US-Militärs, mit denen tagtäglich auf der ganzen Welt getötet wird.

Der ehemalige MIT-Professor und Philosoph Noam Chomsky meinte diesbezüglich einmal, wie die Reaktion wohl ausfallen würde, wenn die Luftwaffe der deutschen Bundeswehr ihren heutigen Waffen Namen wie »Jude« oder »Zigeuner« geben würde.[24] Dieser Aussage ist im Grunde genommen nichts hinzuzufügen.

Die Namensgebung des US-amerikanischen Waffenarsenals hat wahlweise mythische oder auch theatralische Züge und die wohl logische Folge einer vollkommenen Militarisierung der US-amerikanischen Gesellschaft. Ein zuweilen an Fanatismus grenzender Patriotismus sowie eine kriegs- und gewaltverherrlichende Popkultur sind weitere Anzeichen derselben Entwicklung. Aus diesem Grund überrascht auch die Zusammenarbeit des US-Militärs mit der Film- und Computerspielindustrie nicht weiter. Ein gutes Beispiel hierfür ist etwa der Film »American Sniper« aus dem Jahr 2015, in dem es um die Geschichte des US-Elitesoldaten Chris Kyle, des »tödlichsten Schützen der amerikanischen Geschichte« geht. Mindestens 160 Iraker, darunter auch Frauen und Kinder, soll Kyle getötet haben. Im Film wird der Elitesoldat, gespielt von Bradley Cooper, im patriotischen Ambiente als »Held« dargestellt, während seine irakischen Gegenparts lediglich wilde, gefühllose Barbaren zu sein scheinen. Produziert wurde der Propagandastreifen von Hollywood-Legende Clint Eastwood, der in jungen Jahren in seinen Westernfilmen ähnlich gegen die ebenfalls als barbarisch dargestellten Indianer vorging. Mit »American Sniper« schrieb Eastwood nicht nur den Irakkrieg um, er legitimierte ihn auch, indem er ihn als direkte Reaktion auf die Anschläge des 11. Septembers darstellte und suggerierte, dass Saddam Hussein zu den Hauptverantwortlichen gehört habe. Was der echte Chris Kyle von den Irakern hielt, machte er in seinem Buch, das zum Bestseller wurde, deutlich: »Barbaren, das abscheuliche Böse. Das haben wir in Irak bekämpft«, schrieb Kyle, der ein Kreuz auf seinen Arm tätowiert hatte, um den »Barbaren« zu zeigen, dass er Christ ist. Kyle zeigte keinerlei Abneigung gegenüber dem Töten und bereute es lediglich, nicht mehr Iraker ermordet zu haben. »Ich liebte, was ich tat. Es war Spaß, die beste Zeit meines Lebens.« Es sind Passagen wie diese, die einen tiefen Einblick in die Seele des vermeintlichen Helden gewähren. Vom Film werden sie jedoch ignoriert. Das Bild des vernarrten, neuzeitlichen Kreuzritters, der gerne Menschen abschlachtet, passt nicht zu jenem des nachdenklichen Helden und Patrioten. Auch zu »American Sniper« fand Noam Chomsky klare Worte: »›American Sniper‹ bringt einem bei, die ›verdammten Wilden‹, die die USA jeden Tag ermorden, zu hassen.«[25] Derartige Filme leisteten einen großen Beitrag, die täglichen Opfer des Drohnenkrieges – der »mörderischsten Terror-Kampagne der Gegenwart« – zu entmenschlichen, so Chomsky.

Chris Kyle wurde im Februar 2013 ermordet. Der Täter war allerdings kein »wilder, muslimischer Barbar«, sondern ein Irak-Kriegsveteran, der an einer posttraumatischen Belastungsstörung gelitten haben soll.[26] »American Sniper« ist das Paradebeispiel für die Verherrlichung des Krieges in der amerikanischen Unterhaltungsindustrie. Hinzu kommt die Tatsache, dass man sich selbst auf der »richtigen Seite« der Geschichte sieht und dabei in nichts anderes als in Größenwahn verfällt.

Die Indianer, mittlerweile eine völlig an den Rand gedrängte Minderheit in den USA, die Diskriminierung und Rassismus ausgesetzt ist, sind sich des Sprachmissbrauchs der Militärindustrie bewusst. Groß war die Empörung, als bekannt wurde, dass Osama bin Laden in Geheimdienstkreisen den Codenamen »Geronimo« verpasst bekommen hatte. Geronimo war ein Indianer-Häuptling der Bedonkohe-Apachen, der bis heute aufgrund seines erfolgreichen Widerstandes gegen die Kavallerie-Truppen – in seinen Augen lediglich europäische Besatzer – als Held gefeiert wird. Jahrelang hatten ihn Tausende Soldaten und Apachen-Scouts vergeblich gesucht, bis er sich schließlich freiwillig ergab. Würde Geronimo in der heutigen Zeit leben, hätte man ihn wohl mit Drohnen gejagt. Dass die US-Regierung Osama bin Laden ausgerechnet mit ihren Helden gleichsetzte, empfanden viele Indianer als große Respektlosigkeit. Harlyn Geronimo, der Urenkel des Indianer-Häuptlings, übte scharfe Kritik: »Es ist egal, ob mit der Namensgebung die Militäroperation zur Tötung Osama bin Ladens gemeint war oder ob Osama bin Laden selber diesen Codenamen erhielt. Es war eine abscheuliche Beleidigung und ein Fehler«, sagte er in einem Interview.[27] Er betonte weiter, dass der Missbrauch des Namens eine extreme Verzerrung der Geschichte sei und dass damit ein bedeutender Indianerhäuptling diffamiert werde. Tatsächlich ist es jedoch so, dass der Held oder Freiheitskämpfer des einen des anderen Feind, Extremist oder Terrorist ist. Und genau das war und ist Geronimo für die weißen Amerikaner – ein Terrorist, genauso wie bin Laden, nachdem er den USA den Krieg erklärt hatte.

Wen Drohnen wo töten

Schauplätze und Tatorte

Zum gegenwärtigen Zeitpunkt findet der Drohnenkrieg der USA in mindestens sieben Staaten statt: Afghanistan, Pakistan, Irak, Syrien, Jemen, Libyen und Somalia. Unterschieden wird in der Regel zwischen sogenannten konventionellen Kriegszonen und jenen Gebieten, wo offiziell kein Krieg herrscht, aber verdeckte Operationen der CIA stattfinden. In diesen Ländern herrscht, so die Argumentation, offiziell Krieg. Demnach gelten auch gewisse Kriegsrechte. Afghanistan ist offiziell seit dem Sturz der Taliban-Regierung Ende 2001 und bis heute im Kriegszustand; Irak seit dem Sturz Saddam Husseins 2003 bis zum Abzug der US-Truppen 2009 und erneut seit 2014, als die von Washington angeführte Kriegskoalition begann, in der Region gegen Daesch vorzugehen. Seit 2014 herrscht auch in Syrien offiziell ein Krieg, an dem sich die USA beteiligen. In den verbleibenden Staaten, sprich, in Libyen, Somalia, Jemen und Pakistan herrscht offiziell kein Krieg, in den die USA involviert sind, weshalb die dortigen Drohnenangriffe der CIA um einiges kritischer betrachtet werden.

Der von Washington begonnene »Krieg gegen den Terror« hat in den letzten Jahren allerdings gezeigt, dass er keine Grenzen kennt. De facto wurde die ganze Welt zu einem Schlachtfeld erklärt. Die Vereinigten Staaten von Amerika sind ein bis dato einzigartiges Imperium: Kein Land und kein Imperium der Welt hat jemals mehr Militärbasen auf dem Globus errichtet als die Vereinigten Staaten. Während sich in den USA keine einzige ausländische Militärbasis finden lässt, gibt es über 800 US-Militärbasen im Ausland, 174 Einrichtungen davon in Deutschland, 113 in Japan, 83 in Südkorea. Hunderte weitere lassen sich über der ganzen Erde verteilt finden, darunter etwa in Zentralasien, Afrika sowie im Nahen Osten.[1] Weltweit unterhalten die USA zum gegenwärtigen Zeitpunkt mindestens 60 Drohnen-Basen, die für den Geheimkrieg Washingtons unabdingbar geworden sind. Es besteht eine hohe Wahrscheinlichkeit, dass weitere Basen im Geheimen existieren.[2]

Die beschriebene Unterscheidung zwischen konventionellen Kampfzonen und jenen, die es nicht sind, ist deshalb auch zu hinterfragen. Sie erweckt den Anschein, dass die Kriege, die dort seitens westlicher Staaten unter US-Führung geführt wurden, auf irgendeine Art und Weise legitim oder gar rechtlich betrachtet legal sind. Im Fall des Afghanistan-Krieges wird etwa der Anschein erweckt, dass der Krieg mitsamt einem US-Mandat abgesegnet wurde und deshalb auch im Interesse der internationalen Staatengemeinschaft gewesen sei. Einfach ausgedrückt: Nach den Angriffen des 11. Septembers 2001 musste man eben so handeln, wie man gehandelt hat. Dass kein einziger Afghane an den Angriffen auf das World Trade Center beteiligt gewesen ist, wurde zu einer uninteressanten Nebensache. Doch anstatt diese Tatsache wahrzunehmen, wurde die afghanische Bevölkerung kollektiv bestraft. Die meisten Spuren der Attentäter führten nach Saudi-Arabien, dem wichtigsten Verbündeten der USA im Nahen Osten. Doch auch ein Angriff auf Saudi-Arabien wäre in keiner Weise legitim gewesen. Es gibt allerdings mehrere stichhaltige Fakten, die deutlich machen, warum der Krieg in Afghanistan als illegal zu betrachten ist. Kurz nach den Anschlägen des 11. Septembers erklärten die USA die Anschläge zum ersten Bündnisfall in der Geschichte der NATO. Im Grunde genommen hieß es nun: »entweder für oder gegen uns.« Viele europäische NATO-Staaten wurden gezwungen, am Afghanistan-Krieg teilzunehmen, um ihrem wichtigen Partner in Washington die Treue zu erweisen. Die politische Elite um Präsident Bush, hauptsächlich neokonservative Hardliner, wollten den Krieg sehen. Sie wollten, dass Blut fließt, und machten daraus auch keinen Hehl. »Sie müssen erledigt werden. Ich möchte Fotos von ihren aufgespießten Köpfen sehen. Ich möchte, dass bin Ladens Kopf in einer mit Trockeneis gefüllten Kiste in die USA gebracht wird. Ich möchte dem Präsidenten bin Ladens Kopf zeigen. Das habe ich ihm versprochen«, meinte etwa Cofer Black, der damalige Leiter der Anti-Terrorismus-Abteilung der CIA.[3] Rechtsstaatlichkeit und ein geordneter politischer Prozess wich zunehmend einem blutrünstigen Kriegsgeheul. Als im amerikanischen Senat über den Krieg in Afghanistan abgestimmt wurde, gab es keine einzige Gegenstimme, und im Repräsentantenhaus stimmte lediglich eine einzige Abgeordnete, Barbara Lee, gegen den Krieg. Für ihre Entscheidung wurde sie als »Verräterin« diffamiert.[4] Erst Jahre später revidierten einige der damaligen Abgeordneten ihre Meinung und bereuten ihre Entscheidung, für den Einsatz in Afghanistan gestimmt zu haben, der sich zum längsten Krieg entwickeln sollte, den die Vereinigten Staaten je geführt haben.

Sowohl politisch als auch medial war der Diskurs eindeutig: Der Krieg in Afghanistan musste geführt werden. Mit dem Einsatz in Afghanistan sollten die westliche Zivilisation und ihre Werte verteidigt werden. Dabei ist selbst in der UN-Charta klar zu lesen, wann ein Staat das Recht hat, von Selbstverteidigung Gebrauch zu machen. Demnach besteht dieses Recht nicht, solange nicht klar ist, wer die Verantwortung für den Angriff trägt. Der Grund hierfür ist offensichtlich:

Der UN-Sicherheitsrat hatte alle Staaten dazu aufgefordert, im Kampf gegen den Terrorismus zusammenzuarbeiten, natürlich unter Achtung der Charta der Vereinten Nationen. Afghanistan wurde als Täter allerdings nicht konkret benannt. Die USA hätten zuerst einen Beweis vorlegen müssen, der Afghanistans Verbindung mit den Anschlägen eindeutig belegt, was bis heute allerdings nicht geschehen ist. Das Weiße Haus setzte sich dennoch durch, und es wurde deutlich, wie schwach die UN und ihre Institutionen in einer solchen Situation tatsächlich sind. Aus diesem Grund waren schon Tage bevor die UN zusammenkam und der Krieg offiziell begann – also schon vor jenem 7. Oktober, als die Predator-Drohne ihre Raketen auf Kandahar feuerte –, CIA-Agenten in Afghanistan vor Ort, wo sie Operationen mit verbündeten Warlords koordinierten.[5]

Wie andere NATO-Staaten machte auch Deutschland bei diesem illegalen Krieg von Anfang an mit. Bereits am 12. September 2001 erklärte der damalige Bundeskanzler Gerhard Schröder, dass die Anschläge in den USA eine »Kriegserklärung gegen die gesamte zivilisierte Welt« seien.[6] Außenminister Joschka Fischer meinte diesbezüglich, dass das »Böse« nur mit Gewalt bekämpft werden könne. Die meisten Journalisten und Politiker waren auf der Seite der Regierung, und der Krieg wurde auch hierzulande von fast niemandem hinterfragt. Eine der wenigen Ausnahmen war der Grünen-Politiker Hans-Christian Ströbele, der einen Einsatz der Bundeswehr in Afghanistan ablehnte. Ströbele verlangte Beweise für die Verantwortung Osama bin Ladens. Erst dann, so argumentierte er, könne man mit »polizeiartigen Einsätzen« eingreifen. Ansonsten sei der Krieg falsch. »Das ist ein Krieg gegen ein Land, Städte und Dörfer. Damit wird der Hass geschürt«, so Ströbele. Heute, sechzehn Jahre später, ist es umso deutlicher, wie sehr Ströbele damals recht hatte.[7] Doch damals wollte niemand auf solche Stimmen hören. Es herrschte eine Schockstarre, unter der bald vor allem jene litten, in deren Länder der Krieg gebracht wurde. Für die deutsche Bundesregierung gilt die Ausrufung des NATO-Bündnisfalles bis zum heutigen Tage als Rechtsgrundlage für den Afghanistan-Einsatz der Bundeswehr. Doch – unbeachtet von jeglicher Öffentlichkeit – machte sich die Bundesregierung auch anderweitig mitschuldig, und zwar, indem sie den Drohnenkrieg der USA, der an jenem Tag begann, aktiv unterstützte.

Ist der Krieg in Afghanistan bereits unvereinbar mit den Grundsätzen der Vereinten Nationen, war und ist der Irakkrieg, der 2003 begann, schlichtweg illegal – eine Tatsache, die heute, im Jahr 2017, weitläufig bekannt und kaum noch geleugnet wird? Nicht erst nach den Anschlägen des 11. Septembers hatte die neokonservative Riege um George W. Bush ein großes Interesse daran, Irak anzugreifen. Der Plan hierfür stand schon seit den ersten Tagen der Bush-Präsidentschaft und wurde hauptsächlich von Vizepräsident Dick Cheney, Verteidigungsminister Donald Rumsfeld, seinem Stellvertreter Paul Wolfowitz und dem UN-Botschafter der USA John Bolton erstellt.[8] Bis heute gelten diese Personen als Architekten des Irakkrieges. Eine aggressive Außenpolitik und die Missachtung internationaler Institutionen wie der UN wurden unter der neokonservativen Herrschaft zum Markenzeichen der US-Politik. Damit einher ging die Begeisterung für neue Waffensysteme wie die Predator-Drohne, welche von Anfang an begrüßt und für den Einsatz willkommen geheißen wurde. Man war tief überzeugt von der Vorstellung eines »American Exceptionalism«, der die Sonderstellung der USA auf der politischen Weltbühne, die Überlegenheit ihrer militärischen Technologien und die Symbolkraft solcher Waffensysteme miteinander verband.

Am 19. März 2003 griff eine »Koalition der Willigen« unter der Führung Bushs und des damaligen britischen Premierministers Tony Blair Irak an. 300 000 Soldaten marschierten in das Land ein und besetzten es. Die Bush-Regierung hatte im Vorfeld regelmäßig behauptet, dass Saddam Hussein al-Qaida unterstütze und für die Anschläge auf das World Trade Center mitverantwortlich gewesen sei. Hinzu kam die bekannte Lüge über den Fund von Massenvernichtungswaffen, die auch von Blair verbreitet wurde. Es handelte sich dabei um ein bewusstes, wenn auch nicht sehr sorgfältig ausgearbeitetes Lügenkonstrukt, das von der höchsten Politebene des Westens verbreitet wurde. Ziel des Einsatzes war die vollständige Zerstörung Iraks und die Kontrolle über die riesigen Ölfelder des Landes. Alle Behauptungen und Rechtfertigungen, die für den Krieg lanciert wurden, sind heute als blanke Lügen enttarnt. Irak wurde seit 2003 zu einem Schauplatz US-amerikanischer Kriegsverbrechen. Neue Waffensysteme wie die Predator-Drohne kamen im Land regelmäßig zum Einsatz und wurden, ähnlich wie in Afghanistan, an der Zivilbevölkerung ausgetestet. Dies ist bis zum heutigen Tage der Fall. Das Chaos, das nach dem Sturz Saddam Husseins ausgelöst wurde, ist heute mehr zu spüren denn je, und die Gewalt in Irak erreichte mit dem Aufkommen von Daesch im Jahr 2014 einen neuen Höhepunkt. Die brutale IS-Miliz ist unter anderem auch eine direkte Folge der US-Invasion im Land und existiert bereits seit 2003, sprich, seit dem Jahr des Einmarschs. Zahlreiche Führer und Kämpfer des IS wurden einst von US-Soldaten in Foltergefängnissen wie jenem von Abu Ghraib gefangen gehalten, wo sie sich radikalisierten. 2016 bestätigte das Pentagon, dass der IS-Führer Abu Bakr al Baghdadi, der selbsternannte »Kalif« des »Islamischen Staates«, im Foltergefängnis Abu Ghraib festgehalten wurde und die Häftlingsnummer US9IZ-157911CI trug.[9] Auch die politische und gesellschaftliche Marginalisierung der sunnitischen Iraker nach dem Sturz Saddams Husseins spielte bei der Entstehung des IS eine wichtige Rolle. Ihre Heimatregionen – Hauptzentren des irakischen Widerstandes – wurden im Laufe der Besatzungsjahre zum Schauplatz von US-Bombardements und brutaler Kriegsverbrechen.[10]

Sowohl Irak als auch Afghanistan wurden zu zentralen Schauplätzen des US-amerikanischen Drohnenkrieges. Neben all den anderen Waffensystemen, die hier zum Einsatz kamen und kommen, sowie den vielen Soldaten in den Kriegsgebieten, spielten die Predator- und Reaper-Drohnen eine wichtige Rolle bei der Besatzung der Länder und der Kontrolle ihrer Bevölkerungen. Abgesehen davon, dass sie regelmäßig zum Einsatz kamen und Raketen abfeuerten, machten sie allein durch ihre ständige Präsenz am Himmel die Übermacht der Besatzer deutlich. Diese Macht ist auch in jenen Ländern zu spüren, in denen die USA offiziell keinen Krieg führen. Konkret betrifft das Pakistan, Jemen, Libyen und Somalia. Doch wie bereits erwähnt, ist diese Unterscheidung nicht immer sinnvoll. Die »großen Kriege« in Irak und in Afghanistan sind auf vielen Ebenen genauso illegitim wie die Schattenkriege der USA in diesen Ländern, wo nicht nur Drohnen, sondern auch US-Spezialtruppen regelmäßig zum Einsatz kommen und Kriegsverbrechen begehen.

Drohnenterror in Maidan Wardak in Afghanistan: Offizielle Zahlen beschreiben nicht das Ausmaß der Katastrophe

Laut einem Bericht des Bureau of Investigative Journalism (BIJ), einer in London ansässigen Journalistenorganisation, ist Afghanistan das »am meisten von Drohnen bombardierte Land der Welt«.[11] Allein im Zeitraum von 2001 bis 2013 fanden im Land am Hindukusch mindestens 1 670 Drohnenangriffe statt. Diese Zahl ist das Ergebnis eigener Recherchen des BIJ und einer in Washington ansässigen, unabhängigen Denkfabrik New America. Beide Organisationen zählen zu den wenigen, die den Drohnenkrieg der USA kritisch beobachten und analysieren. Das BIJ versucht unter anderem auch, zivilen Drohnenopfern ein Gesicht zu geben, indem es die Opfergeschichten ausführlich und zum Teil auch vor Ort recherchiert. Die gegenwärtige Mindestzahl der ausgeführten Drohnen- und Luftangriffe in Afghanistan zwischen Januar 2015 und August 2017 liegt laut BIJ bei 3 273. Zwischen 2 910 und 3 718 Menschen sollen bei diesen Angriffen getötet worden sein, darunter mindestens 153 bis 220 Zivilisten, unter diesen befinden sich wiederum zwischen 46 und 65 Kinder. Im Oktober 2015 wurde durch die investigative Medienplattform *The Intercept* bekannt, dass zwischen Januar 2012 und Februar 2013 während der sogenannten »Operation Haymaker« über 200 Menschen im Nordosten Afghanistans durch Drohnenangriffe von US-Spezialkräften getötet wurden. Von allen Toten waren allerdings nur 35 Personen die eigentlichen Ziele. In der fünfmonatigen Periode der Operation handelte es sich demnach bei über 80 Prozent der Opfer nicht um jene Personen, die getroffen werden sollten. Die bis zum damaligen Zeitpunkt unbekannten Daten wurden *The Intercept* von einer anonymen Geheimdienstquelle – einem Whistleblower – zugespielt und als Teil der sogenannten »Drone Papers« veröffentlicht. Die Dokumente machten die Abgründe des geheimen Drohnenkrieges der USA sehr detailliert deutlich. Dennoch wird im Fall von Afghanistan ein relativ kurzer Zeitraum beschrieben, wenn man in Betracht zieht, wie lange die USA das Land bereits besetzen. Auch die Lokalität war begrenzt, da der Fokus auf einer bestimmten Region, nämlich dem Nordosten des Landes, lag. In Afghanistan finden allerdings Drohnenangriffe fast im ganzen Land statt.[12]

Aus diesem Grund gilt: So wichtig die bekannten Zahlen auch sind, darf in deren Kontext nie außer Acht gelassen werden, dass es sich dabei lediglich um Mindestzahlen handelt, die mit sehr hoher Wahrscheinlichkeit bis heute unvollständig sind. Zahlreiche zivile Opfer sind weiterhin unbekannt, da es regelmäßig nicht gelingt, ihre Identitäten vor Ort zu bestätigen. Dazu sind auch die Ressourcen der Organisationen, die in diesem Feld aktiv sind, zu begrenzt. So begann zum Beispiel auch die wichtige und lobenswerte Recherche des BIJ zu den Opfern und Folgen des Drohnenkrieges in Afghanistan erst im Jahr 2014 und bezieht sich vor allem auf Angaben des US-Militärs sowie von internationalen und afghanischen Medienberichten. Dies ist vor allem aus zwei Gründen problematisch: Zum einen sind die offiziellen Aussagen des Pentagons und des US-Militärs in dieser Hinsicht nicht glaubwürdig. Viel zu oft – egal, ob in Afghanistan, in Irak oder gegenwärtig etwa auch in Syrien – haben sie sich als falsch oder gar als blanke Lügen herausgestellt. Daher darf es nicht zur journalistischen Regel werden, offizielle Angaben des Pentagons oder des Weißen Hauses unkritisch als objektive und wahre Darstellung der Realität zu präsentieren. Darüber hinaus schafft es nicht jeder Drohnenangriff und die damit verbundenen zivilen Opfer in die mediale Berichterstattung. Viele Regionen Afghanistans sind vollständig abgeschottet und werden in oftmals nicht einmal von anderen Einheimischen vor Ort, etwa aus den nächstgelegenen größeren Städten, besucht, geschweige denn von Ausländern, die für internationale oder westliche Organisationen arbeiten. Vorsicht ist damit auch bei Berichten der Unterstützungsmission der Vereinten Nationen in Afghanistan (UNAMA) geboten, die im Quartalstakt veröffentlicht werden und die seit 2009 Opferzahlen benennt. Für den Zeitraum zwischen 2001 und 2009 gibt es von der UN keine Zahlen zu zivilen Opfern aus Afghanistan. Die UNAMA-Berichte fallen vor allem dadurch auf, dass sie hauptsächlich innerafghanische Akteure – allen voran die Taliban und die afghanische Armee – für zivile Opfer im Land verantwortlich machen, wobei die meisten Opfer stets den Aufständischen zugeschrieben werden. So wurden laut UN im Jahr 2016 über 11 000 Zivilisten (3 498 Tote und 7 920 Verletzte) im Land getötet oder verletzt[13] – der Höchststand seit Beginn der Zählung im Jahr 2009. In den ersten sechs Monaten des Jahres 2017 zählte UNAMA mindestens 1 662 zivile Todesopfer, weitere 3 581 wurden verletzt. Die Anzahl der Zivilisten, die in diesem Zeitraum durch US-Luftangriffe getötet wurden, erhöhte sich im Vergleich zum Vorjahr um 70 Prozent.[14] Im Jahr 2006 wurden für rund zwei Drittel aufständische Gruppierungen wie die Taliban verantwortlich gemacht, während rund ein Viertel der zivilen Opfer auf das Konto regierungstreuer Milizen und der afghanischen Armee gehen sollen. Kritisiert werden in dem Bericht auch die Luftangriffe der afghanischen Armee sowie ihrer Verbündeten innerhalb der NATO. Darunter fallen auch US-amerikanische Drohnenangriffe. Mindestens 250 afghanische Zivilisten wurden laut UN im Jahr 2016 durch NATO-Luftangriffe getötet, mindestens 340 weitere wurden verletzt. Darunter fallen auch US-amerikanische Drohnenangriffe. Die Anzahl der Luftanschläge hatte sich 2016 demnach im Vergleich zum Vorjahr verdoppelt. Wie in den Jahren zuvor ist sie allerdings relativ gering ausgefallen – vor allem im Vergleich zu den anderen zivilen Opfern im Land. Den NATO-Streitkräften vor Ort wird nur ein extrem minimaler »Kollateralschaden« von gerade einmal zwei Prozent zugerechnet. Zu Recht fragen sich einige Beobachter, wie realistisch die Beobachtung von UNAMA diesbezüglich ist. Einige Kritiker gehen sogar weiter und behaupten, dass UNAMA parteiisch und im Interesse der UN als westliche Institution handele. Demnach werden die NATO-Soldaten reingewaschen, während fast die gesamte Schuld an zivilen Opfern den Afghanen selbst zuschoben wird. Einer dieser Kritiker ist Afghanistans ehemaliger Präsident Hamid Karzai, der der UNAMA wiederholt Einseitigkeit in der Berichterstattung vorgeworfen hat. Karzai geht weiterhin davon aus, dass die Angriffe der NATO – etwa klassische Bombardements, Drohnenangriffe oder nächtliche Spezialeinsätze – im Schatten der Öffentlichkeit weitaus mehr Zivilisten töten als bekannt. »Ich traue solchen Berichten nicht, weil ich weiß, wie sie zustande kommen. Die Fakten sehen oftmals anders aus. Wir Afghanen kennen die Realität in Afghanistan besser als die UN. Ich respektiere die Arbeit der UN in Afghanistan, allerdings kann ich mich nie voll und ganz auf ihre Daten und Statistiken verlassen. Die UN ist eine westliche Institution und agiert demnach auch nach westlichen Interessen«, meinte Karzai noch Ende 2016.[15] Ein Problem stellt bereits die Zählmethode von UNAMA dar, die sehr konservativ ist und mindestens drei verschiedene Quellen für die Bestätigung eines einzelnen Falles notwendig macht. Erst dann wird ein ziviles Opfer auch als solches in die Statistik aufgenommen. Die meisten Menschen, die diesen Bericht erstellen, sind allerdings nur in Kabul präsent und sind kaum in jenen Gebieten zugegen, die vom Krieg am meisten betroffen sind. Viele Luftangriffe – ob nun konventionelle von bemannten Flugzeugen oder jene durch Drohnen – finden in sehr abgelegenen Regionen statt, die äußerst selten, wenn überhaupt, von Journalisten und Beobachtern von Menschenrechtsorganisationen aufgesucht werden.

Eine dieser Regionen ist die Provinz Maidan Wardak, die an Kabul grenzt und von der Hauptstadt in rund dreißig bis vierzig Minuten Autofahrt zu erreichen ist. Die Hauptstadt der Provinz, Maidan Shar, liegt lediglich 35 Kilometer westlich von Kabul entfernt. Doch die kurze Strecke reicht aus, um jenes Afghanistan zu erleben, das von vielen Medien gerne verdrängt und vergessen wird. Während einige Menschen in der Kabuler Blase mit westlich anmutenden Cafés und Restaurants zumindest die Illusion von Sicherheit und Normalität genießen können, herrscht in Wardak offener Krieg. Weite Teile Wardaks werden von den Taliban kontrolliert, und Afghanen aus Kabul meiden Reisen in die Provinz wenn möglich. Allein der Weg nach Wardak macht den Ernst der Lage deutlich. Frische Minenlöcher, ausrückende Soldaten der afghanischen Armee und Taliban-Checkpoints prägen die Landschaft. Je tiefer man in das Gebiet der Taliban vordringt, umso weniger Soldaten sieht man, bis sie irgendwann ganz verschwinden. Selbst in Maidan Shar, wo es eine offizielle Provinzregierung gibt, die Kabul unterstellt ist, können sich viele Talibankämpfer frei bewegen. Und auch hier, mitten in der Stadt, finden Drohnenangriffe statt: Bei einem Angriff auf eine Moschee Anfang Mai 2017 wurden mehrere Menschen getötet. Die Moschee galt als Versammlungsort der Taliban, wurde allerdings – wie jedes andere Gotteshaus – auch von Zivilisten besucht. Die Provinzregierung sprach lediglich von getöteten Talibankämpfern.[16] Doch einige Menschen in Maidan Wardak berichteten etwa auch von einem fünfzehnjährigen Jungen, der im Feuer der Hellfire-Rakete starb. Ein weiteres Mal fragt man sich, was die Piloten und Operatoren meinten zu sehen, als sie dieses Gebäude angriffen. Einige Einwohner berichteten, dass die lokalen Talibankämpfer nach dem Angriff in Aufruhr waren, da sie davon überzeugt waren, dass ein Einheimischer, der die Moschee regelmäßig besuchte, ihren Unterschlupf verraten hatte. Ein wohl begründeter Verdacht, denn in allen Regionen, in denen die USA mit Drohnen aktiv sind, arbeiten sie zusammen mit einheimischen Spitzeln vor Ort, die (oftmals falsche) Informationen an US-Soldaten weitergeben. In der Folge dieses Drohnenangriffs rächten sich die Taliban an der Zivilbevölkerung, indem sie einige Männer aus Maidan Shar willkürlich verhafteten, verhörten und verprügelten.[17]

Vor Augen führen sollte man sich jedoch folgende Tatsache: Eine halbstündige Fahrt von Kabul reicht schon aus, um Opfer eines US-amerikanischen Drohnenangriffs zu werden, in diesem Fall sogar in einem urbanen Gebiet. Ob die deutsche Bundesregierung, die regelmäßig afghanische Geflüchtete abschiebt und der Meinung ist, dass Afghanistan »sichere Gebiete« habe, sich dieser Realität bewusst ist? Hinzu kommen in diesem Kontext noch zahlreiche weitere Kriegshandlungen wie Selbstmordanschläge, Bombenattentate, klassische Luftangriffe von bemannten Flugzeugen, Spezialeinsätze von US-Truppen sowie Kampfhandlungen zwischen den Taliban und der afghanischen Armee.

Noch schlimmer sind die Dörfer in Maidan Wardak vom Krieg betroffen. Ein Beispiel hierfür ist etwa das Dorf Barikak[18] im Distrikt Saidabad, den ich im Mai 2017 im Laufe der Recherche für dieses Buch besuchte. Wie in vielen umliegenden Dörfern ist auch hier die völlige Kontrolle des Dorfes in den Händen der Taliban. Die Kämpfer stammen oftmals aus Familien im Umkreis und sind eng mit der Dorfgemeinschaft verbunden. Das bedeutet allerdings nicht, dass sich die gesamte Familie oder der gesamte Clan den Aufständischen angeschlossen haben oder ihre politischen Ziele teilen. Oft ist die Situation eine erzwungene, ein Resultat des jahrelangen Krieges,

Das ausgebrannte Auto von Mohammad Kareem Aluzai

Mohammad Kabeer Aluzai, der Bruder des Drohnenopfers
© Emran Feroz

das die Menschen mehr oder weniger in die Arme der Taliban getrieben hat. Vor allem einfache Menschen vom Land, die lediglich in Ruhe ihren Geschäften nachgehen wollen, werden immer wieder Opfer des Konflikts, denn sie sind am verwundbarsten.

Eines von ihnen ist Mohammad Kareem Aluzai, der gemeinsam mit seinem Bruder Mohammad Kabeer einen Obst- und Gemüsehandel betrieb. Aluzai fuhr regelmäßig von Dorf zu Dorf, um seine Wassermelonen, Trauben und Okraschoten auf den Märkten zu verkaufen. An einem Tag vor vier Jahren war er mit seinem kleinen PKW unterwegs, da sein Bruder Kabeer den Transporter beladen hatte. Als Aluzai sich um die Mittagszeit dem Dorf Latukhel, im Distrikt Saidabad, näherte, traf ihn aus heiterem Himmel die Hellfire-Rakete einer Drohne.

»Gemeinsam mit den Wassermelonen und dem Wagen verbrannte auch der Körper meines Bruders. Das Feuer verbrannte sowohl sein Fleisch als auch seine Knochen. Es blieb fast nichts mehr von ihm übrig«, berichtete mir sein Bruder Kabeer.[19] Er betonte, dass sein Bruder ein unschuldiger Mann gewesen sei, der sich nie etwas zu Schulden kommen ließ: »Ich verstehe nicht, warum die Amerikaner meinen Bruder getötet haben. Er war unbewaffnet und weder Mitglied der Taliban noch irgendeiner anderen aufständischen Gruppierung. Er war einfach wie ich nur ein Obsthändler.«

Kareem Aluzai war an jenem Tag das einzige Opfer des Drohnenangriffes. Niemand in Barikak weiß, warum die Drohne auf ihn schoss. Vom Tod oder, besser gesagt, der Ermordung des Gemüsehändlers wurde durch die Medien nichts berichtet. Niemand hatte Interesse daran, dass eine US-amerikanische Drohne im »Nirgendwo« von Maidan Wardak einen Menschen getötet hatte. Desinteresse bestand auch seitens der Politik. Kein einziger Gesandter der afghanischen Regierung in Maidan Shar besuchte die Familie des Drohnenopfers. Auch aus Kabul kam niemand in Mohammad Kabeers Lehmhaus. »Als ob sich jemand für uns arme

Menschen interessiert«, meint dieser. Auch aus Washington erreichte sie keinerlei Nachricht, geschweige denn eine Entschädigung. Die Drohnenpiloten in Nevada, die CIA in Langley sowie das Pentagon gingen womöglich ein weiteres Mal einfach davon aus, dass sie einen »Terroristen«, nicht aber einen unschuldigen Obsthändler getötet hatten.

Für Mohammad Kabeer sind jene Menschen, die seinen Bruder getötet haben, die wahren Terroristen. »Wir leben in einer grausamen Dystopie. Menschen, die zu uns keinerlei Bezug haben und denen wir nichts angetan haben, wollen uns töten. Sie jagen uns und kontrollieren unser Leben per Fernsteuerung«, sagte er mir bei unserem Gespräch.

Ein ähnliches Schicksal traf auch Qasem Daud und Noor Rahman. Die beiden Bergarbeiter aus dem Distrikt Jaghatu wurden 2016 zu Opfern eines US-Drohnenangriffs, während sie auf dem Berg ihrer Arbeit nachgingen und Steine schlugen. Die Tatsache, dass sich in den Bergen Afghanistans nicht nur militante Kämpfer aufhalten, sondern auch viele Menschen einer normalen Tätigkeit nachgehen, um ihr täglich Brot zu verdienen, geht in der westlichen Berichterstattung oftmals unter. Ganz offensichtlich wollen sich die Drohnenpiloten mit dieser Realität auch nicht befassen, denn immer wieder werden hier bei Angriffen unschuldige Menschen getötet. Mit verheerenden Folgen: Sowohl Dauds als auch Rahmans Familie haben durch den Tod der beiden Männer ihren Ernährer verloren. Die Familien stehen nun vollkommen mittellos da und sind von anderen abhängig geworden.

Dasselbe Schicksal musste auch die Familie von Obaidullah Abdul Wahed erleiden. Eine Drohne tötete den Mann 2014 im Distrikt Chak während der Feldarbeit. Dieses Szenario ist in Afghanistan und in anderen Ländern, die vom Drohnenterror heimgesucht werden, mittlerweile zum Alltag geworden. Immer wieder trifft es die männlichen Hauptternährer von Familien, die in der Folge völlig hilflos dastehen. In einem Land, in dem praktisch keine sozia-

Aufnahmen einer Gedenktafel für Drohnenopfer und vom Dorf Barikak in der Provinz Maidan Wardak, in der regelmäßig Drohnenangriffe stattfinden.
© Emran Feroz

len Sicherungssysteme existieren, sind die ökonomischen Folgen für solche Familien absolut fatal und für viele Menschen in westlichen Staaten nicht nachvollziehbar.

Die beschriebenen Fälle machen deutlich, dass die Drohnenpiloten auf ihren Bildschirmen ganz offensichtlich den Unterschied zwischen einer Kalaschnikow und einem Handmäher oder einem Steinschlaghammer nicht erkennen können. Nur so ist das willkürliche Töten in den Regionen, die vom Drohnenkrieg betroffen sind, zu

erklären. Für das Schicksal der getöteten Menschen interessiert sich indes niemand, und so warten die Hinterbliebenen wohl vergeblich auf Schuldeingeständnisse oder Entschädigungszahlungen.

Die alltäglichen Drohnenangriffe haben vielerlei Auswirkungen auf die Menschen, die unter ihnen leiden. Besonders hart trifft es die Kinder, die permanent in Angst leben. Dies ist auch in Barikak sowie in vielen anderen Dörfern in Wardak der Fall. Mohammad Kabeer Aluzai und andere Dorfbewohner erzählen, dass auch

Frauen und Kinder regelmäßig getötet werden. Für die Kinder ist der Krieg so alltäglich geworden, dass sie mittlerweile Predator-Drohnen, Apache-Hubschrauber und Kampfjets gekonnt voneinander unterscheiden können. Die Angst ist vor allem dann groß, wenn der Himmel klar ist. Denn erst dann tauchen die Drohnen auf und können den Piloten und Operatoren klare Bilder liefern. »Die Kinder rennen oft zu mir, sobald sie ein Flugzeug am Himmel wahrnehmen. Sie schreien immer panisch auf und haben Angst, während des Spielens bombardiert zu werden«, sagt Mohammad Kabeer. Da dies in der Vergangenheit in Afghanistan und anderswo immer wieder passiert ist, ist die Angst der Kinder leider berechtigt. Auch nachts können viele Kinder, genauso wie andere Einwohner des Dorfes, schlecht schlafen, da sie die Drohnen und andere Flugzeuge, die sich am Himmel bewegen, hören können. Der Alltag der Menschen wird von den Todesmaschinen bestimmt.

Kinder im Dorf Barikak, das immer wieder zum Ziel der Drohnenangriffe wird. © Emran Feroz

Hinzu kommen die Taliban am Boden, die in vielerlei Hinsicht versuchen, das Leben der Menschen einzuschränken und zu kontrollieren. Doch abgesehen davon, dass die Militanten in diesen Regionen, in denen sie heimisch sind, oftmals Rückhalt haben, profitieren sie von den US-Luftangriffen und den zivilen Opfern, die dadurch entstehen. »Viele wollen sich rächen und schließen sich den Aufständischen an, nachdem sie Familienmitglieder verloren haben. Das ist doch normal und nachvollziehbar, vor allem wenn man seine Frau oder sein Kind verloren hat«, sagt Mohammad Kabeer. Das Gesetz der Rache ist in weiten Teilen Afghanistans immer noch weit verbreitet. Allerdings sollte man nicht voreilig Schlüsse aus der Tradition der betroffenen Gruppen ziehen. Vielmehr sollte man sich – vor allem hier im Westen – die Frage stellen, wie man selbst als Einzelner reagieren würde, wenn man auf diese Art und Weise seine Familie verlieren und in einem Land leben würde, das seit Jahrzehnten von Krieg und Zerstörung heimgesucht wird. Sehr viele Menschen in Afghanistan sind mit dem Krieg aufgewachsen und völlig traumatisiert. Studien haben bereits deutlich gemacht, dass so gut wie jeder Afghane auf die eine oder andere Art an Kriegstraumata wie dem posttraumatischen Belastungssyndrom (PTBS) oder an Depressionen leidet.[20] Im Westen werden Menschen mit derartigen Erlebnissen und Schicksalen jahrelang von Psychologen behandelt. In Afghanistan kümmert sich niemand um sie. Nach schweren Unfällen sind in Deutschland unverzüglich Therapeuten vor Ort, um die Opfer und ihre Angehörigen psychologisch zu betreuen. Mohammad Kabeer musste das, was von seinem verbrannten Bruder Mohammad Kareem übrig geblieben war, alleine aus dem Auto ziehen und beerdigen. Abgesehen von einigen Dorfbewohnern half ihm dabei niemand.

Maidan Wardak gehört zu jenen Provinzen Afghanistans, die seit Beginn der NATO-Invasion im Jahr 2001 regelmäßig bombardiert werden. Die bergige Region war der US-Armee bereits von

Anfang an ein Dorn im Auge. Dies hatte unter anderem auch mit der Tatsache zu tun, dass die Taliban hier besonders stark waren und die Kämpfer zum Teil sehr geschickt agierten. Viele der Talibankämpfer, die ich in Maidan Wardak traf, waren keineswegs ungebildet, sondern Männer mit Universitätsabschlüssen. Unter den Kämpfern lassen sich zahlreiche Ärzte und Ingenieure finden, die in vielerlei Hinsicht nicht jenen barbarischen Eindruck machen, der von den Taliban medial verbreitet wird. Sogar in Kabul machen sich viele Bürger ein völlig falsches Bild der Taliban, da sie die Hauptstadt selten oder nie verlassen: »Viele Menschen denken, dass die Taliban schreckliche Monster sind, die Menschen fressen. Tatsächlich sind aber auch sie ganz normale Menschen«, meinte etwa ein Einwohner Saidabads. In diesem Kontext muss allerdings auch erwähnt werden, dass der Hintergrund sowie die Einstellung der Talibankämpfer sich von Provinz zu Provinz unterscheidet. Prinzipiell wird auch zwischen Talibankämpfern, die aus der Not heraus kämpfen, und jenen, die es aus ideologischen Gründen tun, unterschieden. Es gibt allerdings auch Provinzen, in denen lokale Talibankämpfer weitaus radikaler sind wie etwa jene in Maidan Wardak. Während der Westen und die afghanische Regierung vorgeben, das gesamte Land unter ihrer Kontrolle zu haben, sieht die Welt in Saidabad anders aus. Die Taliban machen keinen Hehl daraus, dass sie hier das Sagen haben. Auf einigen Hügeln lassen sich die Gräber namhafter Talibankämpfer finden, die im Kampf gegen die Amerikaner getötet wurden. Die Gräber sind groß und reich verziert. Auf den Grabsteinen ist zu lesen, dass die Kämpfer während des Gefechtes mit den Amerikanern getötet und zu Märtyrern wurden. Einige von ihnen schafften es mit ihrer kargen Ausrüstung sogar, US-Piloten sowie Mitglieder der Spezialeinheiten im Kampf zu töten. In Saidabad erzählt man sich bis heute Heldengeschichten über sie. Von vielen Menschen vor Ort werden diese Männer als Freiheitskämpfer betrachtet, die den Widerstand im Namen des eigenen Volkes leisten. Ohne sich gleich mit den Zielen der Taliban zu identifizieren, sollte man sich die Frage stellen, wie wir im Westen reagieren würden, wenn plötzlich eine fremde Armee unrechtmäßig einmarschieren würde, sich mit brutalen Milizen, Warlords und Räuberbanden verbünden und das eigene Land bombardieren würde. Vor diesem Hintergrund kann man jene Afghanen in Maidan Wardak, die ihre aufständischen Landsleute als Helden und Freiheitskämpfer feiern, zumindest verstehen.

Was die Bombardierung von afghanischen Dörfern sowie Massaker an afghanischen Zivilisten mit der Verteidigung der Freiheit der USA zu tun haben, ist weiterhin nicht klar. Die Antwort auf diese Frage sind auch andere Politiker schuldig, etwa der mittlerweile verstorbene, ehemalige deutsche Verteidigungsminister Peter Struck, der einst meinte, die Freiheit Deutschlands werde auch am Hindukusch verteidigt.

Gräber von Talibankämpfern, die in Maidan Wardak als Freiheitskämpfer verehrt werden. © Emran Feroz

Innerhalb weniger Tage Recherche vor Ort wurde mir allein in Maidan Wardak der Tod von 15 Zivilisten durch Drohnenangriffe bestätigt. Zehn dieser Opfer konnten eindeutig identifiziert werden. Sie tauchten weder in irgendwelchen Statistiken auf, noch wurde medial über sie berichtet. Verifizieren konnte ich diese Fälle vor allem durch Aussagen von Familienmitgliedern sowie von Einwohnern aus den jeweiligen Dörfern. In vielen Fällen hatte vor mir noch nie ein Journalist oder Regierungsvertreter mit den Angehörigen der Opfer gesprochen. Bei einem längeren Aufenthalt hätten sich zahlreiche weitere Opfer finden lassen, wie mir auch mehrere Einwohner der Provinz versicherten. Festzuhalten ist in diesem Kontext, dass Geburten und Todesfälle in großen Teilen Afghanistans kaum dokumentiert werden. Vor allem Tag und Monat werden selten verschriftlicht, weshalb viele Menschen auch nicht genau wissen, wann ihr Geburtstag ist. Ähnlich verhält es sich auch mit Todesfällen nach Anschlägen. Die Opfer werden geborgen und begraben. Genaue Details, die anderswo wichtig erscheinen, gehen hier in vielen Fällen mit der Trauer unter. Immer wieder heißt es auch, dass Krieg und Tod etwas derartig Normales für viele Afghanen geworden sei und dass sie sich kaum noch darum kümmerten, sprich, sich gewissermaßen an den Krieg gewöhnt hätten. Derartige Aussagen sind nicht nur falsch, sondern entwürdigen auch die jeweiligen betroffenen Menschen. Weite Teile der Bevölkerung, wenn nicht sogar die gesamte, leiden an Traumata und sind aufgrund der Zustände vor Ort physisch und/oder psychisch krank geworden. Dies ist in vielen Regionen, in denen jahre- oder jahrzehntelang Krieg herrscht, der Fall. Aus diesem Grund sind die betroffenen Menschen nicht etwa »verrohter« oder »herzloser« als andere, sondern schlichtweg durchgehend traumatisiert.

Name	Distrikt	Dorf	Jahr	Szenario
Samar Gul Zirrgul (Bauer)	Saidabad	Kashmun	2014	während der Feldarbeit getötet
Sher Agha Ahmadzai (Händler)	Saidabad	Zrre Qala	2014	war auf dem Motorrad unterwegs
Qasem Daud (Minen-arbeiter)	Jaghatoo	Kun Jaghatoo	2016	während der Bergarbeit getötet
Noor Rahman (Minen-arbeiter)	Jaghatoo	Kun Jaghatoo	2016	während der Bergarbeit getötet (gem. mit Qasem Daud)
Mohammad Taher	Chak	Guddai	2015	während eines Streit-gesprächs mit einem Talibankämpfer (wurde auch getötet)
Salam Gul	Saidabad	Mirpankhel	2015	war mit dem Auto unterwegs
Mohammad Kareem Aluzai (Obsthändler)	Saidabad	Barikak	2013	war mit dem Auto unterwegs
Obdaidullah Abdul Wahed (Bauer)	Chak	Ibrahimkhel	2014	während der Feldarbeit getötet
Naqibullah Sakhidad (Händler)	Chak	Mohmal	2015	während der Arbeit; Ziel des Angriffs waren Taliban in der Nähe
Said Ahmad (Fahrer)	Chak	Ibrahimkhel	2014	Taliban-Mitglied war mit ihm im Auto unterwegs
Samar Gul Zirrgul	Saidabad	Kashmun	2014	Bauer; während Feldarbeit getötet

Tabelle: Zivile Drohnenopfer, die der Autor in Maidan Wardak ermitteln konnte.

Afghanistan: Schattenkrieg in Khost

Abdul Hadis Haus liegt mitten in der Stadt Khost. Die Atmosphäre in dem Viertel ist laut und lebendig. Autos fahren die Straße entlang, Menschen schlendern zum Basar. Khost ist die Hauptstadt der gleichnamigen Provinz und liegt im Osten Afghanistans an der Grenze zu Pakistan. Eine rund vierstündige Autofahrt von Kabul ausgehend ist notwendig, um das Zentrum der Stadt zu erreichen. Früher war der Weg fast doppelt so lang. Doch in den letzten Jahren wurden neue Straßen gebaut, die die Reise erleichtern. Um Khost zu erreichen, muss man durch die Provinzen Logar und Paktia fahren, sie gelten als Unruheherde und werden in vielen Distrikten von den Taliban kontrolliert. Militäroperationen gehören hier zum Alltag. Apache- und Blackhawk-Hubschrauber fliegen regelmäßig über Paktia und benutzen den Militärflughafen in der Provinzhauptstadt Gardez. Ähnlich ist auch die Lage in Khost, das an Pakistan angrenzt. Vor allem entlang der Grenze nahe der Unruheregion Waziristan finden sowohl Luftangriffe der NATO als auch CIA-Drohnenangriffe statt. Auf dem Weg nach Khost liegen viele Checkpoints des afghanischen Militärs – Autos werden jedoch meistens nur dann gründlich kontrolliert, wenn fremde Insassen auffallen. Hin und wieder fragen Soldaten und Polizisten nach der »Taskira«, der Geburtsurkunde, um die Identität der Reisenden zu überprüfen. Doch nur wenige Afghanen tragen diese mit sich, und so kommt man manchmal erst nach Zahlung eines kleinen Schmiergelds weiter.

Am Stadtrand von Khost patrouillieren schwer bewaffnete Milizen, die, im Gegensatz zu der afghanischen Armee, mit modernstem Gerät ausgerüstet sind. Sie kontrollieren jedes Fahrzeug gründlich und wirken dabei sehr einschüchternd. Niemand will hier auf irgendeine Art und Weise auffallen. Bei den Männern handelt es sich um Kämpfer der sogenannten »Khost Protection

Force« (KPF), die von vielen Einheimischen einfach als »Campaign-Kämpfer« bezeichnet wird. Die KPF agiert völlig unabhängig von der afghanischen Armee, denn die Milizionäre stehen auf der Gehaltsliste von niemand Geringerem als der CIA, die sie auch trainiert und ausrüstet. Alle Kämpfer der KPF stammen aus der Region, sie sprechen den lokalen Paschto-Dialekt und bemerken dadurch sofort, wenn jemand Fremdes in die Stadt gelangt ist.

Als Abdul Hadi[21] die Tür aufmacht, wirkt er schüchtern. Er serviert Tee und wundert sich, dass jemand ihn nur aufgesucht hat, um mit ihm über seinen Vater, Hajji Delay, zu sprechen. Delay wurde im Mai 2014 durch einen US-amerikanischen Drohnenangriff getötet. Eine Hellfire-Rakete traf den Wagen Delays, der vollkommen ausbrannte – Delay und die vier weiteren Insassen, allesamt Zivilisten, waren sofort tot. Wie viele Afghanen, die sich ein Auto – zumeist einen Toyota Corolla älteren Jahrgangs – leisten konnten, verdiente der 45-jährige Hajji Delay seinen Lebensunterhalt als Taxifahrer. An jenem Tag war er mit seinen Fahrgästen auf dem Weg in den naheliegenden Distrikt Ali Sher. Abdul Hadi erinnert sich, wie sein Vater früh am Morgen das Haus verließ. Er wollte seinem Sohn Bescheid geben, sobald er in Ali Sher angekommen ist. Dann hörte er von einem Luftangriff des US-Militärs, der gegen acht Uhr morgens geschehen sein soll – rund eine Stunde nachdem Hajji Delay das Haus verlassen hatte. Abdul Hadi ahnte Schreckliches, denn der Angriff hatte sich auf der Straße nach Ali Sher ereignet. Irgendwann klingelte sein Telefon. Ein Freund Abdul Hadis war am Hörer. »Ich habe gehört, dass dein Vater getötet wurde. Es tut mir schrecklich leid«, teilte dieser ihm mit. Durch diesen Anruf erfuhr Abdul Hadi, dass Hajji Delays Auto von der Drohne getroffen worden war. Kurz nach dieser erschütternden Nachricht begab er sich mit einigen Verwandten nach Ali Sher, um seinen Vater zu bergen. »Das Auto war vollkommen ausgebrannt. Die Gesichter der Leichen waren fast nicht mehr erkennbar«, erinnert sich Abdul Hadi. Die Überreste von Hajji Delay wurden in ein Tuch gelegt und schnell beerdigt. Dasselbe geschah auch mit den Leichenteilen der anderen Toten, deren Familien ebenso hilflos waren wie jene Abdul Hadis.

Warum wurde ausgerechnet Hajji Delays Wagen zum Ziel der Amerikaner? Warum mussten all diese unschuldigen Menschen sterben? Es waren diese Fragen, die aufkamen und die allen durch den Kopf gingen. Doch Abdul Hadi befürchtete, dass sie unbeantwortet bleiben würden – und er behielt mit dieser Annahme recht. Abdul Hadi war mit 22 Jahren der älteste Sohn der Familie und wurde mit dem Tod seines Vaters zum Familienoberhaupt. Es lag nun ausschließlich an ihm, seine Familie – seine Mutter und seine kleinen Geschwister – zu ernähren. Abdul Hadi ist sich bewusst, dass diese Bürde ein Leben lang auf seinen Schultern liegen würde. Schon oft war er der Verzweiflung nahe. Er arbeitet, wie er sagt, mal hier und mal da – Hauptsache, es kommt ein wenig Geld ins Haus. Zurzeit ist Abdul Hadi unter anderem als Haushaltshilfe in einem Regierungsbüro tätig, wo er putzt, kocht und Tee serviert. »Mir bleibt keine andere Wahl. Ich habe die Pflichten meines Vaters übernommen und muss dem gerecht werden. Das ist meine Verantwortung«, so Abdul Hadi.

Nach dem Drohnenangriff und der Beerdigung seines Vaters hatte Abdul Hadi Angst, sich an die Provinzregierung zu wenden. Ohne die US-Regierung gäbe es die gegenwärtige Kabuler Regierung gar nicht. Es ist bekannt, dass in Kabul seit 2001 Washington das Sagen hat. Dabei spielt es keine Rolle, wie der Präsident im Arg – dem afghanischen Präsidentenpalast in Kabul – heißt. Sosehr sich die USA und der Westen 2014 mit dem »ersten demokratischen Machttransfer in der Geschichte«[22] brüsteten, ändert dies nichts an die Realität und der gegenwärtigen Lage im Land: Neben dem Krieg und der katastrophalen Sicherheitslage machen auch die Korruption, Polizeigewalt und die Ignoranz der Regierung einfachen Leuten wie Abdul Hadi das Leben schwer. In Khost kommt erschwerend auch noch die KPF-Miliz hinzu, die unter anderem nur dazu aufgebaut wurde, die Kriegsverbrechen Washingtons zu decken, und die Menschen in der Region in Angst und Schrecken versetzt.

Trotz seiner Bedenken wandte sich Abdul Hadi schließlich an die lokale Regierung in Khost. Er wollte von den Offiziellen wissen, warum das Auto seines Vaters – eines unschuldigen Mannes – von einer Drohne bombardiert wurde. Den Regierungsbeamten und dem Militär war der Angriff bekannt, doch sie konnten ihm nicht helfen. »Es gab eine kurze Entschuldigung, mehr nicht«, sagt Abdul Hadi. Als er darauf beharrte, eine Begründung für den Angriff zu hören, wurde ihm Folgendes gesagt: »Unseren Informationen zufolge befand sich im Auto deines Vaters ein Verdächtiger.« Wer dieser »Verdächtige« gewesen sein soll, mit wem oder was er angeblich in Verbindung stand, wurde nicht genannt. Doch der vermeintliche Verdacht reichte allem Anschein nach aus, um ein Auto mitsamt fünf Personen per Knopfdruck in die Luft zu jagen.

Abdul Hadi meint, dass keine der lokalen Medien über den Tod seines Vaters berichteten. Niemand interessierte sich für das Schicksal von Hajji Delay und das der vier anderen Insassen, die an jenem Tag getötet wurden. Kein einziger Journalist oder Menschenrechtsaktivist hatte Abdul Hadi aufgesucht. Er ist der Ansicht, dass dies auch einer der Hauptgründe sei, warum sehr viele Drohnenopfer wie sein Vater kaum wahrgenommen werden und schnell in Vergessenheit geraten. »Wie soll man davon erfahren, wenn niemand berichtet?«, fragt er. Er ist sich mittlerweile sicher, dass die meisten Opfer von Drohnenangriffen in Khost Zivilisten sind. Er geht davon aus, dass im Durchschnitt mit jedem Talibankämpfer drei bis vier Zivilisten getötet werden – immer und immer wieder. Oder dass – wie im Fall seines Vaters – ganze Gruppen von Zivilisten aufgrund irgendwelcher Verdächtigungen in die Luft gejagt werden. »Viele Menschen, denen Derartiges widerfährt, sind sich der Übermacht des US-Militärs bewusst und trauen sich kaum, etwas dagegen zu unternehmen«, sagt Abdul Hadi. Hinzu kommt, dass das afghanische Militär sowie lo-

Abdul Hadi, der seinen Vater bei einem Drohnenangriff verlor.

Szene auf dem Bazar in der Stadt Khost. © Emran Feroz

kale Regierungsoffizielle dazu neigen, bei unliebsamen Fragen einfach ihre eigenen Fakten zu erfinden. Ähnlich wie ihre Befehlshaber im Pentagon brandmarken sie oftmals sämtliche Opfer eines Angriffs bar jeglicher Beweise als »Terroristen«, »Militante« oder »Talibankämpfer«.

Ein Massaker an Nomaden

Wenn Pasta Khan von jenem 5. Juni erzählt, zittert seine Stimme. »Die ganze Welt weiß es«, sagt er immer wieder, während er nervös umherblickt. Pasta Khan stammt aus Bati Tana, einem Dorf der Kuchi in der Provinz Khost, das rund eine Stunde entfernt vom Stadtzentrum und nahe der pakistanischen Grenze liegt. Die Kuchi sind die Nomaden Afghanistans. Sie gehören der paschtunischen Volksgruppe an und leben im ganzen Land verteilt. Außerdem genießen sie politische Sonderrechte – vor allem in Fragen um Ländereien – und haben einen guten Draht zur Regierung in Kabul. Einige Kuchi wie Hashmat Ghani, der Bruder des gegenwärtigen Präsidenten Ashraf Ghani und Repräsentant aller Kuchi in Afghanistan, sind reiche Geschäftsmänner. Doch die meisten Nomaden sind sehr verarmt und leben ein einfaches Dasein als Hirten oder Händler. Pasta Khan und seiner Familie in Bati Tana erging es nicht anders, doch sie waren zufrieden mit ihrem Nomadenleben.

Der 5. Juni 2015 änderte allerdings alles. An diesem Tag erhielten die Kuchi in Bati Tana eine Nachricht aus Duawaa, einer Region im afghanisch-pakistanischen Grenzgebiet. Die Grenzlinie, die Afghanistan von Pakistan trennt, wurde 1893 von den Briten gezogen und trägt den Namen Durand-Linie, benannt nach dem britischen Diplomaten Sir Henry Mortimer Durand. Die Briten wollten damals ihr Gebiet – Britisch-Indien – von jenem der Afghanen trennen und zogen wie bereits in anderen Teilen der Welt, die von ihnen kolonialisiert wurden, willkürlich eine Linie auf der Landkarte. Diese Linie verlief mitten durch die paschtunischen Stammesgebiete. Von einem Tag auf den anderen befanden sich die Paschtunen in dieser Region in zwei verschiedenen Herrschaftsgebieten. Vor allem für die Kuchi, die sich seit Jahrhunderten hier bewegten, stellte dies ein großes Problem dar. Ihr freies Nomadenleben wird bis zum heutigen Tage durch die koloniale Grenzziehung massiv eingeschränkt.

Pasta Khan und die anderen Kuchi aus Bati Tana haben weiterhin viele Verwandte in Pakistan, auf der anderen Seite der Durand-Linie. An jenem Tag erhielten sie die Nachricht, dass einer von ihnen, ein greiser Mann namens Meer, verstorben war. Pasta Khan befand sich zu diesem Zeitpunkt noch einige Autostunden entfernt in der Provinz Logar, und so machten sich seine Verwandten ohne ihn auf den Weg, das Grab des alten Mannes vorzubereiten. In zwei Pick-ups verließen sie Bati Tana. Nachdem sie das Grab ausgehoben hatten und bemerkten, dass sie frühzeitig fertig geworden waren, wollten sie nach Bati Tana zurückzukehren, um dort das Mittagsgebet zu verrichten und zu essen. Dazu sollte es allerdings nicht mehr kommen. Eine Predator-Drohne hatte die Pick-ups bereits im Visier. Mindestens zwei Hellfire-Raketen schlugen ein und töteten alle Insassen.

Nura Jan, ein Einwohner Bati Tanas, hörte das Bombardement, während er betete. Anfangs dachte er, dass die afghanische Armee eine Talibanstellung bombardiert hatte. Dann klingelte sein Handy. »Unsere Leute wurden bombardiert. Komm schnell«, schrie einer der Dorfbewohner in den Hörer. Nura Jan eilte zum Tatort, wo er die ausgebrannten Pick-ups sah. Die Leichen aller Opfer waren vollständig verbrannt. Blutige Körperteile waren über die ganze Straße verteilt. Die meisten Toten waren kaum noch identifizierbar. »Wir sammelten ihre Arme und Beine ein, um sie miteinander zu vergleichen. Auf diese Art und Weise versuchten wir, sie zuzuordnen und die Identität der Toten zu bestimmen«, erinnert sich Nura Jan.[23] Pasta Khans Familie und die anderen Einwohner Bati Tanas, die an jenem Tag lediglich eine Beerdigung aufsuchen wollten, mussten nun 14 Menschen beerdigen.

13 tote Männer stammten aus Bati Tana, sechs davon allein aus Pasta Khans Familie. Unter den Toten befanden sich sein Vater sowie vier seiner Brüder. Das 14. Opfer war ein Geflüchteter aus der angrenzenden, pakistanischen Region Waziristan, der ebenfalls im Dorf lebte. Fast alle Toten hinterließen Frauen und Kinder, die nun allesamt mittellos dastanden. Afghanische Familien sind oftmals sehr groß. Im Fall der Kuchi aus Bati Tana ist das nicht anders. »Alle Frauen und Kinder meiner Brüder sind nun auf mich angewiesen. Sie wenden sich regelmäßig an mich, da sie Geld, Kleidung und Essen brauchen. Dabei bin ich doch selbst arm«, sagte mir Pasta Khan, der mit der Situation völlig überfordert ist. Immerhin geht es hier um 40 bis 50 Menschen, für die der Nomade nun die Verantwortung trägt. Bis zum heutigen Tag haben die Nomaden aus Bati Tana weder eine Entschuldigung seitens der Regierung gehört noch eine Entschädigung erhalten. Nach Selbstmordanschlägen von Extremisten verhielt sich die Regierung jedoch ganz anders. »Ich kann mich noch gut daran erinnern, wie die Opferfamilien eines Selbstmordanschlages in Khost von Präsident Ashraf Ghani finanziell unterstützt wurden. Doch in unserem Fall war das nicht so. Warum sind die Opfer eines Drohnenangriffs der Amerikaner so viel weniger wert und finden nirgends Erwähnung?«, beklagt sich der Nomade.

Stattdessen geschah das genaue Gegenteil. Nach dem Massaker behauptete die Regierung, dass Talibankämpfer, die sich auf dem Weg zu einer Beerdigung befanden, von einem US-Drohnenangriff getötet wurden. Es hieß sogar, dass ein hochrangiger Talibankommandant im afghanisch-pakistanischen Grenzgebiet beerdigt wurde. Doch Meer, dessen Begräbnis die Nomaden aus Bati Tana vorbereiten wollten, war ein greiser Mann, der keinerlei Kontakte zu den Aufständischen pflegte, geschweige denn einer ihrer Kommandanten gewesen war. Auch Regierungstruppen und Milizen der KPF, die nach dem Anschlag erschienen, vertraten bereits die offizielle Version der Geschichte und behaupteten selbst gegenüber den Dorfeinwohnern, dass die Toten bewaffnete Kämpfer gewesen seien. »Ich lege meine Hand für jeden dieser Männer ins Feuer und schwöre, dass keiner von ihnen bewaffnet gewesen ist. Sobald ihr [die Soldaten] mir beweist, dass auch nur ein Mann eine einzige Waffe mit sich trug, bin ich voll und ganz auf eurer Seite und nehme die Schuld auf mich«, entgegnete einer der Dorfältesten. Die Lügengeschichte der Regierung und des Militärs ist unhaltbar, und auch die UN kam zum Schluss, dass alle Opfer des Angriffs am 5. Juni 2015 Zivilisten gewesen waren. Die NATO scheint sich von den Fakten nicht beeindrucken zu lassen und behauptet nach wie vor, dass in Khost 14 Talibankämpfer getötet worden seien.

Pasta Khan und Nura Jan berichten über das Massaker an ihren Angehörigen. © Emran Feroz

Weder Journalisten noch Menschenrechtler suchten Pasta Khan auf. »Niemand sprach mit mir über das Massaker«, sagt er. Das BIJ sprach im Laufe einer Recherche zu dem Drohnen-Angriff mit anderen Einwohnern Bati Tanas. Die Journalisten-Organisation richtete Telefoninterviews ein, da eine Reise nach Khost zu riskant gewesen wäre. Letztendlich kamen die Journalisten zum Schluss, dass drei Versionen des Szenarios möglich gewesen seien.

1. Die Drohne tötete ausschließlich Zivilisten aus dem Dorf.
2. Die Opfer waren Talibankämpfer, die das Begräbnis eines Kommandanten besucht hatten.
3. Aufständische, die einen naheliegenden Posten der Grenzpolizei angriffen, wurden mit der Drohne attackiert und getötet.

In seiner Recherche nähert sich das BIJ dem Geschehen vorsichtig und scheut sich, Angaben der NATO und des US-Militärs sowie deren offizielle Version zu hinterfragen. Letztendlich sprechen die Indizien allerdings für die Bewohner des Dorfes, was auch die Journalisten eingestehen. Ein Beispiel für die Widersprüchlichkeit der offiziellen Version ist die Aussage von Abdul Waheed Patan, dem Vizegouverneur von Khost. Laut Patan waren in den Pick-ups Talibankämpfer unterwegs, die das Begräbnis ihres Kommandanten Ameen Kochai (Anmerkung: Nicht immer, aber oftmals tragen viele Kuchi in Afghanistan den Zweitnamen »Kochai«) besucht hatten, der angeblich am Tag zuvor getötet wurde. Allerdings ist belegt, dass der Talibankommandant zum damaligen Zeitpunkt noch am Leben war, und der afghanische Geheimdienst NDS behauptete wiederum, Kochai festgenommen zu haben. Aufgrund solcher hanebüchenen Aussagen kommt auch das BIJ zum Schluss, dass die Version der Dorfbewohner wahrscheinlich stimmt.

Wie glaubwürdig die Aussage des NDS ist und ob Kochai gegenwärtig überhaupt noch am Leben ist, ist unklar. Fakt ist allerdings, dass Pasta Khans Verwandte und die anderen Männer aus Bati Tana an jenem 5. Juni kein Grab für ihn aushoben, sondern für ihr Familienmitglied Meer. Auch die Version, der zufolge ein Grenzposten angegriffen wurde, ist nicht haltbar. Pasta Khan und andere Dorfbewohner beteuern, dass die Grenzpolizei sie nicht belästigte, da sie mit den Gewohnheiten der Kuchi und deren Hin- und Herwandern vertraut sei. Umso mehr wundern sich die Nomaden, warum der Drohnenangriff nahe einem ruhigen Grenzposten erfolgte. Dieser hätte immerhin auch die Polizisten treffen können. Für die Hinterbliebenen der Opfer ist dies nur ein weiterer Hinweis darauf, dass die Piloten und Operatoren der Drohnen die Realität am Boden nicht wirklich erkennen können und dass ihr Urteil oft auf falschen Informationen beruhen muss. Vor Ort wird allerdings umso mehr deutlich, dass die Kuchi aus Bati Tana nicht lügen und tatsächlich ein Massaker an unschuldigen Zivilisten begangen wurde. Die Aussagen der meisten Dorfbewohner, vor allem jene Pasta Khans und Nura Jans, sind glaubwürdig und präzise. Dass westliche Beobachter sich zu sehr auf kleine Widersprüche fokussieren, wird den Opfern nicht gerecht. Die Familienmitglieder der Toten sind weiterhin traumatisiert und haben das Geschehen kaum verarbeitet. Es gibt absolut niemanden, der sich um diese Menschen auf irgendeine Art und Weise gekümmert hat. Hinzu kommt, dass eine genaue Dokumentierung nach solchen Vorfällen nicht üblich ist. Jene, die die Verantwortung für den Angriff tragen, weisen jede Schuld von sich und schrecken sogar nicht davor zurück, die unschuldigen Opfer, unter ihnen ein Minderjähriger und mehrere alte Männer, als Talibankämpfer zu bezeichnen. Dass ausgerechnet die Version dieser Akteure, sprich, des US-Militärs und der NATO, so wenig hinterfragt wird, ist eine absolute Schande. Die Vergangenheit hat viel zu oft deutlich gemacht, dass Lügen und das Verdecken von Kriegsverbrechen in Afghanistan zum Alltag gehören.

Es ist genau diese Haltung, die die Menschen in vielen abgelegenen Regionen des Landes in die Hände der Taliban drängt. »Rachegefühle sind normal. Vor allem wenn niemand hilft und man nach solch einem Massaker völlig auf sich allein gestellt ist«, sagt Nura Jan. »Doch wir wollen einfach nur unsere Ruhe haben. Wir wollen in Frieden leben«, fügt er hinzu.

Name	Hintergrund	Folgen
Gulab Shah, etwa 80 Jahre alt	Pasta Khans Vater	Frau erkrankte nach dem Drohnenangriff aus Trauer und verstarb.
Noor Alam	Sohn Gulabs, Pasta Khans Bruder	Mutter verstarb nach Angriff, hinterließ Frau und Kinder
Sher Alam	Sohn Gulabs, Pasta Khans Bruder	Siehe oben
Hajji Daoud	Sohn Gulabs, Pasta Khans Bruder	Siehe oben
Zahir Shah	Sohn Gulabs, Pasta Khans Bruder	Siehe oben
Talib, 16 – 17 Jahre alt	Sohn von Noor Alam	
Jamal Khan	Cousin Gulab Shas	hinterließ Frau und Kinder
Haidar Khan	Dorfältester	Siehe oben
Eid Mohammad	Sohn Haidar Khans	Siehe oben
Mir Mohammad Khan	Sohn Haidar Khans	Siehe oben
Zadran	Neffe Haidar Khans	Siehe oben
Raees	Neffe Haidars Khans, Zadrans Bruder	Siehe oben
Gul Khan Nazir		Siehe oben
Faisal		Siehe oben

Tabelle: Opfer des 5. Juni 2015 aus Bati Tana, Khost

Die Folgen des Angriffs auf die Nomaden von Bati Tana sind bis heute zu spüren. Die Mutter von Pasta Khan konnte den Verlust ihres Mannes, ihrer vier Söhne und ihres Enkels nicht verkraften und verstarb einige Tage nach dem Angriff. »Die Trauer hat sie umgebracht«, sagen die Dorfbewohner. Die ältere Frau litt an schweren Depressionen. Die Angst vor den Drohnen ist in Bati Tana und in vielen anderen Dörfern entlang der Grenze zu Pakistan allgegenwärtig. »Viele Kinder haben Angst. Sie spielen nicht draußen und können nachts nicht schlafen«, sagt Nura Jan. Auch die Erwachsenen sind traumatisiert. Pasta Khan selbst wirkt psychisch labil, angeschlagen und traumatisiert. Über sein Leiden will er selbst nicht reden, doch es ist mehr als offensichtlich. Der 50-jährige Mann wirkt paranoid und blickt stets nervös umher. Nura Jan meint, dass der Angriff Pasta Khan krank gemacht habe. »Alle sind paranoid. Sie haben sogar Angst vor ihren Handys«, sagt Pasta Khan. Die Dorfbewohner wissen, dass ihr Aufenthaltsort mittels ihrer Telefondaten leicht ausfindig gemacht werden kann. Die flächendeckende Überwachung dieser Daten spielt in Afghanistan eine wichtige Rolle im Drohnenkrieg der USA – übrigens genauso wie in allen anderen Staaten, die dieser dystopischen Massenüberwachung der US-amerikanischen Geheimdienste hilflos ausgeliefert sind. In Khost gibt es eine CIA-Zentrale, die hierbei eine wichtige Rolle spielt. Seit dem Massaker ziehen die Einwohner Bati Tanas es vor, weniger mit ihren Handys zu kommunizieren. Viele Hirten, die ihr Vieh regelmäßig in die Berge zum Weiden bringen, verzichten aus Angst vor den Drohnen mittlerweile völlig auf sie.

Pasta Khan sagt, dass auch er sein Handy oft weglegt oder die SIM-Karte entfernt, um nicht geortet werden zu können. Alles, was die Drohnen-Crew benötigt, um eine Person auf bis zu fünf Meter genau zu orten, sind entweder die Mobilfunknummer oder die Gerätenummer des Telefons beziehungsweise der SIM-Karte.[24] Diese Informationen wurden unter anderem aufgrund der Enthüllungen des ehemaligen CIA-Mitarbeiters und Whistleblowers Edward Snowden im Jahr 2013 bekannt. Die Ortung ist kaum vermeidbar, denn die Chips vieler Mobiltelefone laufen oftmals selbst nach dem Entnehmen des Akkus weiter. In einigen Fällen half die NSA der CIA dabei, ausgeschaltete Telefone mit entnommenen Akkus zu orten. Das Ortungsprogramm der Geheimdienste ist unter dem Codenamen GILGAMESH bekannt. Im Mittelpunkt steht dabei eine eigens für die Einsätze entwickelte Hardware, die an der Drohne befestigt ist und während des Fluges SIM-Karten und Mobiltelefone orten kann.[25, 26] Während viele Talibankämpfer und Kommandeure sich dessen bewusst sind und sich aus diesem Grund andere Techniken zur Kommunikation angeeignet haben – etwa, indem ein Dutzend verschiedener SIM-Karten von mehreren Personen benutzt wird, so dass sie nicht mehr einzelnen Personen zugeordnet werden können und die gesammelten Metadaten nutzlos sind, wissen viele Zivilisten nichts davon und geraten damit schneller ins Visier als die militanten Kämpfer. Diese Tatsache wurde von Whistleblowern des Drohnenprogramms bestätigt und kritisiert.[27]

Wie die meisten anderen Einwohner Bati Tanas wurden Pasta Khan und Nura Jan von keinen Journalisten aufgesucht. Auch kamen keine Mitglieder von Menschenrechtsorganisationen, um sich vor Ort ein eigenes Bild zu machen. In diesem Fall bedeutete dies allerdings nicht, dass es kein Interesse gegeben hatte. Nachdem sich im Juni 2015 Berichte gehäuft hatten, dass in einem Dorf in Khost Zivilisten durch einen US-Drohnenangriff getötet wurden, wollten Menschenrechtsbeobachter aus Kabul die Einwohner Bati Tanas aufsuchen. Laut Pasta Khan wurden diese allerdings von den CIA-Freischärlern der KPF aufgehalten. Die Milizionäre verweigerten den Aktivisten die Einreise in die Provinz und setzten sie fest. Erst nachdem der Provinzgouverneur eingeschritten war, ließ man die Menschenrechtler weiterfahren. Nach Khost durften sie allerdings trotzdem nicht. In der

Region ist bekannt, dass der KPF immer wieder die Aufklärung von Kriegsverbrechen behindert. Früher glaubte Pasta Khan selbst, dass durch Drohnenangriffe in der Region ausschließlich Talibankämpfer getötet werden. Er glaubte den Berichten der Medien sowie den Aussagen der afghanischen Regierung. Mittlerweile ist er davon überzeugt, dass viele andere Afghanen das Schicksal seiner Angehörigen teilen und dass die meisten von ihnen unbekannt sind. Pasta Khan sagt: »Das vergossene Blut meiner Familie und meines Dorfes ist der beste Beweis dafür, dass diese Menschen, egal, wo sie sitzen, jeden Tag lügen und ihre Verbrechen verdecken.«

Brutal und skrupellos: Die Schergen der CIA

Am 27. Mai 2017 explodierte mitten im Stadtzentrum Khosts eine Autobombe. Laut der lokalen Sicherheitsbehörde wurden bei dem Angriff zwischen 13 und 18 Menschen getötet. Die Taliban, die sich zu dem Angriff bekannten, gaben an, dass die Milizen der Khost Protection Force (KPF) das Ziel des Anschlages gewesen seien. Während die Regierungsseite von toten Zivilisten sprach, behaupteten die Aufständischen, ausschließlich Mitglieder der Miliz getötet zu haben. Zabihullah Mujahed, der Sprecher der Taliban, gab an, dass das Attentat auf die von der CIA ausgebildete Kampftruppe monatelang geplant worden sei. Die genaue Anzahl getöteter Zivilisten und Milizen wurde nicht bekanntgegeben, aber die Milizen wurden angegriffen, als sie auf dem Basar einkauften.[28] Zivile Opfer sind demnach nicht unwahrscheinlich. Obwohl medial über den Angriff, der sich am ersten Tag des islamischen Fastenmonats Ramadan ereignet hatte, berichtet wurde, blieb die Rolle der KPF im Osten Afghanistans im Hintergrund. Selbst in weiten Teilen Afghanistans ist die Miliz unbekannt. Lediglich die Menschen in den östlichen Provinzen, die an Pakistan grenzen, kennen und fürchten sie. Die Einwohner Khosts bezeichnen die KPF meistens als »Campaign-Streitkräfte« oder »Campaign-Kämpfer«, was wohl von ihrer naheliegenden Basis, die mit der CIA-Basis in der Stadt zusammenhängt, abgeleitet wurde. Die Miliz umfasst zwischen 3500 und 4000 Kämpfer. Gegründet wurde sie kurz nach Beginn des »Krieges gegen den Terror« in Afghanistan im Jahr 2002. Doch im Gegensatz zum Aufbau der afghanischen Streitkräfte, der vom US-Militär geleitet wurde, spielte in diesem Fall die CIA die federführende Rolle. Die CIA hat eine Basis in Khost – das Camp Chapman, welches kurz nach dem Einmarsch im Jahr 2001 errichtet wurde. Die Basis ist nach Sergeant Nathan Chapman, dem ersten US-Soldaten, der im Afghanistankrieg fiel, benannt. Anfangs fungierte Camp Chapman als Militärbasis, später wurde sie zum CIA-Stützpunkt. Die Überwachung der CIA in Khost ist besonders stark. Spionage-Ballons prägen das Landschaftsbild, während auf vielen Hügeln der Stadt Überwachungsbauten und Antennen zu sehen sind. Der »große Bruder« wacht auch hier – vor allem über die Telefon- und Internetkommunikation.

Ende Dezember 2009 fand ein koordiniertes Selbstmordattentat auf die CIA-Basis in Khost statt. Durch den Angriff, der von Extremisten ausgeführt wurde, starben neun Menschen, darunter sieben CIA-Agenten, ein Mitarbeiter, sowie die Leiterin der Basis. Ausgeführt wurde der Angriff vom jordanisch-palästinensischen Extremisten Humam Khalil Abu-Mulal al-Balawi, der wahrscheinlich als Dreifachagent agierte. Al-Balawi wurde lange Zeit Verbindungen zu extremistischen Gruppierungen wie al-Qaida nachgesagt. Gleich mehrere Geheimdienste beobachteten ihn jahrelang, bis er schließlich 2007 vom jordanischen Geheimdienst verhaftet wurde. Was in den darauffolgenden Monaten passierte, ist bis heute nicht geklärt. Einige Beobachter halten es für wahrscheinlich, dass der jordanische Geheimdienst, der sehr eng mit der CIA kooperiert, al-Balawi als Doppelagenten für die Amerikaner rekrutieren wollte. Die CIA erhoffte sich, mit seiner Hilfe die Führung von al-Qaida ausfindig zu machen. Der jordanische Geheimdienst bürgte für ihn, und nachdem al-Balawi mehrere brauchbare Informationen geliefert hatte, genoss er auch das Vertrauen der CIA. 2009 soll al-Balawi schließlich von einem jordanischen Agenten nach Khost gebracht worden sein, um dort in der CIA-Basis Militäroperationen in Pakistan und Afghanistan auszuarbeiten. Dabei gelang es Al-Balawi, einen Sprengstoffgürtel in das Camp Chapman zu schmuggeln, den er kurze Zeit nach seiner Ankunft zündete. Für die CIA war der Angriff ein Desaster. Kurz nach dem Anschlag wurde ein Video verbreitet, das al-Balawi mit Hakimullah Mehsud, einem Führer der pakistanischen Taliban, zeigte. Mehsud wurde am 1. November 2013 durch einen Drohnenangriff der CIA in Pakistan getötet. Er gehörte zu jenen bekannten Talibanführern, die als »Geister« berühmt wurden, da sie nach Drohnenangriffen wiederholt für tot erklärt wurden, bevor sie wieder lebendig auftauchten – ein weiterer deutlicher Hinweis gegen die vermeintliche Präzision der Todesmaschinen. Al-Balawi verlautbarte in dem aufgetauchten Video, dass sein geplanter Anschlag ein Racheakt für die Tötung Baitullah Mehsuds sei, einem weiteren TTP-Führer, der im August 2009 durch eine CIA-Drohne getötet wurde.[29] Wer letztlich hinter dem Anschlag stand, ist nicht abschließend geklärt. Sowohl Fraktionen der pakistanischen Taliban als auch Mitglieder al-Qaidas bekannten sich zu dem Anschlag.[30]

Al-Balawis Ehefrau, eine gebürtige Türkin, die in Istanbul lebte, wurde später vom türkischen Geheimdienst, wahrscheinlich gemeinsam mit CIA-Agenten, verhört. Während des Verhörs behauptete sie, dass ihr Mann weder für den jordanischen Geheimdienst noch für die CIA tätig gewesen sei. Vielmehr soll er sie benutzt haben, um sie letztendlich anzugreifen. Al-Balawi, der hauptsächlich extremistische Propaganda über das Internet verbreitete, soll frustriert darüber gewesen sein, den »Dschihad gegen die Amerikaner« nicht direkter und schlagkräftiger zu führen.

Die Radikalisierung des Arztes soll während der US-Kriege in Irak, in Afghanistan und in anderen muslimischen Staaten erfolgt sein. Al-Balawis Ehefrau meinte, dass ihr Mann in der Vergangenheit regelmäßig versucht hatte, sich in Kriegsgebiete abzusetzen, um sich dort militanten Gruppierungen anzuschließen. Seine Versuche wurden allerdings immer wieder vom jordanischen Geheimdienst vereitelt. Es liegt der Verdacht nahe, dass al-Balawi den jordanischen Geheimdienst und die CIA ausnutzte, indem er den Doppelagenten spielte und so mithilfe der Geheimdienste nach Afghanistan und Pakistan gelangte. Diese Mutmaßung teilt auch seine Ehefrau, die auf den Angriff ihres Mannes sehr stolz gewesen sein soll. Aufgrund des Anschlages, bei dem neben CIA-Mitarbeitern auch der Mann vom jordanischen Geheimdienst und ein Kommandant der KPF getötet wurden, gerieten die CIA-Aktivitäten in Khost kurzzeitig in die Schlagzeilen. Allerdings wurden sie danach auch genauso schnell wieder verdrängt.

In der Folge des Anschlages beschleunigte die CIA den Aufbau der KPF, um ihre verdeckten Einsätze, die parallel zum Krieg der NATO stattfinden, in der Region auszuweiten und zu intensivieren. Dies ist nicht verwunderlich, denn während bei Kriegseinsätzen die Aufmerksamkeit der Öffentlichkeit vor allem auf dem Militär liegt, operieren Geheimdienste im Hintergrund und können ihre Ziele ohne das »Hindernis« kritischer Beobachter verfolgen. Die CIA in Afghanistan tut das, indem sie sich die Treue lokaler Einwohner erkauft. Alle Mitglieder der KPF stammen aus der Region um Khost. Sie werden von der CIA bewaffnet, zum Kampf ausgebildet und erhalten für ihren Einsatz einen hohen Sold. Aussagen und Berichten zufolge liegt dieser bei einem Einstiegsgehalt von 400 bis 800 US-Dollar. Hochrangige Kämpfer erhalten angeblich 1000 bis 2000 US-Dollar. Für afghanische Verhältnisse sind diese Summen sagenhaft hoch, und auch Soldaten der afghanischen Armee können von einer derartigen Vergütung nur träumen. Die KPF ist nicht in die Strukturen des afghanischen Sicherheitsapparates eingebunden. Ähnlich wie andere CIA-Milizen, die seit 2001/2002 aufgebaut wurden, agiert die KPF völlig unabhängig von der Kabuler Regierung, der Armee und dem Geheimdienst, untersteht also allein dem Befehl des amerikanischen Geheimdienstes, der sie für die Verfolgung seiner Interessen in der Region einsetzt.

Der Schattenkrieg der CIA in Afghanistan findet hauptsächlich durch Luftangriffe mit Drohnen und nächtliche Durchsuchungsaktionen, die brutalen Überfällen gleichen und oftmals blutig enden, statt. Diese Streifzüge werden in der Region um Khost nicht nur von US-Spezialeinheiten durchgeführt, sondern auch von oder gemeinsam mit der KPF. Eine weitere wichtige Rolle, die die KPF spielt, ist das Beschaffen von Informationen, die Einheimischen, wie es die Mitglieder der Miliz sind, besser zugänglich sind als Ausländern, sowie die Lokalisierung von aufständischen Kämpfern. Das Zentrum von Khost befindet sich vollständig in der Hand der CIA-Milizen. Obwohl hier auch reguläre Polizisten und Soldaten patrouillieren, ist es offensichtlich, dass die KPF das Sagen hat. Das wissen auch die Einwohner der Stadt, die eine gespaltene Meinung zur Miliz haben. Obwohl einerseits viele Menschen Angst vor der KPF haben und es kaum wagen, öffentlich Kritik an ihr zu üben, fragen es andere, auf welche Art und Weise überhaupt Sicherheit gewährleistet werden kann. Wäre Khost sicherer, wenn die schwache Armee hier das Sagen hätte? Würde sie dann nicht auch, wie viele andere Regionen und Städte des Landes, einfach von Taliban erobert werden? In Khost und Umgebung befinden sich nämlich die berüchtigtsten Talibankämpfer überhaupt, die Mitglieder des sogenannten Haqqani-Netzwerkes. Benannt ist das Netzwerk nach Jalaluddin Haqqani, einem berühmt-berüchtigten Mudschaheddin-Führer, der sich bereits im Kampf gegen die Sowjets in den 1980er-Jahren einen Namen gemacht hatte. Diese Krieger, die heute zum Hauptziel der KPF gehören und von ihnen bekämpft werden, wurden damals noch umfangreich von der CIA und dem pakistanischen Geheimdienst ISI unterstützt. Damals waren die meisten Mitglieder der afghanischen Mudschaheddin-Gruppierung Hizb-e Islami. Die Kämpfer des Haqqani-Netzwerkes sind bekannt für ihre akribisch genau geplanten Angriffe. Mehrere davon haben in den letzten Jahren Kabul erschüttert. Ihr gegenwärtiger Führer, Sirajuddin Haqqani, der Sohn Jalaluddins, gilt als kampferprobter Experte auf dem Schlachtfeld und ist zurzeit als Militärchef der afghanischen Taliban einer von zwei Stellvertretern des 2016 ernannten Talibanführers Mawlawi Haibatullah Akhundzada. Viele Berichterstatter, sowohl innerhalb als auch außerhalb Afghanistans, machen allerdings weiterhin oftmals den Fehler, die Taliban und das Haqqani-Netzwerk als zwei eigenständige Akteure zu betrachten. Sirajuddin Haqqani, der als Führer von seinem Vater den Titel »Khalifa« übernommen hat, gehört zu jenen Personen, die seit Jahren von US-Drohnen und Spezialeinheiten gesucht, allerdings nicht gefunden werden. Auf ihn ist ein Kopfgeld von bis zu zehn Millionen US-Dollar ausgesetzt. Umso skurriler ist die Tatsache, dass Sirajuddins Vater Jalaluddin von den Amerikanern vor drei Jahrzehnten noch als Freiheitskämpfer betrachtet wurde.

Viele Menschen in Khost fragen sich also, ob Khost in den Händen der Haqqanis tatsächlich besser bedient wäre. Dennoch ist eines klar: Die KPF kontrolliert die Provinz vor allem durch ihre brutale Vorgehensweise, die, obwohl sie ein gewisses Maß an Sicherheit garantiert, angsteinflößend ist. Als die Miliz die Stadt 2002 von den Taliban einnahm, wurden sämtliche Häuser nach verbliebenen Kämpfern durchsucht. Einwohner berichteten, dass einige gefangene Talibankämpfer auf einer großen Wiese in Khost allen männlichen Stadtbewohnern vorgeführt wurden. Anschließend band die Miliz ihnen Bomben um den Körper und jagte sie in die Luft. »Seht her. Euch erwartet dasselbe Schicksal, wenn ihr euch ihnen anschließt«, lautete die Botschaft – und jeder in der Stadt hatte sie verstanden. Seitdem hat die KPF immer wieder schreckliche Kriegsverbrechen begangen: Im September 2015 etwa stürmten Kämpfer der Miliz ein Dorf im Distrikt Gurbuz, das nahe der Grenze zu Pakistan liegt. Auf der Suche nach Talibankämpfern wurden mehrere Häuser brutal gestürmt. Eines dieser Häuser gehörte der Familie von Darwar Khan. Als dessen Vater die Tür öffnete, wurde er umgehend erschossen. Wenige Momente darauf warfen die KPF-Kämpfer eine Granate ins Haus, die Darwar Khans Mutter tötete. Khan erinnert sich, dass einige der Männer, die sein Haus stürmten, Englisch sprachen und Dolmetscher dabeihatten. Demnach agierte die KPF in jener Nacht nicht allein, sondern gemeinsam mit US-Spezialeinheiten. Einige Tage später erschien ein Kommandant der KPF im Dorf Darwars Khans und gab zu, dass die Tötung seiner Eltern ein »Fehler« gewesen sei. Ihm wurden als Entschädigung 11 000 US-Dollar bezahlt.

Ein weiterer schwerwiegender Fall ereignete sich im Juni 2015, als Jawedullah, ein siebzehnjähriger Student aus Khost, von der KPF erschossen wurde. Die Milizionäre befahlen dem Jungen mehrmals, stehenzubleiben, als dieser an einem KPF-Checkpoint vorbeiging. Jawedullah hörte deren Rufe allerdings nicht, da er Kopfhörer trug und Musik hörte. Daraufhin eröffnete die Miliz das Feuer auf ihn. Seine Familie erhielt eine Entschädigung von 5 000 US-Dollar.[31]

Im November 2015 wurden mindestens sechs weitere Zivilisten bei Überfällen der KPF getötet. Unter den Opfern befand sich auch Ibrahim Jan, ein ehemaliger Soldat der afghanischen Armee, sowie dessen Ehefrau. Die Familienangehörigen des Ehepaares erhielten in Camp Chapman eine Entschädigung in Höhe von 4 500 US-Dollar.[32] Getötet wurden auch ein fünfundvierzigjähriger Mann und dessen siebzehnjähriger Neffe, ebenfalls Zivilisten. Als Reaktion darauf demonstrierten eintausend Einwohner gegen die Verbrechen der KPF. »Tod den Amerikanern, Tod ihren Sklaven«, riefen die Demonstranten immer wieder, während sie versuchten, die leblosen Körper der zwei Opfer in das Zentrum von Khost zu bringen, um ihre Wut und Trauer der Provinzregierung deutlich zu machen. Doch dazu kam es nicht. Die KPF stellte sich dem Demonstrationszug in den Weg und drohte, diesen mit Gewalt und mit der Hilfe von US-Soldaten aufzulösen. Eingeschüchtert brachen die Demonstranten ab und kehrten zurück in ihr Dorf.[33] In den letzten Jahren gab es Hunderte von Vorfälle und Anzeigen gegen die Miliz, denen allerdings nicht nachgegangen wird.

Die KPF geht allerdings nicht nur kompromisslos vor, um ihre eigenen Verbrechen zu decken. Fälle wie jener der Drohnenopfer aus Bati Tana machen deutlich, dass sie vor allem darauf bedacht ist, die illegalen Machenschaften der CIA im Dunkeln zu belassen. Nach den meisten Drohnenangriffen in der Provinz erscheint die KPF umgehend vor Ort. Sie sichert den Tatort ab und versucht jegliche Beweise, die auf zivile Opfer hindeuten, zu beseitigen. Die Leichen der Opfer werden zwar den Angehörigen übergeben – weitere Nachforschungen und Untersuchungen werden allerdings bewusst verhindert. Dies geschieht etwa, indem man Familienangehörige einschüchtert und behauptet, ihre Verwandten seien bewaffnete Kämpfer gewesen, oder indem Journalisten und Menschenrechtsaktivisten bewusst an ihrer Arbeit gehindert und vertrieben werden. Die Hinterbliebenen der Opfer stehen in der Regel vollkommen allein und verängstigt da. Sie denken, dass sich für ihre Geschichte ohnehin niemand interessiert.

Wie so oft, wurden auch in den beschriebenen Fällen keinerlei Ermittlungen gegen die KPF aufgenommen. »Die Milizen arbeiten nicht für uns. Sie arbeiten nicht für Afghanistan, sondern für den amerikanischen Geheimdienst. Allein aus diesem Grund ist das Misstrauen vieler Menschen groß«, meint Haleem, ein Taxifahrer, der die meisten Ecken von Khost gut kennt. Auch er hat immer wieder von den Verbrechen der KPF gehört. Menschen werden willkürlich inhaftiert, gefoltert oder getötet. Doch niemand wagt es, gegen die Männer der Miliz aufzubegehren. Jeder in Khost weiß, dass man gegen die KPF machtlos ist. »Niemand, nicht einmal der Präsident dieses Landes, kann diesen Männern etwas anhaben. Da sie direkt für die Amerikaner arbeiten, sind sie praktisch unantastbar. Das ist hier allgemein bekannt«, sagt Haleem. Andere Einwohner der Provinz bestätigen diese Aussagen. Aus Angst ziehen es allerdings viele von ihnen vor, anonym zu bleiben.[34]

Viele Einwohner Khosts sind sich auch dessen bewusst, dass sich die Miliz zu einer großen Bedrohung entwickeln könnte, sollte sie die CIA fallenlassen. »All diese Männer erhalten einen sehr hohen Sold. Sie bekommen mehrere hundert Dollar von den Amerikanern, und das jeden Monat. Doch die meisten von ihnen waren einst – bevor sie rekrutiert wurden – Diebe und anderweitige Kriminelle. Sie werden über uns herfallen und die gesamte Stadt in einer einzigen Nacht plündern, wenn eines Tages aus irgendeinem Grund ihr Lohn wegfällt«, befürchtet Sangar, der im Stadtzentrum von Khost sein Geschäft führt.[35] Das System, dass die Amerikaner in Khost aufgebaut haben, ist zum Scheitern verurteilt und ausschließlich am Nutzen der CIA ausgerichtet. Sollte der Geheimdienst eines Tages beschließen, hier finanzielle Kürzungen durchzuführen, die die KPF betreffen, werden die Milizen über die Stadt herfallen. Dieses Szenario ist vorprogrammiert und hat mit der angeblichen Freiheit und Demokratie, die der Westen nach Afghanistan bringen wollte, herzlich wenig zu tun.

Pakistan: Von Malala und Nabila

Am 23. Oktober 2012 haben Momina Bibi und ihre Enkelkinder Zubair, Nabila und Amina, damals dreizehn, neun und sieben Jahre alt, im Garten Gemüse gepflückt. Die Familie Rehman, die im Norden Waziristans in Pakistan lebt, freute sich auf das anstehende islamische Opferfest und wollte die letzten Vorbereitungen treffen. Plötzlich hörten sie ein lautes Geräusch am Himmel: Es war das einer Drohne, die Hellfire-Raketen abfeuerte. Im nächsten Moment wurde die Großmutter vor den Augen der Kinder in Stücke gerissen.

Seit 2004 gehört Pakistan zu den Hauptschauplätzen des US-amerikanischen Drohnenkrieges. Offiziell ist Washington dort jedoch an gar keinem Krieg beteiligt und die Drohnenangriffe, die hier allesamt von der CIA befehligt werden, finden im Verborgenen statt. Seit 2004 gab es in Pakistan mindestens 428 solcher Angriffe, mindestens 373 davon während der Amtszeit Barack Obamas in den Jahren von 2009 bis 2016.[36] Die pakistanische Regierung in Islamabad gehört zu den engsten Partnern der USA im »Krieg gegen den Terror«. Hierbei spielte sie aber oftmals eine fragwürdige Rolle, die auch Washington nicht gefiel. Osama bin Laden, jener Mann, der jahrelang von den Amerikanern in den Bergen Afghanistans vermutet und von Predator-Drohnen vergeblich gesucht wurde, befand sich letztendlich in Abbottabad, einer hoch gesicherten, pakistanischen Garnisonsstadt, wo er im Mai 2011 von Spezialeinheiten der US Navy Seals aufgespürt und getötet wurde.[37] Seitens mehrerer Länder in der Region, allen voran Afghanistan und Indien, wird Pakistan immer wieder vorgeworfen, aufständische Gruppierungen und Extremisten zu unterstützen. Diese sollen sich vor allem in den Grenzregionen zu Afghanistan, zu denen auch Waziristan gehört, befinden. Der Hintergrund sowie die Geschichte dieser Regionen bleiben in weiten Teilen der Berichterstattung unerwähnt. Im Kontext des gegenwärtigen Drohnenkrieges ist eine Erläuterung allerdings unabdingbar.

Die pakistanischen Provinzen Khyber Pakhtunkhwa, Federally Administrated Tribal Areas (FATA) sowie Belutschistan waren einst Teile Afghanistans und wurden Ende des 19. Jahrhunderts an die britische Krone abgetreten. Mit dem damaligen afghanischen Emir Abdur Rahman Khan handelten die Briten einen Vertrag aus, in dem auch die bereits beschriebene Durand-Linie, die mehr oder weniger willkürlich gezogene Grenze zwischen Afghanistan und Pakistan zustande kam. Der Emir, der mit Hilfe der Briten seinen Vetter in Kabul vom Thron gestoßen hatte, tat den Briten einen Gefallen, indem er einwilligte, die Grenze quer durch mehrere Stammesgebiete der Paschtunen, denen er selbst angehörte, verlaufen zu lassen. Seine Entscheidung hatte weitreichende Folgen: Zahlreiche Stämme entfremdeten sich innerhalb kürzester Zeit, und während die eine Seite weiterhin afghanisch war, wurden auf der anderen Seite junge Männer für den kolonialen Militärdienst von den Briten eingezogen. Ursprünglich war die Vereinbarung auf einhundert Jahre begrenzt gewesen, doch als der pakistanische Staat in der Mitte des 20. Jahrhunderts entstand, beanspruchte er die Gebiete für sich und war nicht bereit, sie wieder zurückzugeben.

Das gesamte Grenzgebiet gilt als unsichere Pufferzone, die niemand kontrollieren kann. Die dortigen paschtunischen Stämme, die Wazir, nach denen Waziristan benannt ist, und die Mehsud, sind kampferprobt und leisten gegen jegliche Art von Besatzung Widerstand. Zu Zeiten des britischen Kolonialismus galten sie als Speerspitze der Rebellion und fügten den Briten regelmäßig erhebliche Verluste zu. Die Tatsache, dass eine westliche Großmacht im 21. Jahrhundert hochmoderne Waffen gegen sie einsetzt, ist für die Menschen in Waziristan und den umherliegenden Regionen im Grunde genommen nichts Neues. Bereits vor fast einem Jahrhundert – zu jener Zeit, in denen die ersten Flugzeuge Bomben abwarfen – wurden die Waziris und Mehsuds Opfer derartiger Aggressionen. Die Briten wollten den Widerstand der Stämme mittels neu entwickelter Kampfflieger brechen und bombardierten und töteten dabei unzählige Zivilisten.[38] Die militärischen Kräfteverhältnisse waren also auch damals schon höchst asymmetrisch: Während die Paschtunen den traditionellen Kampf am Boden gewohnt waren, waren die Briten in der Luft und warfen einfach Bomben ab. Von vielen Menschen in der Region wird diese Art des Krieges als besonders feige und niederträchtig betrachtet. Die unbemannten Flugzeuge, deren Piloten weit entfernt sind, stellen für sie nur die nächste Stufe dieser Kriegsführung dar, der sie hilflos ausgeliefert sind.

Der Widerstand der Stämme entlang der Durand-Linie wird auch gegenwärtig fortgeführt. Lediglich die Konstellation der Akteure hat sich verändert. Viele Mitglieder der Wazir und der Mehsud gehören den pakistanischen Taliban (Tehrik-i-Taliban Pakistan, kurz TTP) an, einer mittlerweile sehr zersplitterten Gruppierung, die von blutigen Extremisten dominiert wird. Einige ihrer führenden Köpfe, etwa die erwähnten Kommandanten Baitullah Mehsud und Hakimullah Mehsud oder Nek Mohammad Wazir, ein weiterer führender Kopf, wurden bereits von CIA-Drohnen angegriffen und getötet, was allerdings keineswegs für den Erfolg des Drohnenkrieges spricht. 2014 kalkulierte die britische Menschenrechtsorganisation Reprieve auf der Basis der Auswertung von Medienberichten sowie den Recherchen des BIJ für die Zeit von November 2002 bis November 2014 für 41 Zielpersonen in Pakistan und Jemen 1 147 durch Drohnen getötete Menschen. Unter den Zielen befanden sich Talibanführer wie Baitullah Mehsud, die mehrmals für tot erklärt wurden, bevor sie lebendig wieder auftauchten, oder andere Extremisten wie Aiman al-Zawahiri oder Jalaluddin Haqqani, die ebenfalls noch am Leben sind. In den allermeisten Fällen sind jene Menschen, die statt der Extremisten getötet wurden, nicht bekannt. Fakt ist jedoch, dass viele von ihnen – wenn nicht sogar die meisten – Zivilisten gewesen sind. Am 13. Januar 2006 schwebte eine US-Drohne über Damadola, einem Dorf nahe der afghanischen Grenze. Das Ziel der Drohne war der damalige al-Qaida-Vizechef

Aiman al-Zawahiri. Der Pilot drückte ab. Menschen starben. Zehn Monate später tauchte eine Drohne in Bajaur, FATA, auf. Abermals hieß das Ziel al-Zawahiri. Doch während der al-Qaida-Chef weiterhin lebt, wurden allein durch diese zwei Angriffe mindestens 105 Zivilisten, darunter 76 Kinder, getötet.[39]

Bekämpft werden von der TTP – oder mittlerweile akkurater: ihren Überbleibseln – nicht nur die Amerikaner, sondern auch die pakistanische Regierung, allen voran deren militärisch-geheimdienstliches Establishment, welches wahrscheinlich zu den mächtigsten und geheimnisvollsten der Welt gehört. Obwohl es innerhalb Pakistans viele Proteste gegen die Drohnenangriffe gibt, werden sie von der Regierung stillschweigend toleriert. Hinzu kommen vermeintliche Anti-Terror-Operationen der pakistanischen Armee in den Stammesgebieten. Immer wieder kommt es dabei zu brutalen Kriegsverbrechen, die nur selten von der Weltöffentlichkeit wahrgenommen werden. Ganze Regionen wie Swat oder Waziristan wurden fast dem Erdboden gleichgemacht. Junge Männer wurden unter dem Vorwand, Terroristen zu sein, willkürlich verhaftet, gefoltert und ermordet. Frauen und Kinder wurden missbraucht und gefoltert.[40] Tausende von Menschen wurden zur Flucht gezwungen. Die pakistanische Regierung gibt vor, die Operationen seien ausschließlich gegen die Taliban gerichtet gewesen. Demnach wurden auch nur Talibankämpfer getötet. Doch von den ansässigen Paschtunen werden derartige Operationen als kollektive Bestrafung der gesamten Bevölkerung betrachtet. Ähnlich wie in Afghanistan sind auch in Pakistan viele der Regionen, in denen die Angriffe am schlimmsten sind, vollständig abgeschottet oder werden als zu gefährlich betrachtet. Da verwundert es auch nicht, dass es nur selten Journalisten und Menschenrechtler dorthin verschlägt und kaum berichtet wird. Die pakistanische Armee wiederum zeigt nur das, was sie zeigen will – eigene Kriegsverbrechen gehören selbstverständlich nicht dazu. Das Vorgehen Pakistans entspricht auch dem Interesse der USA, die in den Stammesgebieten nicht nur mit Drohnen agieren, sondern auch mittels Spezialtruppen am Boden präsent sind, wie bereits 2010 – also ein Jahr vor der Tötung Osama bin Ladens – bekannt wurde. Das beste Beispiel hierfür ist die amerikanische Joint Special Operations Command (JSOC), die für täglich stattfindende verdeckte Operationen in Dutzenden von Staaten verantwortlich ist und deren Mandat in den letzten Jahren massiv ausgeweitet wurde. Abgesehen davon wird der koloniale Diskurs der Briten, die den Widerstand der Stämme zu delegitimieren versuchten, indem sie diese als barbarisch und zurückgeblieben darstellten, weiter fortgeführt. Zur Wahrheit zählt jedoch auch, dass die Taliban letztlich nur ein politisches Vakuum ausgefüllt haben. Die Waziris und die Mehsuds kämpfen schon seit über einem Jahrhundert – ihr Widerstand begann bereits vor den Tagen des »Krieges gegen den Terror« und der Entstehung der Taliban.

Seit 2001 hat der Krieg in Pakistan bereits Zehntausende von Menschenleben gekostet. Laut einer Untersuchung der Physicians for Social Responsibility aus dem Jahr 2015 wurden in Pakistan seit Beginn des »Krieges gegen den Terror« mindestens 80 000 Menschen getötet.[41]

Momina Bibi, Nabilas, Zubairs und Aminas Großmutter, war ein Opfer von vielen. Für den Drohnenmord an ihr übernahm bis zum heutigen Tage niemand die Verantwortung. Eine Entschuldigung seitens der CIA oder der US-Regierung blieb ebenfalls aus. Nabila und Zubair überlebten den Angriff schwer verletzt. Das Mädchen wurde mit Schrapnell-Wunden übersät, während sein Bruder aufgrund der Schwere der Verletzungen in ein Krankenhaus nach Islamabad gebracht werden musste. Nachdem die Behandlung für die arme Familie zu teuer geworden war, musste Zubair in ein Krankenhaus nach Peshawar verlegt werden. Die damals siebenjährige Amina hat seit dem Angriff einen Hörschaden und ist wie ihr Bruder schwer traumatisiert. Der Vater der

Kinder, Rafeeq Rehman, war während des Angriffs nicht zu Hause. Auch sein Trauma besteht weiterhin. So verlässt Rehman, der als Schuldirektor tätig ist, seit dem Tod seiner Mutter nur noch selten das Haus. Um seine Kinder hat er weiterhin Angst, vor allem wenn sie im Freien sind. Bis heute fragt er sich, warum die Ermordung seiner Mutter für manche Menschen im Westen als gerechtfertigt erscheint. »Meine Mutter war eine greise Dame, kein Terrorist. Jene Menschen, die die Drohnen steuern und diesen Unterschied nicht sehen, sind nicht besser als jene, die sie angeblich jagen. Sie sind auch Terroristen«, sagt Rafeeq Rehman.[42] Der Fall der Familie Rehman ist vor allem deshalb besonders, weil er im Gegensatz zu den Geschichten anderer Drohnenopfer öffentliche Aufmerksamkeit fand. Der pakistanische Anwalt Mirza Shahzad Akbar widmete sich ihrem Fall. Akbar, der mittlerweile über einhundertfünfzig Drohnenopfer vertritt und die Menschenrechtsorganisation Foundation for Fundamental Rights gegründet hat, ist ein konsequenter Menschenrechtler, der sich der Kriegsverbrechen der Amerikaner sehr bewusst ist und energisch auf die Rechte seiner Mandanten pocht. »Hier geht es sehr klar um die Verletzung grundlegender Menschenrechte. Die Verantwortlichen morden ohne jegliche Hemmungen und verbreiten im Nachhinein Lügenkonstrukte, um ihre Verbrechen zu decken. Der Fall von Momina Bibi ist nur einer von vielen, der deutlich macht, dass regelmäßig unschuldige Menschen getötet werden«, so Akbar.[43] Der Anwalt betont, dass die meisten dieser Menschen sehr arm sind und sich völlig allein gelassen fühlen. Dies ist nicht verwunderlich, denn wenn der Gegner Amerika heißt, wirkt vieles schnell hoffnungslos. Diese Realität will Akbar ändern. Im Fall der Familie Rehman kam er mit seinem Engagement sehr weit. Rund ein Jahr nach dem unfassbaren Mord in ihrem Garten reiste die Familie nach Washington, wo eine Anhörung – die weltweit erste von US-amerikanischen Drohnenopfern – vor dem US-Kongress stattfand.

Die Rehmans sollten ihre Zeugenaussagen abgeben und beschreiben, was an jenem fürchterlichen Tag geschah. Auch Akbar hätte sie auf ihrer Reise begleiten sollen, doch dazu sollte es nicht kommen. Die Vereinigten Staaten verweigerten dem Anwalt die Einreise. US-Behörden zufolge gab es Probleme mit dem Visum Akbars, doch dieser ist bis heute davon überzeugt, dass er aufgrund seines Engagements gegen die Drohnenpolitik der USA wahrscheinlich auf eine schwarze Liste gesetzt wurde. »Ich bin der US-Regierung ein Dorn im Auge. Jeder, der sich mit dieser Thematik ausführlich beschäftigt und deren Verbrechen aufdeckt, ist ihnen unangenehm. Aus diesem Grund schob man mich elegant beiseite, indem man mir einfach die Einreise verweigerte«, sagt Akbar.[44]

Vor dem Kongress waren Nabila und Zubair auf sich allein gestellt. Obwohl ihre Anhörung historisch hätte werden können, wurde sie für die Vereinigten Staaten ein Tag der Schande: Von den 430 Repräsentanten waren gerade einmal fünf anwesend. Ganze fünf Kongress-Mitglieder zeigten ein Interesse an den täglich stattfindenden Morden ihrer Regierung! Das Schicksal der Kinder aus dem weit entfernt gelegenen Dorf in den Bergen Waziristans schien so gut wie niemanden zu interessieren. Doch die Worte der Kinder waren ergreifend. »Was hatte meine Großmutter getan? Warum wurde sie umgebracht?«, fragte Nabila, während ihr Bruder Zubair seine schweren Verletzungen und den fürchterlichen Lebensalltag unter den »Todesengeln« in Waziristan beschrieb. Rafeeq, der Vater der Kinder, richtete sich an alle Amerikaner und stellte immer wieder die Frage, warum es zum besagten Angriff gekommen ist und ob seine Töchter etwa wie Terroristen aussehen würden. Der Dolmetscher der Familie brach während der Anhörung in Tränen aus. Doch all die Fragen, die die Familie Rehman stellte, blieben unbeantwortet. Die amerikanische Politelite wollte sich nicht des Leids bewusst werden, das ihr Militär den Rehmans angetan hatte. Der damalige US-Präsident

Barack Obama traf sich zeitgleich mit Vertretern der Waffenindustrie.[45]

Das Desinteresse am Schicksal der Familie Rehman zeigt, dass die US-Regierung keinerlei Verantwortung für ihre Verbrechen übernehmen will. Wie gering das mediale und politische Interesse an Nabila und ihren Geschwistern ist, wird besonders deutlich, wenn man es mit einer anderen Geschichte aus derselben Region vergleicht, nämlich mit jener der weltbekannten Aktivistin und Friedensnobelpreisträgerin Malala Yousafzai. Malala stammt aus dem Swat-Tal und wurde wie Nabila im Oktober 2012 Opfer eines brutalen Anschlages. Ein radikaler Talibankämpfer schoss ihr aus nächster Nähe in Kopf und Hals. Malala überlebte schwer verletzt. Drei Tage nach dem Anschlag – Malala befand sich nach Behandlungen in Peschawar und Rawalpindi weiterhin in Lebensgefahr – wurde das Mädchen nach Großbritannien ausgeflogen und ins Queen Elizabeth Hospital in Birmingham verlegt. Die dortigen Ärzte, die unter anderem auch britische Soldaten behandelten, sind auf Kopfverletzungen und Schusswunden spezialisiert und konnten Malala retten. Medien und Politik, vor allem im Westen, stürzten sich schnell auf den Fall. Man warnte ein weiteres Mal vor brutalen, muslimischen Männern, die selbst vor Kindern nicht Halt machen würden. Auch die pakistanische Regierung, deren Armee noch wenige Jahre zuvor im Swat-Tal brutalste Massaker beging, wusste den Fall für sich zu instrumentalisieren. Nach ihrer Genesung verblieb Malala in Großbritannien, ihre Familie zog nach, und ihr Vater, der sich auffällig oft ins Rampenlicht stellte, wurde zum Attaché für Bildung im pakistanischen Konsulat in Birmingham ernannt.[46] In der Zwischenzeit reiste Malala durch die Welt, sprach vor der UN, nahm auf der Couch des weltbekannten Comedians Jon Stewart Platz, trank Tee mit den Obamas und wurde mit Preisen, darunter der Friedensnobelpreis sowie der Sacharow-Preis, überhäuft. Außerdem erhielt sie einen Vertrag für ihre

Biografie beim britischen Verlag Weidenfeld & Nicolson in Höhe von zwei Millionen Pfund, während die UN den 10. November offiziell zum »Malala-Tag« erklärte.

Eine derart große Aufmerksamkeit wurde Nabila und ihren Geschwistern nicht einmal ansatzweise zuteil. Bis heute wurde von niemandem ein »Nabila-Tag« ausgerufen. Der Grund hierfür ist mehr als offensichtlich. Momina Bibi, die Großmutter der Rehman-Kinder, wurde nicht von irgendeinem Turban tragenden Fanatiker getötet, sondern per Knopfdruck von einem Drohnenpiloten in die Luft gejagt und in Stücke zerfetzt. Nabila war nicht das Opfer, dass der Westen haben wollte. Sie war das Opfer einer westlichen Killermaschine, die angeblich nur Terroristen tötet und mit ihren Hellfire-Raketen Demokratie, Freiheit und Menschenrechte bringen soll. Das Schicksal Malalas passte hingegen zu der Forderung, wonach der aufgeklärte, zivilisierte Westen in Pakistan, Afghanistan und anderswo notwendig ist, um kleine Mädchen vor verrückten, bärtigen Steinzeitextremisten zu beschützen.

Im selben Monat, in dem die Anhörung der Rehman-Familie in Washington stattfand, im Oktober 2013, empfing der damalige US-Präsident Barack Obama Malala Yousafzai im Weißen Haus. Die Bilder machten weltweit die Runde: die Obamas und ein Mädchen aus dem »Taliban-Land« gemeinsam im Oval Office. Während des Gesprächs mit dem US-Präsidenten fand Malala kritische Worte zu dessen Drohnenkrieg. Sie sagte, dass in Pakistan immer wieder Zivilisten durch die Angriffe getötet werden und dass sie Extremismus und Terrorismus im Land fördern würden.[47] Obama – smart und eloquent, wie er ist – hat in diesem Moment wahrscheinlich pragmatisch genickt. Hätte er jedoch Malalas Worte ernst genommen, hätte er sich wenige Tage später mit Nabila treffen und sich für die Ermordung von deren Großmutter entschuldigen müssen. Es steht außer Frage, dass Malala Yousafzai – die jüngste Nobelpreisträgerin der Geschichte – ein tapferes

Mädchen ist, welches viel Mut und Entschlossenheit an den Tag legt. Allerdings sollte man sich die Frage stellen, ob sie irgendjemand im Westen kennen würde, wenn sie Opfer eines Drohnenangriffs geworden wäre.

Nabila zusammen mit ihrem Vater Rafiq und ihrem Bruder Zubair bei einer Pressekonferenz auf dem Capitol Hill in Washington.
© Ullstein bild

Hayatullah Khan – Der Mann, der den CIA-Drohnenkrieg in Pakistan aufdeckte

Anfang Dezember 2005 verkündete die pakistanische Regierung den Tod eines führenden al-Qaida-Kommandanten namens Abu Hamza Rabia. Rabia, ein Ägypter, soll gemeinsam mit vier weiteren Extremisten in der Stadt Miran Shah im Norden Waziristans getötet worden sein. Als offizielle Todesursache wurde das zufällige Entzünden explosiven Materials, wahrscheinlich einer Bombe, im Haus angegeben. Doch Augenzeugen in Miran Shah widersprachen dieser Version und berichteten, dass ein kleines Flugzeug am Himmel eine Rakete auf das Haus abgefeuert habe. Der junge Journalist Hayatullah Khan wollte der Sache nachgehen. Khan, der aus der Region stammte, war in Waziristan bestens vernetzt und pflegte Kontakte zu allen Seiten. Er berichtete regelmäßig investigativ und kritisch für namhafte, pakistanische Tageszeitungen und war der Regierung, dem Militär und dem Geheimdienst bereits Dorn im Auge.*

Als Khan nach dem Tod Rabias am Tatort erschien, machte er umgehend Fotos von jenen Teilen, die angeblich die Explosion verursacht hatten. Dabei fiel ihm auf, dass er keine Bombenstücke vor sich hatte, sondern die Reste einer US-amerikanischen Hellfire-Rakete. Auf Überresten, die von Khan fotografiert wurden, waren klar die Bezeichnung der Hellfire-Rakete, »AGM-114«, die Worte »guided missile« sowie die Initialen »US« zu lesen.[48] Bereits zum damaligen Zeitpunkt war bekannt, dass die Hellfire-Raketen des Waffenherstellers Lockheed Martin ausschließlich vom US-Militär benutzt wurden. Khans Bericht zu seiner Aufdeckung erschien erstmals am 4. Dezember 2005 in der pakistanischen Tageszeitung *Ausaf,* eine der auflagenstärksten Zeitungen des Landes. Die Bilder der Reste der Hellfire-Rakete machten innerhalb kürzester Zeit weltweit die Runde. Im Alleingang hatte der Journalist aufgedeckt, dass die CIA Abu Hamza Rabia und seine Kumpanen mittels einer bewaffneten

* Im August 2001 berichtete der damals 25-jährige Khan über interne Stammesgefechte in Waziristan und machte gleichzeitig deutlich, dass die pakistanische Regierung die Kontrolle in den Stammesgebieten langsam aber sicher völlig verlor. Als Folge erhielt Khan Drohungen seitens der Regierung und musste kurzzeitig untertauchen. Das in New York ansässige Committee to Protect Journalists (CPJ) setzte sich daraufhin für Khan ein, indem es sich mittels eines Briefes an den damaligen pakistanischen Präsidenten Pervez Musharraf wendete.

Predator-Drohne getötet hatte – und das in Pakistan, einem Land, in dem die Vereinigten Staaten von Amerika angeblich gar keinen Krieg führen. Der Schattenkrieg der Amerikaner war somit enttarnt – und damit fiel auch die Maske der Mittäter vor Ort. Durch Khans Arbeit brach das Lügenkonstrukt der pakistanischen Regierung in sich zusammen. Die Öffentlichkeit wusste nun, dass sie belogen wurde. Kurz darauf kam es zu zahlreichen Protesten gegen die pakistanische Regierung und deren Zusammenarbeit mit den USA. Doch für Khan nahm seine Arbeit ein tödliches Ende. Am 5. Dezember wurde Khan von fünf bewaffneten Männern aus seinem Wagen gezerrt und entführt. Sechs Monate lang blieb der Journalist verschollen. Khans Familie – allen voran seine Ehefrau und seine fünf Kinder – wartete vergeblich auf ein Lebenszeichen. Dann, am 16. Juni 2006, kam die fürchterliche Nachricht. Ein Agent des pakistanischen Geheimdiensts teilte Khans Familie telefonisch mit, dass die Leiche des Journalisten auf dem Marktplatz von Miran Shah gefunden wurde. Khans Körper wies Folterspuren auf. Er hatte fünf bis sechs Schusswunden und trug dieselbe Kleidung wie am Tag seiner Entführung. Außerdem war er abgemagert und hatte einen langen Bart. Alle Indizien für die Täterschaft gingen in eine Richtung, nämlich in jene des pakistanischen Geheimdienstes, ISI. Eine Autopsie wurde nicht vorgenommen. Die Regierung wies jedwede Verantwortung von sich. Eine Untersuchung des Falles, die angeordnet wurde, lässt sich am ehesten als Scheinuntersuchung bezeichnen. Abgesehen davon, dass die Ergebnisse nicht veröffentlicht wurden, zog man es vor, Khans Familie in keiner Weise mit einzubeziehen oder zu interviewen. Am 7. November 2007 detonierte eine Bombe vor dem Haus der Ehefrau Hayatullah Khans und tötete sie ebenfalls. Es handelte sich um einen gezielten Anschlag.

Hayatullah Khan wusste, dass er in Lebensgefahr schwebte. Bereits einen Monat vor dem Drohnenangriff auf Abu Hamza Rabia und seiner Entführung, im November 2005, wurde Khan von einem Agenten des Militärgeheimdienstes in Miran Shah bedroht. »Stopp deine Arbeit, verlasse Waziristan oder akzeptiere die Politik der Regierung«, teilte ihm dieser mit. Khan erklärte seiner Familie daraufhin explizit, dass im Falle seiner Entführung oder Ermordung ausschließlich die Regierung verantwortlich sei. Die Wahrscheinlichkeit war hoch, dass Khan seiner Ehefrau aus diesem Grund auch konkrete Namen genannt hatte, die zu den Tätern geführt hätten. Khans Kinder leben mittlerweile als Waisen bei dessen jüngerem Bruder Ehsanullah. »Die Regierung muss uns sagen, wer unseren Vater getötet hat«, meinte Khans Sohn Kamran in einem Interview mit »Reporter ohne Grenzen«. »Wir wollen, dass die Mörder unseres Vaters verhaftet werden«, sagte Saira, Khans Tochter. Hayatullah Khan war bereits der fünfte Journalist, der in Waziristan innerhalb von zwei Jahren ermordet wurde, und die Nachricht seines Todes löste massive Proteste unter Pakistans Journalisten aus. Viele von ihnen solidarisierten sich mit Khan und prangerten die Regierung an. Selbst für einheimische Journalisten ist die Berichterstattung aus der Region besonders schwierig, da es in Waziristan nur so von Feinden wimmelt – seien es Angehörige des Militärs, des Geheimdienstes oder Mitglieder der Taliban und anderer Gruppierungen. Leider wird die Arbeit von Journalisten, die aus derart gefährlichen Regionen berichten, nur selten gewürdigt. Hayatullah Khans Recherchen waren bahnbrechend und einer der Hauptgründe dafür, dass viele Journalisten und Menschenrechtsaktivisten in westlichen Staaten für den Drohnenkrieg der CIA erstmals Interesse zeigten und anfingen, darüber zu berichten. Dennoch können heute nur wenige Menschen mit dem Namen Hayatullah Khan etwas anfangen.

Ein Mann, der sich ebenfalls der Gefahren seiner Arbeit bewusst ist, sich aber nicht einschüchtern lässt, ist Abid Khan Wazir. Der Journalist, dessen Familie ursprünglich aus der ostafghanischen Provinz Paktika stammt, lebt seit Jahren im Süden Waziristans. Aus eigener Erfahrung weiß Wazir, dass viele Dörfer in der Region, in denen immer wieder Drohnenangriffe stattfinden, selbst für viele Einheimische schwer zu erreichen sind. Informationen über die zivilen Opfer, die es auch laut Wazir zuhauf gibt, werden deshalb nicht bekannt. »Es gibt in diesen Regionen weder ein Telefonnetz noch eine Internetverbindung. Ganze Familien wurden in der Vergangenheit ausgelöscht, doch niemand erfuhr davon«, sagt Wazir. Diese bestehende Unwissenheit liegt auch im Interesse der pakistanischen Machthaber. Der Journalist betont, dass sich die Lage seiner Zunft in Waziristan vor allem seit Beginn des »Krieges gegen den Terror« verschlechtert habe. So wie die meisten anderen Journalisten aus der Region hat Abid Khan Wazir Angst, über den ISI und dessen Rolle im Drohnenkrieg zu sprechen. Da seitens des Geheimdienstes eine massive Überwachung – unter anderem auch dank der Zusammenarbeit mit der amerikanischen NSA – stattfindet, greifen Wazir und andere Journalisten immer mehr auf verschlüsselte Kommunikationsprogramme zurück. »Der Drohnenkrieg der CIA wäre ohne den nahezu allgegenwärtigen Überwachungsapparat der pakistanischen Geheimdienste nicht möglich. Ich denke, dass die Regierung sehr wohl weiß, dass durch die US-Drohnen sehr viele Zivilisten getötet werden. Allerdings schweigt sie dazu, während sie sich gleichzeitig patriotisch präsentiert und hin und wieder anprangert, dass durch die Angriffe Pakistans Souveränität verletzt werde«, stellt Wazir fest.

Pakistan: Wie die CIA einen Anti-Drohnenaktivisten tötete

In vielen Regionen, in denen der Drohnenkrieg der USA stattfindet, ist der zivilgesellschaftliche Widerstand dagegen groß. Laut dem BIJ wurden bislang weniger als vier Prozent der Drohnenopfer aus Pakistan als Angehörige von al-Qaida identifiziert.[49] Man darf davon ausgehen, dass ein ähnliches Ergebnis zustande kommen würde, wenn die Identitäten aller Opfer US-amerikanischer Drohnenangriffe weltweit bekannt werden würden. Für die Menschen in betroffenen Regionen sind derartige Zahlen und Statistiken nichts Neues. Sie brauchen sie gar nicht, denn durch ihren Alltag sind sich dieser Realität bewusst. Sie wissen, dass die Mehrheit der Opfer stets Zivilisten sind, und obwohl sie das auch immer wieder betonen, finden ihre Worte nur selten Gehör. Selbst stichhaltige, qualitativ zusammengestellte Daten und Fakten, wie jene des BIJ, werden nur selten von großen Medien aufgenommen. Seit Beginn der CIA-Angriffe in den paschtunischen Stammesgebieten in Pakistan versuchen die Einwohner, durch Aktivismus auf ihren Alltag aufmerksam zu machen. Besondere Aufmerksamkeit fand im April 2014 die Aktion einiger Künstler in der Provinz Khyber Pakhtunkhwa. Auf einer großen Wiese breitete die Künstlergruppe ein riesiges Plakat aus, auf dem das Gesicht eines kleinen Mädchens zu sehen war, das von einer US-Drohne getötet wurde. Im Gegensatz zu den üblichen Aufnahmen war das Bild selbst für die Piloten und Operatoren unschwer zu erkennen. Indem die Künstler einem der Opfer ein Gesicht gaben, wollten sie das Drohnen-Personal darauf aufmerksam, was für Menschen sie tatsächlich via Knopfdruck töten.[50]

Foto der Aktion »Not A Bug Splat« in Pakistan, © notabugsplat.com

Anzahl der Drohnenangriffe	428
Todesopfer	2511 – 4020
Getötete Zivilisten	424 – 969
Getötete Kinder	172 – 207
Identifiziert als al-Qaida	84

Tabelle: CIA-Drohnenkrieg in Pakistan, Mindestzahlen (Quelle BIJ, Stand Juli 2017)

Doch auch auf anderen Wegen versuchen die Menschen, die von den Drohnen terrorisiert werden, sich Gehör zu verschaffen. Regelmäßig finden etwa Stammesversammlungen, sogenannte Jirgas statt, bei denen wichtige Anliegen besprochen werden. Jirgas sind ein wichtiger gesellschaftlicher Bestandteil in den Stammesgesellschaften Afghanistans und Pakistans. Seit einigen Jahren werden sie in vielen Gemeinschaften allerdings nur noch mit höchster Achtsamkeit gehalten. In einigen Regionen finden sie kaum noch statt. Der Grund hierfür ist, dass seit 2001 große Versammlungen immer wieder bombardiert wurden. Viele Drohnenpiloten beobachten die Versammlungen mittels ihrer Kameras und kommen offensichtlich nicht selten zum Schluss, dass es sich dabei um »Terrorversammlungen« handeln muss. Einige Menschenrechtsorganisationen gaben bekannt, dass in weiten Teilen Waziristans praktisch kein soziales Leben mehr vorhanden sei, da sich die Menschen vor Drohnenangriffen fürchteten und Versammlungen mieden. Einer, der derartige Versammlungen regelmäßig aufsuchte, war Tariq Aziz. Der 16-jährige Junge spielte gerne Fußball und tat auch sonst meistens das, was andere Jugendliche in seinem Alter gerne treiben. Mit dem Unterschied, dass Tariq einer der wenigen war, der sich traute, offen gegen die Drohnenangriffe der Amerikaner in seiner Heimat zu protestieren. Die Jirgas in Waziristan besuchte Tariq regelmäßig. Oft ging es dabei um den Drohnenterror und wer den »Todesengeln« erneut zum Opfer gefallen war. Des Öfteren nahm Tariq auch an Demonstrationen gegen die Angriffe teil, wie zum Beispiel im November 2011 an einem landesweiten Protestmarsch, der vom pakistanischen Politiker Imran Khan ausgerufen wurde. Rund 72 Stunden später war Tariq Aziz tot – ermordet durch jene Drohnen, gegen die er protestiert hatte. An jenem Tag waren Tariq und sein zwölfjähriger Cousin Waheed auf dem Weg in die Stadt Miranshah, um eine Tante von ihrer Hochzeit abzuholen. Die zwei Kinder kamen allerdings nie an. Unterwegs wurde ihr Auto von einer Drohne getroffen. Tariq und Waheed waren sofort tot.

Die Geschichte von Tariq, dem jugendlichen Anti-Drohnenaktivisten aus Waziristan, der selbst von einer Drohne ermordet wurde, kennt fast niemand. Der Junge wäre vollkommen gesichtslos geblieben, wenn der Journalist Pratap Chaterjee ihn nicht kurz vor seinem Tod getroffen hätte. Doch Tariq wurde weder posthum für einen Friedensnobelpreis nominiert, noch interessierte sich ein westlicher Politiker für sein Schicksal. Bis zum heutigen Tag wissen Tariqs und Waheeds Familie nicht, warum die beiden Jungen zum Ziel eines Drohnenangriffs wurden. Entschuldigt hat sich niemand bei ihnen.

Der ermordete Anti-Drohnen-Aktivist Tariq Aziz, © www.havelian.net

Jemen: Wie der Schattenkrieg begann

Nach den Anschlägen des 11. Septembers und des angefangenen Krieges in Afghanistan war die Entschlossenheit im Weißen Haus groß, Attentatsangriffe und sogenannte gezielte Tötungen in mehreren Ländern auszuführen. Dabei wurden sämtliche moralischen und rechtlichen Errungenschaften, auf die westliche Staaten wie die USA bis heute stolz zu sein scheinen, über Bord geworfen. Bereits fünf Tage nach den Anschlägen vom 11. September 2001 unterzeichnete George W. Bush ein Dekret, welches unter anderem die CIA dazu bemächtigte, Mitglieder von al-Qaida oder anderen terroristischen Gruppierungen zu töten, die auf einer »Liste wichtiger Ziele« (»high value target list«) zu finden waren. US-amerikanische Staatsbürger waren davon nicht ausgeschlossen und konnten ebenfalls ins Visier geraten. Rechtsstaatliche Prozesse wurden ausgehebelt, sodass ohne Anklagen und richterliche Urteile gehandelt werden konnte. Von nun an bestimmten entweder US-Spezialeinheiten wie die JSOC oder Operatoren von Predator-Drohnen selbst über Leben und Tod. Für den Geheimdienst war damit der Weg geöffnet, seinen Schattenkrieg an jedem Ort der Welt auszuführen. Obwohl in vielerlei Hinsicht weiterhin die Zustimmung des Präsidenten notwendig war, hatte die Macht des Geheimdienstes durch diese Maßnahmen einen neuen Höhepunkt erreicht. In unmittelbarer Folge begann die CIA einen Schattenkrieg in Jemen, dem ärmsten Staat im Nahen Osten. Anfang November 2002 zielte eine Predator-Drohne auf einen Wagen im Osten der jemenitischen Hauptstadt Sanaa. Die beiden Hellfire-Raketen schlugen nacheinander ein und töteten sechs Männer. Ein siebter Mann überlebte nur, weil der Drohne keine Raketen mehr zur Verfügung standen. Bei allen Männern handelte es sich um Personen aus der al-Qaida-Zelle Jemens, die unter Terrorverdacht standen, darunter Qaid Salim Sinan al-Haritihi, auch bekannt als Abu Ali al-Harithi, sowie Kamal Derwish, unter anderem bekannt als Ahmed Hijazi. Al-Harithi, ein Jemenite, galt als führender al-Qaida-Kopf. Unter anderem soll er für das Bombenattentat auf das amerikanische Kriegsschiff USS Cole im Oktober 2000 sowie den Angriff auf den Öltanker Limburg im Oktober 2002 mitverantwortlich gewesen sein. Die CIA bezeichnete al-Harithi einst als »Paten von al-Qaida« in der Region. Derwish, ein US-amerikanischer Staatsbürger, soll als al-Harithis rechte Hand fungiert haben. Somit tötete bereits der allererste US-Drohnenangriff außerhalb Afghanistans einen Amerikaner. Dies war selbst für viele amerikanische Beobachter, unter ihnen auch Menschenrechtler und Juristen, die den Afghanistankrieg unterstützten, ein Problem. Denn durch die Ermordung Derwishs – als nichts anderes ist diese außergerichtliche Hinrichtung zu bezeichnen – wurde deutlich, dass auch US-Staatsbürger vogelfrei werden und auf der Abschussliste der US-Regierung landen konnten. Amerikanische Patrioten und Verteidiger der Verfassung meinten, dass sich hierbei die Gründerväter der Vereinigten Staaten im Grabe umdrehen würden. Ob dies bei Männern, die einst selbst afrikanisch-amerikanische Sklaven hielten und Indianer massakrierten, tatsächlich der Fall gewesen wäre, wird man wohl nie erfahren.

Der Unterschied zwischen der Tötung von amerikanischen Staatsbürgern und jenen, die es nicht sind, wird im Diskurs um den Drohnenkrieg immer wieder gemacht. In den letzten Jahren sind auch Opfer mit einer deutschen oder britischen Staatsbürgerschaft hinzugekommen. Laut Gesetz der jeweiligen Länder sind Tötungen, außergerichtliche Hinrichtungen oder Ermordungen – wie immer man diesen Vorgang auch nennen mag – klar und deutlich verboten. Es gehört zu den Grundpfeilern eines Rechtsstaates, bis zum endgültigen Beweis einer Täterschaft die Unschuldsvermutung gelten zu lassen, auch für mutmaßliche al-Qaida-Mitglieder. Statements wie jenes des deutschen Innenministeriums, das die Drohnentötung von Patrick K., einem deutschen V-Mann, der sich mutmaßlich Extremisten in Waziristan angeschlossen hatte, mit »Wer nach Waziristan geht und dort umkommt, ist selbst schuld«[51] kommentierte, lässt auf ein mehr als zweifelhaftes Verständnis rechtsstaatlicher Grundwerte schließen.[52] Die Unterscheidung von Opfern nach ihrer Staatsbürgerschaft ist ohnehin nur mit einer gehörigen Portion Zynismus zu schaffen. Sie macht deutlich, dass Amerikaner und Europäer mehr wert und wichtiger zu sein scheinen als Afghanen, Pakistaner oder Jemeniten. Im November 2002 hatten Predator-Drohnen in Afghanistan bereits etliche unschuldige Afghanen getötet, doch der erste Aufschrei kam erst, als ein US-amerikanischer Staatsbürger starb. Sollte nicht vielmehr der Grundsatz gelten, dass alle Menschenleben den gleichen Wert haben und dass gewisse Grundrechte für alle gelten, unabhängig von der Staatsbürgerschaft? Zumindest hatte man sich in der UN-Menschenrechtscharta bereits einmal darauf verständigt.

Ob al-Harithi, Derwish und die vier anderen Männer tatsächlich Terroristen gewesen sind oder nicht, wird sich wohl nie wirklich herausstellen. Obwohl viele Indizien für ihre al-Qaida-Aktivitäten sprechen, kann und darf man aufgrund von Indizien nicht einfach töten. Während selbst die brutalsten Mörder in den USA einen Prozess bekommen, wurden diese Männer ohne jedes Recht einfach in Stücke zerfetzt – und zwar nur, weil die CIA es so wollte. In diesem Fall agierten nicht diese Männer terroristisch, sondern die Schergen der CIA. Mit diesem Angriff leitete die CIA in Jemen eine Tötungskampagne ein, die terroristischer nicht sein könnte.

Die Katastrophe, von der keiner spricht

Jemen ist das Musterbild eines gescheiterten Staates (»failed state«). Das Land im Süden der arabischen Halbinsel, das an Saudi-Arabien und Oman grenzt, ist der ärmste Staat im Nahen Osten. Stammesgesellschaften spielen in Jemen eine wichtige Rolle, und die extrem schwache Zentralregierung in der Hauptstadt Sanaa versucht vergeblich, das Land politisch zu einen. Seit jeher ist Jemen auch eine Terrorhochburg, aus der viele bekannte Mitglieder von al-Qaida und anderen extremistischen Gruppen stammen, unter ihnen auch ein gewisser Osama bin Laden, dessen Vater Jemenit war. Ähnlich wie die Taliban in gewissen Teilen Afghanistans sind auch hier die Aufständischen in der Region selbst aufgewachsen und eng mit den Dorfstrukturen und den traditionellen Stammesgemeinschaften verwoben. Seit jeher herrscht zwischen der Zentralregierung und den Menschen in diesen Regionen eine offene Feindschaft. Doch seit Beginn des »Krieges gegen den Terror« hat die jemenitische Regierung in Washington mächtige Verbündete gefunden und toleriert die Gewalt, die von den Drohnen oder den US-Spezialeinheiten ausgeht. Der Konflikt wird verstärkt und mehr und mehr Menschen werden in die Hände aufständischer und extremistischer Gruppierungen getrieben. Vor 2002 agierte in Jemen noch eine überschaubare Anzahl von al-Qaida-Kämpfern. Doch je mehr Drohnen am Himmel flogen und mit ihren Hellfire-Raketen Hochzeitsgesellschaften, Beerdigungen und fahrende Autos in denen sich Zivilisten aufhielten, bombardierten, umso mehr verstärkte sich die Militanz. Mittlerweile ist die Anzahl extremistischer Kämpfer in Jemen dermaßen in die Höhe geschnellt, dass sie praktisch nicht mehr nachverfolgbar ist. Dennoch töteten US-amerikanische Drohnenpiloten zwischen Juli 2014 und Juli 2015 in Jemen mehr Zivilisten als die Extremisten von al-Qaida, wie durch ein Bericht der UN bekannt wurde.[53] Immer wieder sollte man sich die folgende Frage stellen: Wer ist hier der eigentliche Terrorist? Seit 2002 hat die CIA in Jemen mindestens 254 Drohnenangriffe durchgeführt. Laut BIJ wurden dabei zwischen 890 und 1 228 Menschen getötet. Während man weiterhin von 166 bis 210 toten Zivilisten spricht, sollte nicht in Vergessenheit geraten, dass auch in Jemen die Dunkelziffer der zivilen Opfer immens hoch ist und die Zahl der identifizierten Opfer wahrscheinlich sogar übersteigt. Wie viele Zivilisten von der CIA tatsächlich getötet wurden, ist nicht bekannt.[54]

In Anbetracht der letzten Entwicklungen wird sich an der schrecklichen Lage im Land auf längere Zeit nichts ändern. Seit über zwei Jahren findet in Jemen ein zusätzlicher Krieg statt, der weite Teile des Landes zerstört und die Bevölkerung in eine humanitäre Katastrophe getrieben hat: Im März 2015 entschloss sich Saudi-Arabien, gemeinsam mit neun verbündeten Staaten im Land militärisch zu intervenieren. Der Anlass hierfür war der Aufstand der Huthi-Rebellen, die die Zentralregierung in Sanaa abgesetzt hatten. In Jemen leben sowohl sunnitische als auch schiitische Muslime seit Jahrhunderten friedlich miteinander. Saudi-Arabien vertritt allerdings die Meinung, dass die schiitischen Huthis im Interesse des ebenfalls schiitischen Irans handelten. Während Saudi-Arabien sich selbst als Repräsentant aller Sunniten betrachtet, meint Iran, für alle Schiiten zu sprechen zu können. Dabei ist die muslimische Bevölkerung in Jemen nicht gespalten: Die schiitischen Jemeniten gehören der islamischen Rechtsschule der Zaiditen an, die sehr viele Gemeinsamkeiten mit den Sunniten haben. Während in anderen muslimischen Staaten Sunniten und Schiiten in jeweils eigenen Moscheen beten, verrichten in Jemen alle Muslime ihr Gebet gemeinsam. Hinzu kommt, dass sunnitische Jemeniten in ihrem Alltag – so wie die meisten anderen Sunniten der Welt – mit der religiösen Praxis der Saudis, die eine sehr extreme ist und deshalb oftmals als salafitisch oder wahhabitisch bezeichnet wird, nur wenig gemein haben. Von vielen westlichen Beobachtern wurden diese Tatsachen kaum beachtet, und so erklärte man die Kämpfe in Jemen mit dem »ewigen Zwist« zwischen Sunniten und Schiiten. Eine solche Deutung des Konflikts kommt vielen westlichen Staaten entgegen und hat ebenfalls ihren Ursprung im kolonialen Zeitalter. Es soll der Eindruck erweckt werden, dass die muslimischen Gesellschaften sich hauptsächlich gegenseitig bekriegen und der Westen im Grunde genommen nichts damit zu tun hat. Allerdings ist diese Behauptung damals wie heute schlichtweg falsch. Die Kriege westlicher Staaten in der Region zielen seit jeher darauf ab, zu teilen und zu herrschen. Ethnische und konfessionelle Gruppierungen werden dabei gegeneinander ausgespielt. Gruppierungen und politische Parteien oder Bewegungen, die daraus entstehen, werden mal hier mal da – je nach gegenwärtigem Interesse – unterstützt. Dies ist auch in Jemen der Fall, wo sich westliche Staaten, allen voran die USA, aber etwa auch Großbritannien, auf die Seite Saudi-Arabiens geschlagen haben und die absolutistische Monarchie mit Waffen im Wert vieler Milliarden Dollar beliefern. Mit genau diesen Waffen hat die saudische Armee bereits zahlreiche Kriegsverbrechen begangen. In Jemen kamen sogar illegale Waffensysteme wie Streubomben und weißer Phosphor zum Einsatz. Laut der UN wurden seit Beginn des Krieges bereits über 10 000 jemenitische Zivilisten getötet (Stand Januar 2017). Mindestens 40 000 weitere Zivilisten wurden während des Krieges verletzt.[55] Bereits im Vorjahr betonte die UN, dass die von Saudi-Arabien angeführte Koalition für die Mehrheit der zivilen Opfer verantwortlich ist.[56] Durch die Angriffe der aufständischen Huthis werden ebenfalls regelmäßig Zivilisten getötet. Allerdings ist es nicht verwunderlich, dass die Koalition, der hochmoderne Waffensysteme zur Verfügung stehen und die permanent aus der Luft bombardiert, weitaus mehr zivile Opfer zu verantworten hat. Es ist ein ungleicher Kampf, denn die Unterstützung, die Saudi-Arabien von zahlreichen westlichen Staaten erfährt, ist auf Seiten der Huthis kaum vorhanden. Obwohl Teheran sich immer wieder, vor allem rhetorisch, auf die Seite der Rebellen stellt und logistische Mittel, mittlerweile auch Waffensysteme, zur Verfügung gestellt werden, geschieht alles in einem weitaus begrenzterem Maße als von den Saudis dargestellt.

Währenddessen geht das Bombardement, das auch schon viele Krankenhäuser und andere humanitäre Einrichtungen getroffen hat, unvermindert weiter und stürzt Jemen von einer humanitären Katastrophe in die nächste. Über 18 Millionen Menschen – zwei Drittel der Bevölkerung – sind aufgrund des Krieges mittlerweile auf humanitäre Hilfe angewiesen. Laut der Nothilfe-Koordination der UN benötigen über zehn Millionen von ihnen akute Hilfe. In vielen Regionen des Landes herrschen schwere Hungersnöte, und fast sieben Millionen Menschen sind dringend auf Nahrung angewiesen. Hinzu kommen große Fluchtbewegungen, die mittlerweile über zwei Millionen Binnenflüchtlinge umfassen. Mindestens 180 000 Jemeniten haben ihr Land bereits verlassen und sind geflohen.[57]

Doch die Katastrophe in Jemen, die weiterhin kein Ende findet, stößt im Westen nur auf geringes Interesse. Offene Kritik an der Diktatur des Saud-Clans, welche die Hauptverantwortung für das Massaker in Jemen trägt, ist wohl auch hierzulande nach wie vor nicht mainstreamfähig. Kein Wunder, denn dieser gilt als wichtiger politischer Verbündeter in der Region, der die Europäer und Amerikaner mit Erdöl beliefert und das verdiente Geld daraufhin wieder für Waffen aus westlicher Produktion ausgibt. Misstöne sind in diesem Milliardengeschäft mit Riad nicht erwünscht. Die Bilder der an Hunger leidenden jemenitischen Kinder hätten wohl längst die Runde gemacht, wenn sie den politischen Interessen Berlins, Washingtons oder Londons gedient hätten. Der Krieg in Jemen spielt voll in die Karten der CIA. Ihre Drohnenangriffe und die Hausüberfälle der JSOC werden durch die gegenwärtigen Zustände nämlich noch weniger wahrgenommen – und weiterhin brutal durchgeführt.

Das tragische Schicksal der Familie al-Awlaki

In der Nacht zum 29. Januar 2017 kamen bei einer Operation des Navy Seal Team 6, einer berühmt-berüchtigten US-Eliteeinheit, in Al Ghayil, einem abgelegenen Dorf in der jemenitischen Provinz Al Bayda, 25 Menschen ums Leben. Es war die erste Spezialoperation des US-Militärs in Jemen unter dem neuen Präsidenten Donald Trump. Sie war – wie das Weiße Haus verlautbaren ließ – ein »voller Erfolg«. Unter den Opfern befanden sich neun Kinder, das jüngste war erst drei Monate alt. Eines dieser toten Kinder war die achtjährige Nawaar al-Awlaki. Al-Awlaki ist kein unbekannter Name, vor allem in Washington nicht. Nawaars Vater, Anwar al-Awlaki, war ein bekannter amerikanisch-jemenitischer Prediger. Anfangs, 2001, gehörte er noch zu den Unterstützern George W. Bushs gegen die »Achse des Bösen«. Al-Awlaki hielt den Afghanistankrieg für richtig und war der Meinung, dass al-Qaida und all jene, die sich mit ihnen verbündet haben, bekämpft werden müssen – auch im Interesse der Muslime. Doch nach wenigen Jahren änderten sich Anwar al-Awlakis Ansichten grundlegend. Die Kriege der US-Regierung – seiner Regierung – hatten ihm vor Augen geführt, dass er falsch lag und dass unschuldige Afghanen und Iraker litten. Al-Awlaki entschloss sich zu einem radikalen Weg, um seinen Überzeugungen Ausdruck zu verleihen. Der Mann, der in den Vereinigten Staaten geboren und aufgewachsen war, reiste nach Jemen, der Heimat seiner Familie, und nahm dort Kontakte zum extremistischen Umfeld von al-Qaida auf. Al-Awlaki, der einst die US-Außenpolitik pries, predigte nun gegen die Kriege der Amerikaner und rief Muslime auf, sich gegen deren Besatzung in ihren Ländern zu verteidigen. Die US-Regierung betrachtete al-Awlaki zunehmend als Sicherheitsproblem. Anfang 2010 berichteten amerikanische Medien, dass al-Awlaki auf der berühmt-berüchtigten »Kill List« des US-Präsidenten gelandet sei. Die Todesliste, auf der die Namen potentieller Ziele von Drohnenangriffen stehen, wird vom Sicherheitsapparat des Weißen Hauses, darunter auch CIA und JSOC, erstellt und benötigt eine wöchentliche Absegnung des Präsidenten (mehr dazu unter dem Kapitel »Die Todesliste«). Zu diesem Zeitpunkt bezeichneten Mitglieder der amerikanischen Geheimdienste al-Awlaki bereits als »bin Laden des Internets« und als »den gefährlichsten Mann der Welt«.

Al-Awlakis Sympathien und seine Kontakte zu al-Qaida in Jemen waren offensichtlich. Dennoch konnte man ihm in Washington nichts Konkretes vorwerfen. Der hagere Mann mit der großen Brille war weder in Anschläge verwickelt, noch hatte er irgendwelche Straftaten begangen. Der einzige Vorwurf, der im Raum stand, waren seine Kontakte zu al-Qaida in Jemen und sein Potential, mit seinen extremen Ansichten andere Muslime zu radikalisieren. Durch YouTube und Soziale Medien wie Facebook und Twitter hatten Anwar al-Awlakis Predigten eine sehr große Reichweite. Doch selbst wenn diese Dinge nach einer Verhaftung al-Awlakis zu einhundert Prozent erwiesen gewesen wären, hätte kein US-amerikanischer Richter hierfür die Todesstrafe verhängen können. Dennoch Anwar al-Awlakis Todesurteil war bereits gefällt, und die CIA nahm es in Angriff, es zu vollstrecken. Monatelang suchte die CIA nach al-Awlaki und setzte sogar ein Kopfgeld von sage und schreibe fünf Millionen US-Dollar auf ihn aus. Agenten befragten unter anderen auch al-Awlakis Bruder Ammar, boten ihm Geld und empfahlen, es für seine Familie zu benutzen. Doch Ammar, ein wohlhabender Geschäftsmann, lehnte ab und behauptete, seinen Bruder seit 2004 nicht mehr gesehen zu haben.[58] Nach Auswertungen der Informationen der Informanten und aus verschiedenen Überwachungskanälen konnte die CIA al-Awlaki schließlich im September 2011 ausfindig machen. Am 30. September wurde al-Awlaki durch einen Drohnenangriff, der rund 140 Kilometer entfernt von Sanaa stattfand, getötet. Der Mann, der einst den Krieg gegen den Terror begrüßte, wurde nun durch diesen getötet. Die Akte al-Awlaki wurde von der CIA allerdings noch nicht geschlossen. Zwei Wochen nach der Tötung Anwar al-Awlakis, am 14. Oktober 2011, wurde dessen 16-jähriger Sohn Abdulrahman ebenfalls von einer Drohne in Jemen getötet. Er war nur in den Jemen gereist, um nach seinem Vater zu suchen, und hatte selbst keine Verbindungen zur extremistischen Szene. Mit ihm starben sein 17-jähriger Cousin sowie weitere Zivilisten. Der Drohnenangriff erfolgte, als die Jugendlichen in einem Restaurant in der Provinz Shebwah im Freien zu Abend aßen. Die Hellfire-Rakete verbrannte ihre Körper und riss sie in mehrere Stücke, die kaum noch identifizierbar waren. Alle Opfer, einschließlich Abdulrahman, wurden in einem Massengrab beerdigt.

Nasser al-Awlaki, der Vater Anwars, ist ein bekannter jemenitischer Intellektueller, der einst die Universität von Sanaa leitete und als Landwirtschaftsminister tätig war. Als sein Sohn in den USA geboren wurde, studierte er an der Universität New Mexico, später lehrte er an der Universität von Minnesota. In den Tagen vor seiner Ermordung lebte Abdulrahman al-Awlaki im Haus seines Großvaters in Sanaa. Bis heute kann sich Nasser al-Awlaki nicht erklären, warum auch sein Enkel von der CIA getötet wurde. In einem Beitrag für die *New York Times* beschrieb al-Awlaki die Ermordung seines Enkels, den er als normalen Teenager bezeichnete, der gerne »Die Simpsons« schaute und ein Fan des US-Rappers Snoop Dogg gewesen ist. »Mein Enkel wurde von seiner eigenen Regierung getötet«, schrieb Nasser al-Awlaki. Auch zur Tötung seines Sohnes Anwar nahm al-Awlaki Stellung und betonte, dass die US-Regierung diesem jegliche Freiheitsrechte geraubt hätte.[59]

Eines ist jedoch sicher: Da die Drohnenangriffe der CIA allesamt vom US-Präsidenten persönlich genehmigt werden, ist der damalige Präsident Barack Obama sowohl für die Ermordung des Vaters als auch des Sohnes verantwortlich. Im Nachhinein behauptete die US-Regierung, dass Abdulrahman nicht das »eigentliche Ziel« des Angriffs gewesen sei und bezeichnete die Ermordung des Jungen zynisch als einen Kollateralschaden. Die anderen toten Zivilisten waren nicht einmal eine Erwähnung wert. Robert Gibbs, der damalige Pressesprecher des Weißen Hauses, erreichte mit seiner damaligen Rechtfertigung für die Ermordung des Jugendlichen einen absoluten moralischen Tiefpunkt. Als ein Journalist Gibbs damit konfrontierte, dass ein minderjähriger, amerikanischer Staatsbürger ohne Anklage, Prozess und Gerichtsurteil getötet wurde, meinte dieser, dass Abdulrahman einen »verantwortungsvolleren Vater hätte haben sollen«. In der Folge sah sich der Pressesprecher massiver Kritik ausgesetzt.[60] Bis heute ist nicht klar, warum die CIA Abdulrahman al-Awlaki getötet hat. Im technischen Jargon gibt es viele Bezeichnungen, die auf Abdulrahman zutreffen. Er war minderjährig, Zivilist und US-amerikanischer Staatsbürger. Im Großen und Ganzen lässt sich das aber auch weniger komplex ausdrücken: Abdulrahman al-Awlaki war ein unschuldiger Jugendlicher, genauso wie sein Cousin, der mit ihm starb. Ihre Ermordung ist ein schreckliches Verbrechen, für das die Verantwortlichen, und sei es Barack Obama persönlich, zur Rechenschaft gezogen werden müssen.

Warum musste Abdulrahman sterben? Es liegt die Vermutung nahe, dass die CIA in ihm einen potentiellen Feind sah. Jemand, der eines Tages womöglich den Tod seines Vaters rächen würde. Im Januar 2017 gab das US-Außenministerium bekannt, dass jene Person, die angeblich anstelle von Abdulrahman al-Awlaki hätte getötet werden sollen, weiterhin am Leben ist. Bei der besagten Person handelt es sich um Ibrahim al-Banna, einen ägyptischen al-Qaida-Extremisten, der in Jemen aktiv sein soll und auf dessen Kopf ebenfalls eine Belohnung von fünf Millionen US-Dollar ausgesetzt ist. Kurz nach Abdulrahman al-Awlakis Tod stellten jedoch einige US-Medien die Behauptung auf, dass der Jugendliche ein Mitglied von al-Qaida gewesen sei und während eines Treffens mit al-Banna getötet wurde. Medien, die eher als Kriegssprachrohre der US-Regierung fungierten, begannen umgehend Abdulrahman zu entmenschlichen, indem sie ihn mit al-Qaida in Verbindung brachten oder bezüglich seines Alters – zum Teil wurde ihm ein Alter von 21 anstatt von 16 Jahren zugeschrieben – bewusst Lügen verbreiteten. Die Öffentlichkeit sollte Abdulrahman nicht als amerikanischen Teenager, sondern als arabischen al-Qaida-Extremisten wahrnehmen. Dies lag voll und ganz im Interesse der Obama-Administration, die ohnehin jede männliche Person im wehrfähigen Alter im Umfeld eines Drohnenangriffs als »feindlichen Kombattanten« einstufte, wie die *New York Times* im Jahr 2012 enthüllte.[61] Nach dieser Doktrin war Abdulrahman al-Awlaki gewiss ein militanter Kämpfer, genauso wie fast alle anderen Drohnenopfer, die in diesem Buch beschrieben werden.

Für die Familie Abdulrahmans war es schockierend mitzuerleben, wie westliche Medien den 16-jährigen Jungen, der gerne Videospiele spielte und mit seinen Freunden abhing, plötzlich zu einem Extremisten, der den Tod verdiente, machten. Um diesen Lügengeschichten entgegenzuwirken, machte die Familie Abdulrahmans mittels Facebook auf seine tatsächliche Identität aufmerksam. In einem Interview mit *The Intercept* äußerte sich Abir al-Awlaki, eine Schwester Anwars, zu dem Verbrechen: »Es war hart für einen Vater, zuerst seinen ältesten Sohn zu verlieren und kurz darauf seinen Lieblingsenkel. Das ganze Haus war traumatisiert und verletzt.«[62] Der Schmerz, den die Familie al-Awlaki in diesen vierzehn Tagen erlitt, sei kaum zu ertragen gewesen.

Am 29. Januar 2017 fiel dann ein weiteres Kind der Familie dem brutalen Schattenkrieg der Vereinigten Staaten zum Opfer: die achtjährige Nawaar al-Awlaki, eine Tochter Anwars und die Halbschwester Abdulrahmans. Laut Nasser al-Awlaki schoss ein US-Soldat seiner Enkelin ins Genick. Nach zwei qualvollen Stunden verstarb das Mädchen. Nawaar war eines der ersten Opfer der neuen US-Regierung unter Donald Trump. Bereits wenige Stunden nach ihrem Tod wurden zahlreiche Bilder des kleinen Mädchens in sozialen Netzwerken verbreitet. Dass ein weiteres Kind der Familie al-Awlaki auf diese Art und Weise getötet wurde, war für viele Beobachter und Kenner der Region in seiner Tragik kaum in Worte zu fassen. Währenddessen machte Washingtons gleichgültige Haltung deutlich, wie wertlos ein totes jemenitisches Kind für die US-Regierung ist. Auch nach diesem Massaker hieß es lediglich, dass 14 al-Qaida-Kämpfer bei der Operation getötet wurden. Über Nawaar und die zahlreichen anderen Opfer verlor man kein Wort. Stattdessen beklagte US-Vizepräsident Mike Pence via Kurznachrichtendienst Twitter den Verlust eines Soldaten. Er bezeichnete ihn als »Helden«, der im Kampf gegen den »radikalislamischen Terror« gefallen sei.

Der Fall von Anwar und Abdulrahman wird juristisch seit einigen Jahren vom Anwalt und Menschenrechtsaktivisten Jameel Jaffer von der American Civil Liberties Union (ACLU), einer amerikanischen NGO mit Sitz in New York City, begleitet. Jaffer ist bekannt für seine Arbeit gegen die Verbrechen des »Krieges gegen den Terror« und sorgte in der Vergangenheit dafür, dass die US-Regierung geheime Dokumente bezüglich ihrer Folterpraktiken in Guantanamo und in anderen CIA-Geheimgefängnissen veröffentlichen musste. Den Drohnenkrieg Washingtons kritisiert Jaffer in vielerlei Hinsicht, etwa, dass die Angriffe als »präzise« oder »effektiv« gepriesen werden. Seine größte Kritik gilt allerdings der vermeintlichen Rechtmäßigkeit der Angriffe, die von der US-Regierung betont wird. Auch die Ermordung der al-Awlakis wurde von der Obama-Administration als »rechtmäßig« und »legal« betrachtet. Jaffer betont in diesem Kontext, dass der Drohnenkrieg weder vom US-Kongress abgesegnet wurde noch irgendeine andere rechtliche Grundlage habe. Die vermeintliche Legalität der Angriffe wurde von der Obama-Administration selbst kreiert – quasi aus dem Nichts –, um ihren brutalen Krieg in der Öffentlichkeit rhetorisch zu rechtfertigen.[63]

Palästina: Ein ignorierter Schauplatz des Drohnenkrieges

Der Diskurs um den Einsatz von Kampfdrohnen findet hauptsächlich im Kontext des Drohnenkrieges der USA statt. Dabei gerät ein Land, in dem die Drohnentechnologie und deren Anwendung eine lange Geschichte hat, in den Hintergrund: Israel, das weiterhin einer der wichtigsten – wenn nicht sogar der bedeutendste – Drohnenhersteller der Welt ist. Laut eines Berichts des Stockholm International Peace Institutes aus dem Jahr 2015 stammen über 60 Prozent aller weltweit verkauften Drohnen seit 1985 aus israelischer Produktion. Die USA befinden sich auf Platz zwei mit einem Anteil von 24 Prozent am weltweiten Export.[64] Die Mehrzahl der israelischen Drohnen ist für Überwachungszwecke gedacht. Doch nachdem die Kampfeinsätze der Predator-Drohne zum Alltag des US-Militärs und der CIA geworden sind, bestückt auch Israel seine Drohnen des Typs Hermes und Heron mit Waffensystemen. Der Einsatz der ersten bewaffneten israelischen Drohne fand im Jahr 2004 statt. Demnach lag Israel mit der Bewaffnung drei Jahre hinter den USA zurück. »Der Gedanke ist es, die Terroroperation zu verhindern, bevor sie überhaupt beginnt. Dies kann nicht mittels Kampfjets oder Helikoptern geschehen«, meinte Eitan Ben Eliyahu, ehemaliger Kommandant der israelischen Luftwaffe, diesbezüglich in einem Interview mit dem katarischen Nachrichtensender *Al Jazeera*. Im Gegensatz zum US-amerikanischen Drohnenprogramm ist jenes der Israelis streng geheim. Das israelische Militär untersagt es Journalisten, über das Drohnenprogramm des Landes überhaupt zu berichten. Aus diesem Grund existieren bis zum heutigen Tage keine Bilder von bewaffneten Drohnen aus Israel. Alle bekannten Informationen zu Israels Kampfdrohnen stammen von jenen Menschen, die unter ihnen leiden. Die Palästinenser können die Drohnen hören und sehen. Ihre Angst sowie ihre Traumatisierung gleicht der von jenen Menschen, die mit dem Drohnenterror in Pakistan oder in Afghanistan leben müssen. Sie spüren, dass sie unter permanenter Beobachtung sind und jederzeit getötet werden können. Eingesperrt im Gazastreifen sind sie für das israelische Militär vollkommen vogelfrei. Immer wieder berichteten Einwohner, wie sehr die Drohnen ihren Alltag und ihre Entscheidungen beeinflussen. Einige Palästinenser gaben etwa zu Protokoll, dass viele Menschen, die einen Umzug planen, sich erst darüber informieren, ob in der neuen Nachbarschaft militante Kämpfer oder deren Familienmitglieder leben. Zu oft wurden wegen einzelner Personen Häuser dem Erdboden gleichgemacht und ganze Familien ausgelöscht.[65]

Israelische Drohnen kommen sowohl im Gazastreifen als auch im Westjordanland zum Einsatz und wurden seit 2004 mit sehr hoher Wahrscheinlichkeit bei Hunderten von gezielten Angriffen und Bombardierungen eingesetzt. Die Umwelt der palästinensischen Gebiete unterscheidet sich allerdings erheblich von den Regionen Afghanistans, Jemens oder Pakistans: Es handelt sich um urbane Gebiete mit vielen Häusern, Hochbauten und engen Straßen. Dies ist womöglich einer der Gründe, warum die israelischen Drohnen mit anderen Waffensystemen ausgestattet sind als jene der USA und warum das Militär sowie die Geheimdienste andere Taktiken und Strategien anwenden. Ein Beispiel hierfür ist etwa das sogenannte »Anklopfen« (»knocking«), bei der kleine Bomben auf das Dach eines Zielgebäudes abgeworfen werden. Laut israelischer Armee sind diese Bomben »laut, aber nicht tödlich« und gelten als Warnung für einen bevorstehenden Großangriff, der zehn Minuten später stattfindet. Bei derartigen Angriffen wird oftmals das gesamte Gebäude vollkommen zerstört. Durch das »Anklopfen«, so die Armee, sollen Menschenleben geschont und feindliche Ziele ausgeschaltet werden. Die Realität sieht in vielen Fällen allerdings anders aus. Einwohner des Gazastreifens berichteten, dass Angriffe des Öfteren bereits wenige Momente später – nicht erst zehn Minuten später – stattfanden. Hinzu kommt, dass auch durch die kleinen Bomben, die beim »Anklopfen« abgeworfen werden und angeblich nicht tödlich sind, Menschen getötet wurden.[66] Israels Luftangriffe mittels Drohnen und bemannter Flugzeuge haben in den letzten Jahren regelmäßig zahlreiche Zivilisten getötet. Nach der »Operation gegossenes Blei« im Jahr 2008 kam Human Rights Watch etwa zum Schluss, dass Drohnenangriffe im Gazastreifen zum Tod von zahlreichen Zivilisten geführt haben. Die Menschenrechtsorganisation hatte hierzu 29 zivile Todesfälle während der Militäroperation untersucht.[67] Das Palestinian Centre for Human Rights kam gemeinsam mit dem im Gazastreifen ansässigen Al-Mezan Center for Human Rights und der israelischen Menschenrechtsorganisation B'Tselem zum Schluss, dass während des israelischen Angriffs im Jahr 2008 mindestens 87 Zivilisten durch 42 Drohnenangriffe getötet wurden.[68] Unabhängig davon berichtete Amnesty International von mindestens 58 toten Zivilisten durch israelische Drohnenangriffe.[69]

Fakt ist außerdem, dass in all diesen Jahren der Gazastreifen – das weiterhin größte Freiluftgefängnis der Welt – zu einem Waffentestgelände der israelischen Waffenindustrie wurde, die sehr eng mit dem Militär verwoben ist. Während des letzten großen israelischen Angriffs auf dem Gazastreifen im Sommer 2014, der »Operation starker Fels«, kamen mehr bewaffnete Drohnen zum Einsatz als jemals zuvor. Laut des Al-Mezan Center for Human Rights wurden in den 51 Tagen des Angriffs mindestens 840 Palästinenser durch Drohnenangriffe getötet – rund 37 Prozent der Todesopfer, deren Zahl sich insgesamt auf mindestens 2 230 Palästinenser belief. Bei der Mehrzahl der Opfer handelte es sich um Zivilisten.[70]

Bereits 2013 wurde bekannt, dass Drohnen, die Israel für Großbritannien entwickelt hatte, an palästinensischen Zivilisten getestet wurden. Unter diesen Menschen befanden sich Kinder wie der zwölfjährige Mamoun al-Dam, der im Juni 2012 beim Fußballspielen von einer israelischen Drohne getötet wurde. Sein kleiner

Körper wurde vor den Augen seiner Familie in Stücke zerfetzt. Mamouns Vater, der 67-jährige Muhammad Zuhdi al-Dam, wurde gemeinsam mit drei weiteren Kindern, die sich in der Nähe aufhielten, verletzt. Der blinde Muhammad Zuhdi arbeitete einst als Händler und betonte später, dass sich während des Drohnenangriffs keinerlei Kampfhandlungen in ihrer Nähe abspielten.[71]

Die britische Regierung gehört zu den treuesten Kunden Israels und hat mit Tel Aviv in den vergangenen Jahren Waffendeals in Milliardenhöhe abgeschlossen. Großbritannien nimmt damit das Leid der Palästinenser, an denen die Waffen ausgetestet werden, willentlich in Kauf. Bei den Drohnen, die Großbritannien von Israel erhält, handelt sich um Spionagewerkzeuge und bewaffnete Killermaschinen, die vom britischen Militär wiederum in anderen Kriegsgebieten eingesetzt werden. Menschenrechtsorganisationen und NGOs prangerten die britische Regierung hierfür bereits in der Vergangenheit an.[72] Kritik an Israels Drohnenprogramm wurde immer wieder laut und zielte auch ab auf die Tatsache, dass nicht – wie in Khost, Wardak oder in Waziristan – abgelegene Dörfer, sondern urbane Gebiete, sprich, Ballungsräume mitten in der Stadt, bombardiert wurden. 2004 fand sogar die britische Regierung unter Tony Blair mahnende Worte für derartige Tötungsaktionen und kritisierte Tel Aviv wegen des Attentatsangriffs auf den palästinensischen Führer Ahmed Yassin. Die zeitgleich stattfindenden Drohneneinsätze des US-Militärs und der CIA in anderen Ländern wurden von London allerdings nicht kritisiert. Vor dem Hintergrund der militärischen Kooperation mit Israel war diese Kritik der britischen Regierung am Bündnispartner also mehr als scheinheilig.

Eine besonders anschauliche und zugleich auch erschreckende Beschreibung des Drohnenterrors im Gazastreifen enthält das Buch »Frühstück mit der Drohne« des palästinensischen Politik- und Sozialwissenschaftlers Atef Abu Saif, der die 51-tägige »Operation starker Fels« hautnah miterlebte. Abu Saif hielt jeden einzelnen Tag des Krieges in seinem Tagebuch ausführlich fest. Er beschreibt den grauenvollen Alltag im Gazastreifen unter dem ständigen Bombenhagel sowie das immerwährende Sirren der Drohnen am Himmel:

> *»Unser Schicksal liegt in den Händen eines Drohnenpiloten, der irgendwo jenseits der israelischen Grenze in einem Militärstützpunkt sitzt. Dieser Pilot blickt auf Gaza wie ein freches Kind auf ein Computerspiel. Er drückt eine Taste und vernichtet einen Straßenzug. Ich stelle es mir sehr unterhaltsam für die Soldaten vor, uns auf ihren Bildschirmen zu beobachten. Bestimmt losen sie oft aus, wer als Erster schießen darf.«*

Jener vollständigen Überwachung, die die Afghanen, Jemeniten oder Somalier kennen und die vielen von ihnen stets ein ungutes Gefühl im Magen beschert, sie verängstigt und krank macht, sind auch die Palästinenser ausgesetzt. Abu Saif berichtet von Menschen im Gazastreifen, die Angst haben, einkaufen zu gehen und im Freien einen Kaffee zu trinken oder zu frühstücken. Er berichtet von Kindern, die aufgrund der Drohnen nicht mehr auf den Straßen spielen dürfen. Mit seiner Arbeit gibt der Autor den Drohnenopfern im Gazastreifen Namen und Gesichter. Stets notiert Abu Said nach jedem Angriff die Namen und das Alter der Todesopfer. Ihm ist es wichtig, die Geschichten der Opfer zu erzählen und um den anonymen Statistiken etwas entgegenzusetzen.

Palästina: Wie die Familie Kilani ausgelöscht wurde

Alle Opfer haben Namen und Geschichten. Während manche von ihnen bekannt werden, verschwinden andere im Nirgendwo. Während der 51 Tage der »Operation starker Fels« waren die Menschen im Gazastreifen der israelischen Kriegsmaschinerie hilflos ausgeliefert. Die israelische Armee bombardierte auch Schulen, Krankenhäuser und andere humanitäre Einrichtungen. Drohnen – sowohl bewaffnete als auch jene, die ausschließlich beobachteten und Informationen sammelten – spielten bei nahezu allen Kriegshandlungen eine Rolle. Die Szenen, die sich in diesen Tagen im Gazastreifen abspielten, waren dystopisch. Hochmodern ausgerüstete Soldaten waren am Boden präsent, Kampfpiloten warfen permanent Bomben ab, während ferngesteuerte Roboter den Himmel beherrschten und alles überwachten. Viele Opfer dieses bizarren Kriegskomplexes sind bis heute nicht bekannt. Eine Familie, die ihm zum Opfer fiel, waren die Kilanis. Am 21. Juli 2014 hatte sich die Familie Kilani auf dem Dach ihres Wohnblocks in Gaza-Stadt zum abendlichen Fastenbrechen während des Ramadans versammelt. Das Mahl wurde von israelischen Kampfflugzeugen beendet, die eine Bombe auf den Wohnblock abwarfen. Die Familie Kilani, bestehend aus Vater, Mutter und fünf Kinder, waren tot – und sie waren allesamt deutsche Staatsbürger. Der 53-jährige Ibrahim Kilani hatte in Siegen studiert und dort eine deutsche Kommilitonin geheiratet. Später arbeitete er einige Jahre als Architekt in Nordrhein-Westfalen. Aufgrund beruflicher und persönlicher Unwegsamkeiten – das Architektenbüro, in dem er arbeitete, musste schließen und seine Ehe wurde geschieden – entschloss sich Ibrahim Kilani, in den Gazastreifen zurückzukehren. Zurück in seiner alten Heimat wurde er schnell zu einem bekannten und gefragten Architekten, er heiratete ein zweites Mal und gründete eine neue Familie. Den Kontakt zu seinen Kindern in Deutschland, dem 25-jährigen Ramsis und der 24-jährigen Layla, hielt Kilani unterdessen per Telefon aufrecht. Persönliche Treffen waren zuletzt nur noch sehr selten möglich. Am Tag vor seinem Tod telefonierte Ibrahim Kilani noch mit seinen Kindern in Deutschland und versicherte ihnen, dass sie sich keine Sorgen machen müssten. Ramsis sorgte sich um die Sicherheit seiner Familie. Nachdem der Vater, seine Frau sowie seine fünf Halbgeschwister im Alter von fünf bis zwölf Jahren den Wohnort gewechselt hatten, wähnten sie sich vor den israelischen Bombardements allerdings in Sicherheit. Ramsis' schlimmste Befürchtungen sollten sich bewahrheiten: »Ich habe von ihrem Tod erfahren, als meine Schwester und meine Mutter mir auf dem Weg zur Arbeit im Auto entgegenkamen. Meine Schwester hatte über Facebook die Nachricht eines Ingenieurs und Arbeitskollegen meines Vaters erhalten«, erinnert sich Ramsis Kilani. »Er berichtete vom Tod der Familie Kilani und schickte einen Link zu einer arabischen Webseite, auf der die Liste der Toten und ein Video der Bergungsversuche zu sehen waren.« Bei dem Angriff starben auch drei Geschwister der Ehefrau Ibrahim Kilanis.

Nachdem der Tod der deutschen Familie in Gaza bekannt wurde, wurden Ramsis und Leyla Kilani sowie deren Mutter von den Medien überrannt. Laut Ramsis befindet sich die *Bild*-Zeitung sogar im Besitz von Fotos der Familie – berichtet hat sie über ihr Schicksal bis heute nicht. Stattdessen porträtierte sie alle israelischen Soldaten, die bei dem Einsatz im Gazastreifen ums Leben gekommen waren. Die Soldaten jener Armee, die Ibrahim Kilanis Familie getötet hat. Diese Doppelmoral gab es allerdings nicht nur in den deutschen Medien. Auch die Bundesregierung zeigte kein Interesse am Tod der Kilanis. Nach vergleichbaren Tragödien – etwa nach dem Absturz eines französischen Flugzeugs in der Sahelzone Ende Juli, bei dem auch eine vierköpfige Familie aus Deutschland ums Leben kam – drückte Angela Merkel den Angehörigen öffentlich ihr Mitgefühl aus. Und nach dem Abschuss eines malaysischen Passagierflugzeuges im Osten der Ukraine, bei dem ebenfalls vier Deutsche ums Leben kamen, verlangte die Kanzlerin sogar eine Klärung der Todesumstände und drohte Russlands Präsident Vladimir Putin, die Sanktionen gegen sein Land zu verschärfen. Doch im Fall der Kilanis war dies nicht so. Nicht einmal eine offizielle Benachrichtigung durch die Polizei, dass ihr Vater in Gaza zu Tode gekommen ist, wie sie in solchen

Fällen zumindest üblich ist, haben die Geschwister erhalten. Seitens der Bundesregierung gab es keine Stellungnahme, geschweige denn eine Beileidsbekundung. Ramsis Kilani sieht das als Beleg dafür, dass in Deutschland nicht jeder Staatsbürger gleichwertig sei. »Deutsche Tote ohne ›Migrationshintergrund‹ haben anscheinend einen höheren Stellenwert«, glaubt er. Sein Vater und dessen Familie wurden zu Opfern zweiter Klasse. Opfer, über die man in Berlin nicht sprechen wollte – auch, weil sie vom »falschen« Täter – nämlich der israelischen Armee – getötet wurden. Man stelle sich vor, was los gewesen wäre, wenn eine Rakete der Hamas oder irgendeiner anderen militanten, palästinensischen Gruppierung einen deutschen Touristen in Israel getroffen hätte. Durch den Tod seines Vaters hat sich Ramsis Kilani politisiert und will vor allem auf die Ungerechtigkeit, die in Palästina zum Alltag geworden ist, öffentlich aufmerksam machen. Ramsis ist der Meinung, dass auch Deutschland eine Mitschuld bei der Tötung seines Vaters und zahlreicher anderer Palästinenser trägt, und verweist auf die Waffenlieferungen, mit denen die Bundesregierung Israel regelmäßig bei ihren Angriffen unterstützt.

Der Tod der Familie Kilani und die Haltung der medialen und politischen Elite in Deutschland macht vor allem eines deutlich: Alle sind gleich, aber manche sind gleicher. Dieser Satz aus George Orwells *Farm der Tiere* bringt die gegenwärtige Realität auf den Punkt. Die Opfer westlicher Aggression werden permanent ausgeblendet, verdrängt und entmenschlicht. Im besten Fall – so pervers das auch klingen mag – landen einige dieser Opfer in irgendwelchen Statistiken und werden zu einer Nummer. Ihre Geschichten werden zu nichtssagenden Zahlen. Doch die meisten Opfer tauchen noch nicht einmal in den Statistiken auf. Diejenigen, die die Macht haben, die Realität wortwörtlich zu kreieren, lassen sie einfach verschwinden. Sie werden vergessen, und am Ende ist es so, als hätten sie niemals existiert.

Der US-Geheimkrieg auf dem afrikanischen Kontinent

Ende Oktober 2016 wurde bekannt, dass das Pentagon im Schatten der Öffentlichkeit seine Operationen auf dem afrikanischen Kontinent massiv ausgeweitet hatte. In den Wochen und Monaten zuvor wurden unbemannte Fluggeräte und Personal des US-Militärs in eine Basis in Tunesien verlegt, um von dort ausgehend geheime Operationen in Nordafrika zu koordinieren. Bereits Ende Juni führten die Reaper-Drohnen der US-Luftwaffe im benachbarten Libyen Operationen gegen den dortigen Ableger des IS aus und spielten bei den Bombardements eine Schlüsselrolle. Laut anonymer Quellen aus der US-Administration waren die Drohnen, die von Tunesien aus eingesetzt wurden, unbewaffnet. Ihre Hauptaufgabe war demnach lediglich die Beschaffung von Informationen, um für großangelegte Luftangriffe die Stellungen des IS in der libyschen Stadt Sirte ausfindig zu machen. Die USA warfen im Jahr 2016 mindestens 496 Bomben auf Libyen ab.[73] Selbst in der letzten Woche seiner Amtszeit segnete Barack Obama noch persönlich Luftangriffe auf dem nordafrikanischen Staat ab, bei denen mindestens 80 Menschen getötet wurden.[74] Offiziellen Angaben zufolge waren die Ziele der Angriffe zwei Truppenlager, in denen sich IS-Extremisten aufgehalten haben sollen. Wie gewohnt, waren diese Angaben nicht unabhängig überprüfbar. Seit der NATO-Intervention im Jahr 2011 und der darauffolgenden Absetzung Muammar al-Gaddafis – der Diktator wurde von Milizen auf brutale Art und Weise hingerichtet – gilt Libyen ebenfalls als ein gescheiterter Staat und wird von verschiedenen extremistischen Gruppierungen, unter anderem dem IS, heimgesucht. Das Chaos in Libyen und der dort stattfindende Geheimkrieg der USA ist eine direkte Folge der westlichen Intervention im Land. Jene Gruppierungen, die Washington dort bekämpft, konnten erst nach dem Sturz Gaddafis an Macht gewinnen und das entstandene politische Vakuum füllen. Bewaffnete Drohnen sollen in Libyen bereits zum Einsatz gekommen sein. Im November 2016 wurde berichtet, dass Abu Talha al-Hassnawi, ein libyscher al-Qaida-Führer, durch einen US-Drohnenangriff im Süden des Landes getötet wurde.[75] Der Luftwaffenstützpunkt in Tunesien spielt für die Drohneneinsätze eine wichtige Rolle und dient der strategischen Erweiterung des Pentagons auf dem afrikanischen Kontinent. Weitere Drohnenbasen befinden sich im Niger (Camp Lemmonier: US-Personal im dreistelligen Bereich; Kampfjets und andere Flugzeuge sowie Predator- und Reaper-Drohnen stehen hier einsatzbereit)[76] und in Dschibuti (Flughafen Chabelley; Personal und Fluggerät vor Ort; Angelpunkt von Drohneneinsätzen in Nordafrika).[77] Hinzu kommt eine Basis auf den Seychellen, von der unter anderem auch geheime Drohnenmissionen der CIA in Jemen und in Somalia geflogen werden. Unbemannte Flugzeuge für die Spionagemission der CIA und des Pentagons in der Sahara, Mali und Mauretanien starten von Burkina Faso ausgehend. Weitere Basen werden in Kenia und im Südsudan vermutet.[78] Eine Basis in Äthiopien wurde Anfang 2016 geschlossen.[79]

Die Rhetorik seitens der US-Regierung im Kontext der Einbeziehung Tunesiens ist die bereits bekannte Augenwischerei: Laut Washington kann das Land als »junge Demokratie« eine wichtige Rolle im Krieg gegen den Terror in der Region spielen. Unter der Vorgabe vermeintlich demokratischer und freiheitlicher Ziele sollen weitere Verbündete für einen zutiefst undemokratischen und menschenfeindlichen Krieg gewonnen werden. Die tunesische Regierung reagierte allerdings eher zurückhaltend. Man wusste offensichtlich bereits, dass die Schattenkriege in afrikanischen Staaten nur sehr wenig mit Demokratie und Menschenrechten zu tun hatten, genauso wie die Politik, die Washington seit Jahrzehnten auf dem Kontinent durchsetzte. Hinzu kommt, dass ein derartiges Engagement – allen voran die Unterstützung von Drohnenangriffen und anderer geheimer Operationen – auf Widerstand seitens der Zivilgesellschaft stoßen würde, sollten sie publik werden. Doch zeitgleich wusste die tunesische Regierung, dass sie sich dem Willen und der Macht des US-Imperiums nur schwerlich widersetzen konnte. Die USA wollten Tunesien unter allen Umständen als neuen Stützpunkt für ihre Kampfeinsätze in Afrika, was vor allem mit der geografischen Lage des Landes zu tun hat. Alle anderen Drohnenbasen in Afrika lagen für die Operationen in Libyen außerhalb der Reichweite. Die Reaper-Drohne (Predator B) konnte ursprünglich maximal 27 Stunden am Himmel schweben. Anfang 2016 wurde die Drohne aufgerüstet, was die Flugzeit auf 40 Stunden erhöhte.[80] Da die USA ihr Einsatzgebiet allerdings permanent ausweiten, reichen selbst 40 Stunden Flugzeit für manche Ziele nicht aus. Das Pentagon zog es kurzzeitig sogar in Erwägung, seinen Luftwaffenstützpunkt in Sizilien in den Drohnenkrieg miteinzubeziehen. Seitens der politischen Führung in Rom wäre dies sicherlich kein Problem gewesen. Die Pläne wurden nur aufgrund der oft problematischen Wetterlage, die im Mittelmeer herrscht, fallengelassen.[81]

Der US-Schattenkrieg auf dem afrikanischen Kontinent umfasst nicht nur Drohneneinsätze, sondern auch Spezialmissionen von Bodentruppen, konventionelle Luftangriffe von bemannten Flugzeugen sowie den Aufbau lokaler Armeen und Milizen. All dies hat ausgerechnet während der Amtszeit Barack Obamas, dem ersten schwarzen Präsidenten Amerikas, massiv zugenommen – nämlich um ganze 200 Prozent.[82] Demnach finden in Afrika im Durchschnitt rund anderthalb US-Missionen pro Tag statt. Selbst in den letzten Monaten seiner Amtszeit war Obama an der maximalen Ausweitung dieses umfassenden Krieges, dessen Wahrnehmung in der Öffentlichkeit gleich null beträgt, interessiert. Dies wurde nicht nur an den Aktivitäten des Pentagons in Libyen und Tunesien deutlich, sondern auch an der Tatsache, dass Obama zum Ende seiner Amtszeit den Spezialkräften des US-Militärs ein »Abschiedsgeschenk« hinterlassen hat, indem er sie per Dekret mit weiteren Befugnissen bevollmächtigte. Dadurch sollte die Jagd auf »militante Kämpfer« nicht nur in Afrika, sondern weltweit »effektiver« ablaufen. Die Bevollmächtigung betrifft vor allem die elitäre Kommandoeinrichtung JSOC, die an der Aufspürung Osama bin Ladens mutmaßlich beteiligt gewesen ist.[83] Aufgrund der hohen Geheimhaltungsstufe sowie der klandestinen Natur JSOCs verlieren US-Offizielle nur ungern ein Wort über die Kommandoeinrichtung. Fakt ist allerdings, dass sie vor allem unter der Obama-Administration zu einem bedeutenden Kriegsinstrument wurde, welches hauptsächlich geheim agiert. Die Einheiten der JSOC sind für die Menschenrechtsverbrechen, die sie während ihrer Operationen in Afghanistan, Pakistan, Jemen und in afrikanischen Staaten begangen haben, bekannt. Die brutalen Hausüberfälle der JSOC wurden unter anderem von Michael T. Flynn, einem ihrer ehemaligen Kommandeure, etabliert und zur Regel gemacht. Flynn war sowohl in Irak als auch in Afghanistan im Einsatz. Seine JSOC-Einheit war in der afghanischen Provinz Paktia im Jahr 2010 für mindestens ein Kriegsverbrechen verantwortlich, bei dem sieben Zivilisten, darunter zwei schwangere Frauen, während einer »Hausdurchsuchung« getötet wurden. Die US-Regierung bewertete die Tat nicht als Kriegsverbrechen, sondern kam stattdessen zum Schluss, dass die Soldaten in der Situation »angemessen« gehandelt hätten.[84] Flynn, der unter anderem auch für seine antimuslimischen Ansichten bekannt ist, diente kurzzeitig als nationaler Sicherheitsberater von US-Präsident Donald Trump. Aufgrund angeblicher Verwicklungen im »Russia-Gate-Skandal« legte er allerdings seinen Posten nach wenigen Wochen nieder.

Laut der US-Regierung befindet man sich in Afrika nicht im Krieg.[85] De facto findet der Schattenkrieg der USA in Afrika aber mittlerweile in fast 50 Staaten statt – ein Kriegsgebiet, welches offiziell gar keines ist, das die Größe der Vereinigten Staaten, Europa, China und Indien zusammen umfasst. Die Aktivitäten der USA und vieler anderer Industrienationen in Afrika sind blanker Neokolonialismus, was allerdings gerade in der westlichen

Öffentlichkeit, wo die tatsächlichen Zustände in Afrika kaum beachtet werden, nicht als solcher wahrgenommen wird. Der ressourcenreiche afrikanische Kontinent wird weiterhin als etwas Belangloses und Unwichtiges betrachtet – eine Gegend, welche lediglich Kriege, Konflikte, Hungersnöte und zu viele Menschen produziert, die als Geflüchtete den westlichen Wohlstand gefährden. Afrika ist ein Kontinent mit einer Milliarde Einwohnern, einer langen Geschichte und zahlreichen verschiedenen Sprachen und Kulturen. Dennoch wird in vielen Diskursen immer noch das Bild eines einzelnen Landes, das bevölkert ist von Wilden, heraufbeschworen. Die Folgen dieser rassistischen Wahrnehmung wissen politische Großmächte für sich ausnutzen. Neben den Vereinigten Staaten sind andere westliche Staaten wie Frankreich und Großbritannien oder Großmächte wie China vor Ort, um ihre politischen Interessen durchzusetzen und den Kontinent auszubeuten.

Eine wichtige Rolle im Schattenkrieg der USA spielt die Unterstützung, Bewaffnung und Ausbildung lokaler Armeen und Milizen, die im Laufe der letzten Jahre zahlreiche Menschenrechtsverbrechen begangen haben. Allein zwischen 2010 und 2012 wurden hierfür mindestens 836 Millionen US-Dollar seitens des Pentagons aufgewendet.[86] Ein Beispiel für diese Praxis ist die nigerianische Armee, die seit Jahren vom Pentagon ausgebildet und durch Geld und Waffen unterstützt wird. In den letzten Jahren gingen nigerianische Soldaten immer brutaler im Kampf gegen die extremistische Gruppierung Boko Haram vor, was unter anderem dazu geführt hat, dass aus einer kleinen Sekte eine brutale Terrorgruppe wurde, die eine Bedrohung für die gesamte Region darstellt. Zusammenfassend lässt sich das auch wie folgt beschreiben: Die Brutalität der Armee hat noch mehr Menschen in die Arme der Extremisten getrieben und die Schimäre namens Boko Haram wachsen lassen. Seit 2012 lässt sich mit Ansaru, einer weiteren Gruppierung, die sogar noch extremere Ansichten vertritt als Boko Haram, in der Region finden.[87] Auch die kongolesische Armee, dessen 391. Bataillon mittels US-amerikanischer Unterstützung ausgebildet und acht Monate lang von US-Spezialkräften trainiert wurde, hat einen berühmt-berüchtigten Ruf. Die Soldaten des Bataillons wurden in der Vergangenheit für Massenvergewaltigungen und andere brutale Vorfälle verantwortlich gemacht. Berichte machten unter anderem deutlich, dass kongolesische Soldaten im November 2012 in der Stadt Minov etwa 100 Frauen und 30 Mädchen vergewaltigten.[88] Andere Menschenrechtsverbrechen sind ebenfalls dokumentiert: Am 25. November 2012 wurde ein vierzehnjähriger Junge im Dorf Kalungu in der Region Kalehe von Soldaten des Bataillons erschossen. Die Soldaten wollten die Ziege des Jungen stehlen. Als der Junge sich dagegen wehrte und fliehen wollte, wurde er ermordet. Berichte wie dieser machen deutlich, dass die uniformierten Kämpfer willkürlich und brutal gegen Zivilisten vorgehen und sich aufgrund ihrer Stellung dazu im Recht sehen. Währenddessen fand das US-Militär ausschließlich lobende Worte und unterstrich, dass das Bataillon mit Professionalität glänzen und Sicherheit gewährleisten würde.[89]

Auch Kenia, welches als »Bollwerk« im Kampf gegen den Terror betrachtet wird, spielt im Schattenkrieg Washingtons eine unrühmliche Rolle. Der kenianische Sicherheitsapparat erhält jährlich rund eine Milliarde US-Dollar von der US-Regierung. Teile der kenianischen Sicherheitskräfte wurden ebenfalls von US-Eliteeinheiten ausgebildet. Im September 2012 berichtete das Magazin *Foreign Policy* von kenianischen Todesschwadronen, die Menschen jagen, töten oder verschwinden lassen. Auch die Menschenrechtsorganisation Human Rights Watch macht regelmäßig auf die Verbrechen der Armee, die willkürlich tötet und vergewaltigt, aufmerksam.[90]

Die äthiopische Armee wird ebenfalls von Washington unterstützt. 2012 berichtete Human Rights Watch von Vergewaltigungen, willkürlichen Verhaftungen, Folter und Überfällen auf unbewaffnete Bewohner eines Dorfes. Ebenso skrupellos geht die ugandische Armee vor, die als verlängerter Arm des Pentagons im benachbarten Somalia agiert. Verschiedenste Menschenrechtsverbrechen sind ausführlich dokumentiert – wie bei vielen anderen afrikanischen Armeen, ist die Liste der Vergehen gegen die Bevölkerung des Landes sehr lang.[91]

Im Juli 2017 veröffentlichte Amnesty International einen Bericht über die Verbrechen der kamerunischen Armee, die ebenfalls vom US-Militär unterstützt wird. Konkret ging es um die Folter und Tötung von Gefangenen, die in zwei Militärbasen im Land stattfanden und von einer Eliteeinheit ausgeführt wurden. Nach der Veröffentlichung des Berichts gab das US-Militär an, kein Wissen über die Vorfälle zu haben. Beobachtern zufolge gilt dies als unglaubwürdig, da Angehörige des US-Personals über einen uneingeschränkten Zugang zu den Militärbasen und Geheimgefängnissen verfügen.[92]

Somalia: Piraten, Drohnen und Extremisten

Auch Somalia gilt als »failed state«, als ein gescheiterter Staat, in dem es einfach ist, Einfluss von außen zu nehmen. Die von den USA unterstützte Regierung im westafrikanischen Staat hat praktisch keine Macht. Seit Jahren bekämpfen sich verschiedene Fraktionen gegenseitig. Neben den somalischen Sicherheitskräften existieren weitere Milizen, extremistische Gruppierungen wie Al-Shabab, seit 2012 al-Qaida-Ableger in der Region und teilweise auch Piraten. Mitten in diesem Chaos findet man US-Soldaten, die dort unter Geheimhaltung agieren. Operationen der JSOC gehören zum Alltag in Somalia und die Befugnisse dieser Truppen wurden bereits in der Vergangenheit stark ausgeweitet. Dank der letzten Dekrete des aus dem Amt scheidenden Barack Obama können die Einheiten nun vollständig eigenmächtig handeln und entscheiden damit über das Schicksal vieler Menschen in diesen Staaten. Eine wichtige Rolle spielt hierbei der Kampf gegen Al-Shabab, der von der Obama-Administration ausgeweitet wurde, indem man die Gruppierung als Mitverantwortliche für die Angriffe des 11. Septembers brandmarkte. Durch diese Rhetorik lässt sich Al-Shabab unkompliziert in jenen Krieg einbinden, den Washington offiziell gegen die Drahtzieher der Angriffe führt und der vom US-Kongress abgesegnet wurde. Sämtliche US-Operationen in Somalia haben dadurch aus amerikanischer Sicht eine »legale Basis« und sind einfacher auszuführen. Obwohl dieses Verzerren der Realität absolut bizarr und kritikwürdig ist, stößt die US-Administration kaum auf Widerstand der internationalen Staatengemeinschaft. Es wurde nicht einmal darauf hingewiesen, dass Al-Shabab im Jahr 2001 noch gar nicht existierte, sondern erst 2007 in militanter Form erschien.[93] Aufgrund der neuesten »Reformen« Washingtons können auch in Somalia weiterhin Drohnenangriffe stattfinden. Laut BIJ fanden im Land seit 2007 mindestens 50 Drohnenangriffe statt. Zwischen 325 und 482 Menschen sollen dabei getötet worden sein, darunter zwischen 10 und 28 Zivilisten.[94] Besonders in Somalia sind solche Zahlen mit Vorsicht zu genießen, da es praktisch keine Berichterstattung dazu gibt. Die Identität der meisten Opfer ist völlig ungeklärt. Die US-Regierung behauptet seit Jahren, dass die Ziele lediglich Mitglieder von al-Shabab seien. Die Erfahrung lehrt allerdings, dass man der offiziellen Version aus Washington in Bezug auf Drohneneinsätze kein Glauben schenken darf. Am 7. März 2016 wurden durch einen Angriff mehrerer Drohnen und bemannter Kampfjets mindestens 150 Menschen getötet. Die US-Administration sprach von »somalischen Terroristen« und »mutmaßlichen Extremisten«. Von vielen Medien wurden diese Angaben kritiklos übernommen. So berichtete etwa die *New York Times*, dass die getöteten »Kämpfer« sich zu einer Art Abschlusszeremonie in ihrem »Ausbildungslager« versammelt hätten und sich für einen Angriff auf US-amerikanische Truppen vorbereiteten.[95] Beweise für diese Behauptung wurden nicht vorgelegt. Der Neusprech aus dem Weißen Haus wurde einfach übernommen und verbreitet. Gleichzeitig schien sich niemand zu fragen, warum überhaupt US-Soldaten in Somalia stationiert sind und was sie dort tun. De facto ist bis heute nicht klar, wer die Menschen, die an jenem Tag getötet wurden, gewesen sind. Kein US-Offizieller und auch kein Journalist, der all diese Menschen als »Terroristen« abstempelte, war in Somalia vor Ort, um sich dessen auch zu vergewissern. Der US-amerikanische Journalist Glenn Greenwald kommentierte das Geschehen auf der investigativen Medienplattform *The Intercept* wie folgt: »Niemand kennt die Identitäten jener 150 Menschen, die von den USA in Somalia getötet wurden, doch die meisten sind sich sicher, dass sie es verdient hatten.«[96] Verlässliche Daten aus Somalia sind stets rar. Es gibt weder eine funktionierende Regierung noch eine nationale Berichterstattung. Hinzu kommt, dass – ähnlich wie bei den beschriebenen Fällen aus Afghanistan – die Familien vieler Opfer sich in einer absolut hilflosen Lage befinden und sich nicht trauen, ihren Fall zu melden, da sie Angst vor Repressalien haben. So kommt es, dass in der westlichen Berichterstattung allenfalls von ein paar Extremisten, Piraten und Menschen, die aus dem Land fliehen, berichtet wird. Für die US-Regierung sind diese Umstände ideal. Sie kann im Land ungeachtet ihren Schattenkrieg führen, nach Belieben vorgehen und sich jeglicher Verantwortung entziehen.

Auch Deutschland, das eine wichtige Rolle im US-Schattenkrieg in Afrika spielt, profitiert von diesen blinden Flecken der medialen Berichterstattung. Seit 2008 werden ausgehend von der Kommandozentrale AFRICOM in Stuttgart (das Kürzel steht für United States Africa Command) alle US-Militäroperationen auf dem afrikanischen Kontinent koordiniert. Hier sitzen unter anderen auch jene Analysten, die Ziele für Drohnenangriffe auswählen und bewirken, dass diese letztendlich auf der »Kill List« des US-Präsidenten landen. Hinzu kommt die Koordination von Operationen in Ländern wie Somalia, Mali oder Libyen, wo geheime Einsatzkommandos Befehle aus Stuttgart entgegennehmen.

Die deutsche Bundesregierung unter Angela Merkel schweigt zu AFRICOM und billigt damit Operationen des US-Militärs innerhalb Deutschlands, die gegen das Grundgesetz verstoßen. Bereits 2013 kamen die *Süddeutsche Zeitung* und der NDR zum Schluss, dass durch Drohnenangriffe, die in Stuttgart koordiniert wurden, Zivilisten in Somalia gestorben sind. Konkret berichteten die beiden Medien damals von der Tötung Maxamed Abdullahis (Name geändert), eines 50-jährigen Nomaden, der seine Kamele zum Weiden gebracht hatte. Am 24. Februar 2012 wurde Abdullahi – der von Analysten in Deutschland ausfindig gemacht wurde – von einer US-Drohne getötet. Die von der Hellfire-Rakete zerfetzten Körperteile des Mannes wurden erst Tage später von seiner Familie aufgefunden.[97]

Vom Horror in Syrien

Am 16. März 2017 befanden sich zwei US-amerikanische Reaper-Drohnen über dem Himmel von Al-Jinnah, einem kleinen Dorf nahe der syrischen Stadt Aleppo, das von Rebellen kontrolliert wird. Die Piloten und Operatoren der US-Luftwaffe hatten eine Moschee im Visier. Sie entschieden sich für die Vernichtung und drückten ab. Zwischen 19.00 und 19.30 Uhr – während des Abendgebetes – treffen acht Hellfire-Raketen das Gebäude. Anschließend warf ein bemanntes Flugzeug eine über zweihundert Kilogramm schwere Bombe ab. Dutzende von Menschen starben oder wurden schwer verletzt. Angaben über die Zahl der Todesopfer variieren. Beobachter vor Ort berichteten anfangs von über 50 Todesopfern, während die syrische Beobachtungsstelle für Menschenrechte von 29 Toten sprach. Der syrische Zivilschutz, auch bekannt als Weißhelme,[98] berichtete von mindestens 35 Todesopfern und war, so wie nach vielen Bombardements in Syriens Rebellengebieten, kurz nach dem Angriff vor Ort, um Menschenleben zu retten. Letztendlich kam Human Rights Watch zum Schluss, dass mindestens 38 Menschen – allesamt Zivilisten – den Drohnenangriffen zum Opfer gefallen waren.[99]

Anfangs war nicht klar, wer für den Luftangriff verantwortlich gewesen ist. Seit 2011 herrscht in Syrien ein brutaler Bürgerkrieg, der gleichzeitig die Form eines Stellvertreterkriegs zwischen verschiedenen Großmächten angenommen hat. Mittlerweile sind zahlreiche Akteure, darunter verschiedene Staaten und Gruppierungen, im Syrienkrieg involviert. Die Anzahl jener, die über eine eigene Luftwaffe verfügen, ist allerdings begrenzt. Zu ihnen gehört die Armee Bashar al-Assads, Russlands, Israels, Irans, der Türkei sowie die von den USA angeführte Anti-IS-Koalition, die seit September 2014 in Irak und in Syrien interveniert. Über einen längeren Zeitraum hinweg waren Russlands und Assads Armee für die meisten Luftangriffe in Syrien verantwortlich. Beide hatten regelmäßig Moscheen, Krankenhäuser und andere humanitäre Einrichtungen angegriffen. Die Einwohner al-Jinnahs gingen aus diesem Grund auch an jenem Tag davon aus, dass sie für den Angriff auf die Moschee verantwortlich seien. Doch kurz daraufhin meldete das US-Militär, ein Gebäude, das es als »Treffpunkt von al-Qaida« bezeichnete, in derselben Region angegriffen zu haben. Eine detaillierte Recherche der britischen Investigativ-Plattform *Bellingcat* machte deutlich, dass es sich bei dem angeblichen Extremistentreffpunkt und der Moschee um ein und dasselbe Gebäude handelte.[100] Bereits im Vorfeld machten die Überreste der Hellfire-Raketen deutlich, wer für den Angriff tatsächlich verantwortlich gewesen ist. Letztendlich räumte das Pentagon ein, den Angriff befehligt zu haben, und kündigte eine Untersuchung an. Dass eine Moschee angegriffen wurde, wurde allerdings weiterhin geleugnet. Im Juni kam das US-Militär zum Schluss, richtig gehandelt und sich an alle Richtlinien gehalten zu haben. »Wir sind uns sicher, dass dies ein Treffen von Mitgliedern und Führern von al-Qaida gewesen ist, das war kein Treffen von Zivilisten«, hieß es selbstsicher von offizieller Seite.[101] Im Bericht ist von maximal einem zivilen Opfer – »womöglich einem Kind«, wie es heißt – die Rede. Alle anderen Opfer seien »Terroristen« gewesen. Das Problem: Für die sogenannte Untersuchung wurden weder Augenzeugen noch Opfer auf irgendeine Art und Weise befragt. Auch besuchte kein einziger Vertreter des US-Militärs den Tatort. Somit ist der Bericht des Pentagons das Papier nicht wert, auf dem es geschrieben ist. Man hat sich eine eigene Wahrheit geschaffen, die – wieder einmal – mit der Realität nichts zu tun hat und ausschließlich über die Tatsachen dieses schrecklichen Angriffs hinwegtäuschen soll. Viele Fakten belegen, dass die zerstörte Moschee nur ein Gotteshaus gewesen ist, in dem normale Menschen – Zivilisten – ihr Abendgebet verrichteten. Gegenüber der *New York Times* versicherten Augenzeugen und Aktivisten vor Ort, dass die Menschen in der Moschee keine militärischen oder politischen Verbindungen hatten. Auch die britische Organisation Airwars, die zivile Opfer der Anti-IS-Koalition in Syrien und in Irak zählt, berichtete, dass das Gebäude eine Moschee und eine religiöse Schule beherberge und dass die Opfer Zivilisten gewesen seien. »Die Ziele, die laut den Amerikanern Verbindungen zu al-Qaida hatten, waren keine Terroristen, sondern Zivilisten und hatten keinerlei Verbindungen zu militärischen Organisationen. Einige von ihnen waren Religionslehrer«, meinte Jamil Ahmad, ein Mitglied der syrischen Weißhelme gegenüber *The Intercept*. Ahmad befand sich im Dorf, als die Moschee angegriffen wurde. »Die erste Rakete traf die Lehrer in der Moschee. Als die Menschen in Panik ausbrachen und versuchten zu fliehen, schlug eine weitere Rakete ein und tötete viele Zivilisten«, so Ahmad. *The Intercept* hat mehrere Zeugenaussagen gesammelt, die diese Version bestätigen.[102] Die Aussagen weiterer Helfer vor Ort machen deutlich, was für eine Hölle mit dem Angriff über sie hereinbrach. »Wir waren auf derartig viele Opfer nicht eingestellt und wir hatten zuvor auch nie eine solche Situation erlebt. Al-Jinnah ist eine kleine Gemeinde und wir hatten nur einen Krankenwagen. Obwohl uns andere Krankenhäuser [aus anderen Teilen der Provinz Aleppo] Krankenwägen zur Hilfe sendeten, herrschte das reine Chaos. Überall am Boden lagen Körper, die Menschen schrien und Familien, die ihre Söhne suchten, stürmten ins Krankenhaus«, gab Ali Monir, ein Krankenpfleger, zu Protokoll.[103] Rafat Muhammad, 24, gehörte zu jenen Opfern, die den Angriff überlebten. »Die zweite Rakete traf die Tür, dadurch wurden viele Menschen getötet. Steine und Trümmer fielen auf uns. Mein linkes Bein brach und ich war mit den Menschen, die ich schreien hörte, unter dem Schutt begraben«, so Muhammad. Mehrere Stunden blieb der junge Mann unter den Trümmern begraben, bis er von Mitgliedern der Weißhelme geborgen und gerettet wurde. Andere Menschen hatten nicht so viel Glück. Unter anderen wurden der Imam der Moschee und mindestens fünf Kinder bei dem Angriff getötet. Zehn Todesopfer konnten nicht mehr identifiziert werden.[104]

Doch selbst derart schockierende Aussagen können an der Version des Pentagon nichts mehr ändern. Die Untersuchung wurde bereits für abgeschlossen erklärt. Der Bericht wurde geschrieben und veröffentlicht. Mehr darf niemand erwarten. Diese Haltung des US-Militärs ist keine Ausnahme, sondern mittlerweile zur Regel geworden. Wie in allen anderen Ländern, in denen die USA aktiv sind, tötet die von Washington geführte Anti-IS-Koalition in Syrien und in Irak regelmäßig Zivilisten. Von den westlichen Staaten, die den Krieg mit den USA gemeinsam führen, wird dieser Umstand ignoriert und beiseitegeschoben. Stattdessen wird oftmals Russland kritisiert, welches in Syrien ebenfalls militärisch interveniert und dabei genauso brutal vorgeht. Aus diesem Grund ist folgende Feststellung wichtig: Russische Bomben sind keineswegs besser als amerikanische. Sie haben in Syrien über Monate hinweg mehr Zivilisten getötet als jene des Westens. Russlands Militär hat regelmäßig – ebenfalls unter dem Vorwand der »Terrorbekämpfung« – Krankenhäuser, Schulen und humanitäre Einrichtungen bombardiert. Die Tötung von Zivilisten wurde bewusst in Kauf genommen. Außerdem unterstützt Russland die Regierung Bashar al-Assads, ein brutales Regime, welches bis zum heutigen Tage für die Mehrheit der zivilen Opfer des Krieges in Syrien – weitaus mehr als 500 000 – verantwortlich ist. Des Weiteren unterhält das Assad-Regime einen brutalen Folterapparat, in dem Tausende unschuldiger Syrer wortwörtlich elend verrecken. Der Folterapparat des Regimes ist gefürchtet für seine Grausamkeit, und es ist Teil der erschreckenden Geschichte der CIA, dass sie kurz nach dem Beginn des »Krieges gegen den Terror« über einige Jahre hinweg mit den syrischen Geheimdiensten zusammengearbeitet hat, um sogenannte Terrorverdächtige »ordentlich« zu verhören. Aus diesem Grund ist die Kritik an Russland und dem Assad-Regime völlig berechtigt. Problematisch ist sie allerdings, wenn sie mit dem Gestus einer vermeintlich moralischen Überlegenheit seitens westlicher Politiker geäußert wird. »Russland tötet Zivilisten, wir nicht«, lautet oftmals der Tenor in Berlin, London oder Washington. Doch die Zahlen und Fakten sprechen eine andere Sprache. Laut Airwars wurden allein im Monat Juni zwischen 529 und 744 Zivilisten in Irak und in Syrien durch Luftangriffe der Anti-IS-Koalition – also durch Drohnen und bemannte Flugzeuge – getötet. Mindestens 415 davon starben in Syrien, hauptsächlich in der Region um Raqqa, der »Hauptstadt« des IS. Zwischen Ende Mai und Ende Juni 2017 wurden von der Koalition mindestens 500 Zivilisten zu Tode bombardiert. Laut der syrischen Beobachtungsstelle für Menschenrechte handelt es sich dabei um die höchste Anzahl von zivilen Opfern, die von der Koalition innerhalb eines Monats verursacht wurde. Demnach hat der Westen in diesem Zeitraum in Syrien mehr Menschen getötet als Russland, Assads Armee und der IS zusammen.[105] Da Russland allerdings insgesamt mehr Zivilisten getötet hat als die USA und ihre Verbündeten, steht das russische Militär weiterhin an der Spitze. Wie lange das noch so bleiben wird, wird sich zeigen. Während die zivilen Opfer der Russen in den letzten Monaten zurückgingen, nahmen jene der westlichen Koalition zu. Die gegenwärtig bekannten Daten machen deutlich, dass der Kampf gegen den IS in der Region unter Donald Trump weitaus aggressiver geführt wird. Seit seinem Amtsantritt wurden bereits über 2000 Menschen in Irak und in Syrien durch die Bomben der Koalition getötet (Stand Juli 2017).[106] Bereits im Wahlkampf meinte Trump, dass er es als legitim betrachtet, die »Familien von Terroristen« ebenfalls zu töten. Die hohen zivilen Opferzahlen in Raqqa und Mossul – beides Städte, die vom IS kontrolliert werden (Mossul wurde im Juli 2017 von der irakischen Armee brutal zurückerobert) – könnten ein Hinweis darauf sein, dass der US-Präsident sein »Wahlversprechen« hält, indem er wahllos bombardieren lässt.

Die Opferzahlen des Kampfes gegen den IS mögen abstrakt erscheinen. Allerdings erscheinen sie fürchterlich, wenn man sich vergegenwärtigt, wie schrecklich jeder Luftangriff, jeder Bombenabwurf und jeder Tote für die Menschen in diesen Gebieten ist. Seit Tag eins der Koalitionseinsätze wurden über 84000 Bomben in Irak und in Syrien abgeworfen. Insgesamt fanden über 23400 Luftangriffe in beiden Ländern statt, die über 4300 Zivilisten getötet haben. In diesem Kontext muss immer wieder betont werden, dass es sich hierbei um Mindestschätzungen handelt. Die Zahlen stammen von Airwars und beziehen sich hauptsächlich auf die offiziellen Angaben der Koalition. Das US-Militär veröffentlicht regelmäßig, wie viele Luftangriffe es wo durchgeführt hat und wie viele Bomben abgeworfen wurden. Bei diesen Angaben wird nicht zwischen konventionellen Luftangriffen und Drohnenangriffen unterschieden. Aus diesem Grund ist es nur schwer nachvollziehbar, wann und wo bewaffnete Drohnen tatsächlich zum Einsatz kamen. Zudem beziehen sich die Angaben des US-Militärs ausschließlich auf Staaten, in denen offiziell Krieg geführt wird. Über die Angriffe in jenen Staaten, in denen Schattenkriege stattfinden, etwa in afrikanischen Ländern oder in Jemen und in Pakistan, werden keine Informationen veröffentlicht. Der Krieg gegen den IS in Irak und in Syrien gilt als »legitim« und befindet sich nicht auf einer Ebene mit den Schattenkriegen in afrikanischen Staaten oder in Jemen und in Pakistan. Wie bereits erwähnt, ist diese Unterscheidung jedoch schlichtweg falsch. Die von den USA angeführte Koalition führt in Irak und in Syrien einen Krieg ohne jegliches UN-Mandat. Selbst die NATO ist nicht mit im Spiel, obwohl seitens Washingtons seit einiger Zeit versucht wird, den Segen und die Unterstützung der Organisation einzuholen. Von den mindestens 26 141 Bomben, die die USA im Jahr 2016 nach offiziellen Angaben abgeworfen haben, landeten die meisten – nämlich 24 287 – in Irak und in Syrien.

Die Täter

Protokoll des Todes

Der »Arbeitsablauf« jener Menschen, die die Drohnen steuern, war jahrelang ein wohlgehütetes Geheimnis. 2011 wurde erstmals das Transkript einer Drohnen-Crew von der *Los Angeles Times* veröffentlicht, nachdem die US-Regierung gezwungen war, es aufgrund des gesetzlichen Bestimmungen des Freedom of Information Act freizugeben. Es handelt sich bei dem Transkript um das einzige Protokoll einer US-Drohnenoperation, das bis heute veröffentlicht wurde und den Tötungsprozess der Piloten, Operatoren und Soldaten am Boden deutlich macht. Dieser Prozess wird auch als Kettentötung (»kill chain«) bezeichnet. Der Grund hierfür ist die Tatsache, dass das US-Militär und die CIA möglichst wenige Gefangene machen wollen. Bei den Operationen werden alle Terrorverdächtigen ausnahmslos getötet. Allein das vermeintlich verdächtige Verhalten der betroffenen Personen reicht aus, um über deren Schicksal zu entscheiden, weshalb von sogenannten »signature strikes« die Rede ist. Im Falle des veröffentlichten Protokolls handelt es sich bei dem Tatort um den Distrikt Kijran in der zentralafghanischen Provinz Daikundi im Februar 2010. Nach der Operation, bei der auch Helikopter zum Einsatz kamen, waren mindestens 21 Menschen – allesamt Zivilisten – tot.

Pilot: Pilot der Drohne
MC: Missionskoordinator
Sensor: Sensoroperator
Jag25/Kirk97: Codenamen der Spezialeinheiten am Boden
Slasher03: Crew des Lockheed AC-130 Kampfflugzeuges
Safety Observer: zusätzlicher Pilot als Unterstützung

Sonntag, 21. Februar 2010

00:44 westeuropäischer Zeit (5:14, in Afghanistan)

(Pilot): Schau einfach weiter, vielleicht finden wir was.

00:44 (Slasher03): Alles klar, wir sind einsatzbereit, hier oben; warte auf weitere Befehle für die Feuermission.

00:44 (Jag25): Jag25, Roger, Kommandant der Streitkräfte, Absicht ist es, die Fahrzeuge und das Personal zu zerstören, gerade zeigt Kirk97, dass die Individuen aus dem Truck gestiegen sind und zylindrische Objekte in der Hand halten. *Rauschen*

00:44 (Sensor): Schau dir die Typen da unten an

00:44 *Rauschen*

00:44 (Pilot): Mach' dich bereit für ein Haufen *Schimpfwort gelöscht* Abspritzer, Alter

00:44 (Pilot): Diese Typen sehen nach Ausguckern aus

00:44 (Sensor): Sehe ich auch so

00:45 (Pilot): Alle Player; Kirk97, ein Stück weit östlich von unserem Fahrzeug haben wir eine Gruppe von acht Individuen, ein Stück weit östlich von diesen acht Individuen haben wir, was nach zwei Ausguckern aussieht, verstanden?

00:45 (Slasher03): Der Übertragung war schlecht verständlich, wir haben verstanden *Rauschen*

00:45 (Pilot): Geh mal zurück zu dem Typen da unten

00:45 (MC): Versuch, an den Typen heranzuzoomen, weil er irgendwie ...

00:45 (Pilot): Was hat er da gerade da liegen lassen

00:45 (Pilot): Ist das ein *Schimpfwort entfernt* Gewehr?

00:45 (Sensor): Vielleicht nur ein warmer Fleck auf dem Platz, an dem er saß; ich kann es nicht wirklich sagen, aber es sieht aus wie ein Objekt

00:45 (Pilot): Ich habe gehofft, wir würden ein Gewehr erkennen. Vergesst es.

00:45 (Sensor): Die einzige Möglichkeit für mich, ein Gewehr zu erkennen, ist, wenn sie es bewegen, wenn sie es halten, mit dem Mündungsfeuer aus dem Lauf oder wenn sie es über die Schulter tragen.

(...)

00:54 (Jag25): Roger, alle aufpassen, wir bekommen gerade Signale *Rauschen und Stimmen* vom höheren Kommando, dass alle sich weiterhin zum Bazar bewegen sollen. Pause *Rauschen* Wir brauchen eine QRF [Quick Reaction Force]; wir glauben, dass wir einen hochrangigen Taliban-Kommandanten haben *Rauschen*

(...)

00:54 (Pilot): Würde mich nicht überraschen, wenn dieser hier einer von ihren wichtigen Typen ist, nur aus der Distanz betrachtet, weißt du, was ich meine?

00:55 (Sensor): Ja, er hat sein Sicherheitspersonal dabei

(...)

1:07 (MC): Laut Aufklärer ist mindestens ein Kind in der Nähe der SUVs.

1:07 (Sensor): Erzähl kein *Schimpfwort gelöscht* ... wo?

1:07 (Sensor): Sende mir eine ver*Schimpfwort gelöscht* Aufnahme. Ich glaube nicht, dass sie um diese Uhrzeit Kinder mit sich haben, ich weiß, das sind Schurken, aber ich bitte dich.

1:07 (Pilot): Mindestens ein Kind ... wirklich? Eingeordnet als MAM (military-aged male) – das bedeutet, dass er schuldig ist.

1:07 (Sensor): Vielleicht ist er ja ein Jugendlicher, aber sieht schon ziemlich klein aus ... Auf der anderen Seite stehen sie alle zusammen, also.

1:07 (MC): Sie überprüfen es.

1:07 (Pilot): Ja, überprüft den *Schimpfwort gelöscht* ... Wieso hat er nicht gesagt, ›vielleicht ein Kind‹ – warum sind sie so schnell beim Erkennen von *Schimpfwort gelöscht* Kindern, aber nicht beim Erkennen von *Schimpfwort gelöscht* von Gewehren?

(...)

01:47 (Pilot): Sie beten gerade. Sie beten.

(...)

01:48 (Sensor): Das ist es definitiv. Das ist ihre Truppe. Beten? Ich meine, ernsthaft, das ist das, was sie machen.

01:48 (MC): Sie führen irgendetwas im Schilde.

(...)

02:41 (Sensor): Sir, würde es Sie stören, wenn ich eine ganz kurze Pinkelpause mache?

02:41 (Pilot): Nein, überhaupt nicht, Alter

(...)

03.08 (Pilot): Unser Aufklärer meldet nun 21 MAMs (military-aged males), keine Frauen und zwei mögliche Kinder. Wie weiter?

03:08 (Jag25): Roger, und wenn wir über Kinder sprechen, meinen wir Jugendliche oder Kleinkinder?

03:08 (Sensor): Ich würde sagen so gegen zwölf Jahre alt. Keine Kleinkinder, schon mehr in Richtung Heranwachsende oder Jugendliche.

03:08 (Pilot): Ja, Heranwachsende.

(...)

03.10 (Pilot): Unser Aufklärer hat nur einen Heranwachsenden identifiziert. Das ist also einer im zweistelligen Altersbereich. Wie weiter?

03:10 (Jag25): Wir werden das dem Kommandanten der Bodentruppe weiterleiten. Aber wie ich bereits sagte, 12 bis 13 Jahre mit einer Waffe ist genauso gefährlich.

03:11 (Sensor): Oh, wir stimmen zu. Yeah.

03:11 (Pilot): Alles klar, wir haben verstanden und stimmen zu.

(...)

04.05 (Pilot): Yeah. Der Plan ist also, Mann, ähm, dass wir zusehen, was da abgeht, die Helis werden so viel wie möglich abknallen und wenn die winchestern (ihnen die Munition ausgeht), spielen wir den Putztrupp?

(...) (Verschlusssache)

04:06 (Pilot): Also was den Einsatzplan angeht, Mann, wir werden wahrscheinlich Typen auf offenem Feld jagen, ähm, wenn es abgeht, wartet nicht auf Anweisungen von mir oder von JAGUAR, verfolgt einfach, was am sinnvollsten erscheint. Bleibt bei denjenigen, von denen ihr meint, dass wir sie am besten abschießen können (...) (Verschlusssache)

04:07 (Sensor): Sieht so aus, als könnte es eine Überraschung für uns geben.

04:07 (Pilot): Yeah

04:07 (Sensor) (...) Vorläufiger Plan, ohne zu wissen, wie sie sich verteilen: der größten Gruppe folgen.

04:07 (Pilot): Ja, klingt gut. Wenn alles in die Luft fliegt, wenn alle in verschiedene Richtungen laufen, ist es mir egal, ob ihr nur einen Typen verfolgt, ihr wisst schon, was ihr zu entscheiden habt und ich bin einverstanden.

04:07 (Sensor): Roger

04:07 (Pilot): Solange ihr jemanden im Sichtfeld behaltet, den wir abknallen können, bin ich glücklich.

04:13/8:43 morgens in Afghanistan: Dem Helikopter (Bam Bam 41) wird die Freigabe für den Angriff erteilt.

04:15 (Sensor): Hey MC

04:15 (MC): Ja?

04:15 (Sensor): Denk dran: Kettentötung!

04:15 (MC): Geht klar

04:15 (Sensor): *nuscheln* Kettentötung

04:15 (MC): geht klar, geht klar, geht klar.

04:15 (Sensor): Die einzigen Sachen, die vor dem Angriff besprochen werden müssen.

04:15: *Lachen*

(...)

04:22 (Sensor): Das ist komisch.

04:22 (Pilot): Ich kann nicht sagen, was die *Schimpfwort gelöscht* machen.

04:23 (Sensor): Wundern sich wahrscheinlich, was passiert ist.

(...)

04:23 (Safety observer): Tragen die Burkas?

04:23 (Sensor): Danach sieht es aus.

04:23 (Pilot): Die wurden alle als Männer identifiziert. Keine Frauen in der Gruppe.

04:23 (Sensor): Dieser Typ sieht so aus, als ob er Juwelen und so Zeug trägt, wie ein Mädchen, aber er ist keins...wenn er ein Mädchen ist, ist er ein großes

(...)

04:28/8:58 in Afghanistan: US-Helikopter attackieren den Konvoi.

(...)

04:36/9:06 in Afghanistan: Die Drohnencrew beobachtet die Verletzten

04:36 (Sensor): Also wenn da Leute zur Untersuchung in die Gegend kommen, müssen wir definitiv noch ein paar Waffen finden.

04:36 (MC): Sind das zwei? Kümmert sich der eine um den anderen?

04:36 (Safety Observer): Sieht so aus.

04:36 (Sensor): Sieht so aus, ja.

04:36 (MC): Der Aushilfsnotarztkumpel ist da zur Rettung!

04:36 (Safety Observer): Hab's vergessen, wie behandelt man nochmal eine tödliche Bauchverletzung?

04:37 (Sensor): Nicht wieder reindrücken. Einfach ein Handtuch drumwickeln. Das muss reichen.

(...)

04:40 (MC): Die Aufklärer hatten gesagt, da seien keine Frauen gewesen.

(...)

04:40 (Sensor): Was sind die? Sie waren im mittleren Wagen.

04:40 (MC): Frauen und Kinder.

04:40 (Sensor): Sieht aus wie ein Kind.

04:40 (Safety Observer): Yeah. Das, das mit Fahne winkt.

(...)

04.45 (Pilot): (...) Sieht so aus, ähm, als würde eine der Frauen, in dem, äh, hellen Gewand ebenfalls ein Kind tragen. (...) Ähm, zur Information, äh, das wurde soeben bestätigt. Hm, das haben die vorher nicht gesehen.

(...)

04:46 (Sensor): Meiner Meinung nach jünger als Heranwachsende.

04:46 (Safety Observer): Nun ja ...

04:46 (Sensor): Das ist genau das ... Das was ich meine.

04:46 (Safety Observer): Keine Chance, das zu erkennen, Mann.

04:46 (Sensor): Keine Chance, das von hier zu sagen.

Die Ausschnitte des vorliegenden Protokolls sind verstörend. Unter den 21 Toten befanden sich auch zahlreiche Frauen und Kinder. Die meisten Opfer waren Händler, Studenten und einfache Arbeiter. Im Vergleich zu anderen Drohnenmassakern fand der Angriff in Daikundi mediale Aufmerksamkeit. In vielen Fällen wurde als Tatort jedoch die falsche Provinz – nämlich Uruzgan – genannt. [2]

Das Transkript macht vor allem mehrere Punkte deutlich:

1. Der Pilot, der per Knopfdruck tötet, ist kein isolierter Täter, sondern vielmehr Teil eines ganzen Tötungssystems, welches aus mehreren Personen besteht, die an der Operation beteiligt sind. Dies betrifft zum einen die Piloten, Operatoren und Koordinatoren, die sich nicht am Hauptschauplatz – in diesem Fall Afghanistan – befinden, sondern Tausende von Kilometer entfernt sind. Andererseits betrifft dies allerdings auch jene Soldaten vor Ort, die mit der Crew kommunizieren und am Boden Informationen sammeln.
2. Die gesammelten Informationen erwiesen sich nicht nur in dem beschriebenen Fall als falsch, sondern sind regelmäßig dermaßen fehlerhaft, dass etwa Beerdigungen oder Hochzeitsgesellschaften bombardiert wurden. Vor allem bei Hoch-

zeiten wurde zum Beispiel deutlich, dass die Beteiligten mit den Bräuchen der Menschen vor Ort nicht vertraut sind. In Afghanistan und in den Stammesgebieten Pakistans ist es etwa üblich, dass mit einem Gewehr in die Luft gefeuert wird – oft auch mehrmals. Von den Piloten und Soldaten wurde dies jedoch schon als Angriff eines militanten Kämpfers wahrgenommen, woraufhin man sich entschloss, die ganze Hochzeitsgesellschaft in die Luft zu jagen. In diesem Kontext spielen auch sogenannte »follow-up strikes« eine wichtige Rolle. Dabei wird kurz nach dem ersten Angriff das Erscheinen weiterer Personen – oftmals etwa Menschen, die Erste Hilfe leisten wollen – abgewartet, um eine weitere Rakete abzufeuern und noch mehr Menschen zu töten.

3. Die Ziele sind nicht erkennbar. Piloten und Operatoren können oftmals nicht einmal zwischen Männern und Frauen unterscheiden. Hinzu kommt, dass Szenarien, die beobachtet werden und völlig unabhängig von den gesammelten Informationen sind, falsch zugeordnet werden. Aus dem Transkript ist etwa zu erkennen, dass die Crew das Beten der Afghanen schon als eine Art feindlichen Akt interpretiert und daraufhin bar jeglicher Beweise mutmaßt, dass ein Angriff – eventuell auf US-Truppen – geplant wird. Über eine Milliarde Muslime beten täglich fünf Mal. Man stelle sich vor, was ein US-amerikanisches Drohnenteam mit all diesen Menschen machen würde, wenn sie ihrer Überwachung und ihren Hellfire-Raketen ausgesetzt wären.
4. Eine wichtige Rolle spielt die Entmenschlichung beobachteter Ziele, die im Transkript sehr klar deutlich wird. Bereits sehr früh werden die Afghanen als feindliche Kämpfer wahrgenommen. Ohne jegliche Beweise hat das Team schon eine »Vorahnung«, dass es sich hierbei nur um Extremisten handeln kann. Als Informationen auftauchten, die dem widersprachen, etwa, dass ein Kind vor Ort sein könnte, versuchte man, das Szena-

rio zu relativieren, indem man das Kind als Jugendlichen oder Heranwachsenden bezeichnete. Im weiteren Verlauf versuchte einer der Beteiligten, für das Kind dann die Bezeichnung MAM durchzusetzen, um einen Angriff zu legitimieren. Die absichtlich ungenaue Definition MAM steht für eine männliche Person im wehrfähigen Alter (»Military-Aged-Male«) und schließt Minderjährige nicht aus. Mit diesen Begriffen wurde versucht, aus dem harmlosen Kind etwas anderes zu machen – etwas, das man töten darf. 2012 enthüllte die *New York Times*, dass laut der Obama-Administration jeder MAM in einem Anschlagsgebiet (»strike zone«) eines Drohnenangriffs als »feindlicher Kombattant« (»enemy combatant«) gilt. Durch diese Praxis werden alle männlichen Opfer zu militanten Kämpfern gemacht, egal, ob sie Schüler, Studenten, Händler, Lehrer, Ärzte oder sonstige Zivilisten sind. Die Art und Weise, wie die Piloten und Operatoren diesen Begriff benutzen, macht deutlich, wie schnell Menschen während derartiger Todesoperationen als etwas definiert werden, was sie nicht sind. Hinzu kommt, dass die beteiligten Mörder mit dem Gebrauch und der Zuordnung solcher Begriffe ihr Gewissen beruhigen wollen, bevor sie den Schießbefehl geben und auf den Knopf drücken. Letztendlich hat sich die gesamte Drohnencrew des Massenmordes schuldig gemacht.

Der Drohnenpilot jenseits von Hollywood

In neumodischen Kriegsfilmen, meistens aus amerikanischer Produktion, sieht man oftmals junge Männer und Frauen, die Drohnen über irgendwelche Wüsten steuern und dort Turban tragende Männer in die Luft jagen. Das Publikum soll den Eindruck vermittelt bekommen, dass diese Menschen professionell agieren und sehr genau wissen, was sie machen und mit wem sie es zu tun haben. Dieses Hollywood-Bild des Drohnenpiloten entspricht allerdings nicht der Realität. Dies fängt schon mit der Tatsache an, dass der Drohnenpilot nicht als Einzelner – oder als einzelner Täter – agiert, sondern Teil eines großen Tötungskomplexes ist. Im Drohnenprogramm des US-Militärs und der CIA sind Tausende von Männer und Frauen an zig Stützpunkten weltweit involviert. Neben den bereits genannten Akteuren, etwa den Missionskoordinatoren, den Piloten oder den Sensoroperatoren, gibt es unter anderen auch Wetterexperten, die die Wetterlage des Einsatzortes bewerten, Juristen, die rechtliche Fragen klären, sowie technisches Personal, dass die unbemannten Flugzeuge regelmäßig wartet, repariert und startbereit macht. All diese Menschen sind über den Globus verteilt, aber direkt miteinander vernetzt. Die Infrastruktur des Drohnenkrieges, die bei der Kommunikation und Information eine große Rolle spielt und die den gesamten Komplex durchzieht, wird in ihrem Umfang und ihrer Bedeutung oftmals unterschätzt. Die Piloten spielen in der Hierarchie oftmals nur eine untergeordnete Rolle und handeln auf Befehl. Bei heiklen Missionen mit einer hohen Sicherheitsstufe wird den Piloten sogar manchmal verboten, auf ihre eigenen Bildschirme zu schauen. Drohnenpiloten haben deshalb sehr viel weniger Einfluss, als viele es annehmen. Obwohl aufgrund der nicht vorhandenen Transparenz in vielen Fällen nicht klar ist, wer den endgültigen Schießbefehl gegeben hat, liegt diese Entscheidung oftmals in den Händen hochrangiger Militärs und Geheimdienstler. Hinzu kommt, dass die Piloten in Schichtarbeit an einem sehr engen und dunklen Arbeitsplatz sitzen und stets Dinge beobachten, die sich auf ihre Psyche auswirkt. Viele Drohnenpiloten, die für US-Luftwaffen oder für private Sicherheitsfirmen arbeiten, die im Dienst der US-Regierung sind, werden oftmals bereits im jungen Alter von Anfang 20 rekrutiert und sind sich zum Teil gar nicht dessen bewusst, was auf sie zukommt. Seit einigen Jahren geht das US-

Militär sogar so weit, potentielle Drohnenpiloten auf Computerspielwettbewerben oder Messen zu rekrutieren. Den Rekruten wird der Eindruck vermittelt, dass die Arbeit als Drohnenpilot »cool« und gar nicht so anders als im Spiel sei – nur dass eben echte Menschen getötet werden. Doch diese echten Menschen sind, so wird propagiert, »Terroristen«, die der »freien Welt« den Krieg erklärt haben und die die »Sicherheit der USA« gefährden. Es wird auch versucht, in den potentiellen Rekruten patriotische Gefühle zu erwecken. Wie viele junge Menschen genau auf derartige Floskeln reingefallen sind, heute vor dem Bildschirm sitzen und Menschen in Jemen, Somalia oder Afghanistan töten, ist nicht bekannt. Eins ist allerdings klar: Es sind viele, und es werden stets mehr.

Einen wichtigen Einblick in den Alltag von Drohnenpiloten und Operatoren liefern Whistleblower, die aus dem Drohnenprogramm ausgestiegen sind und über ihre Arbeit berichten. Einer von ihnen ist Brandon Bryant, ein kahl rasierter Mann Anfang 30. Bryant arbeitete zwischen 2005 und 2011 als Sensoroperator und Bildanalyst für die US-Luftwaffe. Seinen ersten Abschuss hatte Bryant in Afghanistan, wo er gemeinsam mit einem Piloten in einem F16-Kampfjet drei Menschen tötete. Ihm wurde gesagt, dass die Personen eine anrückende Verstärkung für Talibankämpfer seien. Sie waren angeblich militante Kämpfer und Feinde der USA. Doch Bryant war sich nicht sicher. Die Zielpersonen verhielten sich verunsichert und verschreckt und machten auf ihn nicht den Eindruck ausgebildeter Kämpfer. Dennoch führte er seine Befehle aus und wurde daraufhin von seinen Kollegen gefeiert, da er seine »Drohnen-Jungfräulichkeit« verloren hatte. In einer anderen Mission wurden Bryant und seine Kollegen angewiesen, fünf Nomaden – wahrscheinlich Kuchi –, die mit ihrem Kamel im afghanisch-pakistanischen Grenzgebiet unterwegs waren, zu töten. Es hieß, dass sie Bombenmaterial, das für Anschläge auf US-Truppen gedacht sei, transportieren würden. Bryant und sein

Team verfolgten die Afghanen mehrere Stunden lang, während sie selbst in Las Vegas saßen. Wieder war sich Bryant unsicher. Es gab kein Anzeichen dafür, dass die Männer irgendwelche Waffen oder Bomben bei sich trugen. Bryant und sein Team beobachteten ihre Opfer geduldig bis in die Nacht hinein. Als sie sich schließlich schlafen legten, drückten sie ab und feuerten Hellfire-Raketen auf die Karawane. Bryant fiel auf, dass es nach dem Einschlag keine darauffolgende Explosion gab, offensichtlich hatten die Männer also kein explosives Material bei sich. »Wir haben gewartet, bis diese Männer sich schlafen legten, und dann haben wir sie getötet. Das war feiger Mord«,[3] meinte Bryant später gegenüber dem *Guardian.* Insgesamt war Brandon Bryant an der Tötung von 13 Menschen direkt beteiligt. Fünfmal steuerte er als Operator die Hellfire-Rakete ins Ziel. Eine der Operationen fand in Irak statt, die restlichen in Afghanistan. Sich des 13-fachen Mordes schuldig gemacht zu haben war für Bryant schlimm genug. Doch als er seinen Dienst bei der Luftwaffe quittierte, wurde ihm ein Kuvert überreicht, in dem die Zahl der Tötungen stand, bei denen Bryant insgesamt mitgewirkt – also auch assistiert – hatte. Es waren 1626.[4] Bis heute ist Bryant schockiert – bis heute weiß er nicht, wie er mit dem, was er getan hat, umgehen soll. Wie andere Piloten und Operatoren des Drohnenprogramms leidet er bis heute an Depressionen und psychischen Krankheiten wie der posttraumatischen Belastungsstörung (PTBS). Studien haben gezeigt, dass die psychischen Leiden jener Menschen, die per Knopfdruck töten und jenseits des Computerbildschirms noch nie ein Kampffeld gesehen haben, mit denen von Soldaten vergleichbar ist, die das Schlachtfeld hautnah miterlebt haben. Dementsprechend hoch ist auch die Selbstmordrate.[5]

Es ist offensichtlich, dass Menschen wie Brandon Bryant etwas ändern wollen und sich der Verbrechen der US-Regierung sowie jener, die sie selbst unter deren Befehl begangen haben, bewusst sind. Gemeinsam mit drei weiteren Ex-Mitgliedern der US-Luftwaffe appellierte Bryant in einem Brief an den damaligen US-Präsidenten Barack Obama, sein Drohnenprogramm zu überdenken. Außerdem betonten sie, dass extremistische Gruppierungen wie der IS vom Drohnenprogramm der USA profitieren würden. Der Grund: Zahlreiche Menschen würden sich aufgrund der alltäglichen Drohnenmorde radikalisieren und Extremisten anschließen. In dem Brief heißt es, dass der Drohnenkrieg ein ähnliches Rekrutierungswerkzeug für den IS und Co. geworden sei wie das US-Gefangenenlager auf Guantanamo.[6]

Brandon Bryant ist auch in Deutschland bekannt. Im November 2013 war er unter anderem bei der Polit-Talkshow »Beckmann« zu Gast, wo er scharfe Kritik am Drohnenkrieg sowie der Rolle Deutschlands in diesem Geheimkrieg übte. Im Laufe des Abends sagte Bryant auch, an der Tötung von über 1 600 Menschen mitgewirkt zu haben und mindestens dreizehn Menschen getötet zu haben. An jenem Abend wurde der Whistleblower für seine couragierte Haltung regelrecht bewundert. Eine Tatsache, die wiederum zur Verzerrung der eigentlichen Realität dieses Krieges beitrug. Brandon Bryant ist ein 13-facher Mörder und in 1 626 Fällen des Mordes mitschuldig und hat keine Bewunderung verdient! Sicherlich leiden er und auch andere ehemalige Mitglieder des Drohnenprogramms an den Folgen ihres Einsatzes. Darüber darf allerdings nicht vergessen werden, dass sie nicht die eigentlichen Opfer sind. Für jene, die seit Jahren unter dem Drohnenkrieg der USA leiden, sind alle Personen, die daran mitwirken, ausnahmslos Mörder. Wer sich für das Drohnenprogamm rekrutieren lässt, trifft seine oder ihre Entscheidung nicht als unmündiges Kind, sondern als Erwachsener und ist für diese Entscheidung ganz alleine verantwortlich. Es ist falsch, den Piloten und Operatoren des Drohnenkrieges zu viel Aufmerksamkeit zu schenken, während die Opfer dieses Krieges oftmals übertönt oder gar völlig ignoriert werden. Man stelle sich einfach vor, was passiert wäre, wenn bei »Beckmann« kein ehemaliger Drohnenoperator, sondern ein ehemaliger Bombenbauer von al-Qaida gesessen hätte. Angenommen, der Mann hätte dort seine Taten bereut und dann zugegeben, dass er durch den Bau seiner Bomben an der Ermordung von mehreren hundert bis tausend Menschen beteiligt gewesen sei. Wahrscheinlich wäre der Mann am Ende der Sendung von der Polizei abgeführt worden und würde heute in einer Gefängniszelle sitzen.

Eine ebenso wichtige Mittäterrolle wie Piloten und Operatoren spielen auch die Techniker der US-Luftwaffe, die die Drohnen ausrüsten und warten. Ohne diese Menschen wären all die Predator- und Reaper-Drohnen des US-Militärs nutzlos und nicht startbereit. Jeder Techniker ist sich bewusst, dass es das Ziel seiner Arbeit ist, die Tötung von Menschen per Knopfdruck möglich zu machen. Auch in diesem Bereich gibt es Aussteiger, die ihre Arbeit bereuen und auf das Unrecht ihrer Regierung aufmerksam machen wollen. Ein Beispiel hierfür ist Lisa Ling, die einst als technischer Sergeant der US-Luftwaffe gedient hat. Ling war für das Informationsbeschaffungssystem der Drohnen verantwortlich. De facto würden alle US-amerikanischen Drohnen ohne diese Hardware nutzlos herumschweben, da Informationen weder gesammelt noch ausgetauscht werden können. Das US-Militär ist sich der Bedeutung seiner Techniker bewusst. Ling, die zwischen 2007 und 2009 gedient hat, wurde für ihre Arbeit, dank der 121 000 »Ziele« ausfindig gemacht wurden, ausgezeichnet. Um wen es sich bei all diesen Zielen handelt oder was mit ihnen passiert ist, weiß Ling, die nach ihrem Dienst ebenfalls zum Whistleblower wurde und unter anderem in der Dokumentation »The National Bird« auftrat, in der der Drohnenkrieg der USA kritisch behandelt wird, nicht. Die Wahrscheinlichkeit liegt nahe, dass nicht wenige Ziele auf der »Kill List« landeten und getötet wurden. Die Technologie der Drohnen, die Ling einst ausstattete, hinterfragt sie mittlerweile stark: »Ich denke nicht, dass diese Art von Technologie den Menschen auf irgendeine Art und Weise erfolgreich ersetzen kann. Außerdem glaube ich, dass es niemals moralisch oder ethisch zu rechtfertigen ist, über das Leben eines Menschen mit solch einer Technologie zu entscheiden«, sagt Ling, denn es gebe keinen Moment, an dem man sich absolut sicher sein kann, wer tatsächlich durch einen Drohnenangriff getötet wurde. »Die Menschen in den betroffenen Regionen sehen sich äußerlich sehr ähnlich, zumindest für uns. Regierungsmitarbeiter, einfache Menschen wie Händler oder Taxifahrer und auch der ein oder andere Terrorist tragen dieselbe Kleidung. Wie können wir uns da sicher sein, wen wir töten?«, fragt sich Ling. Das Resümee, dass die Whistleblowerin zum Drohnenkrieg ihrer Regierung zieht, ist eindeutig: »Für die Menschen, die darunter leben, ist das einfach Terror. Wir selbst würden das genauso wahrnehmen, wenn wir unter den Drohnen leben würden. Unser Leben und das der nachfolgenden Generationen würde sich maßgeblich verändern. Gravierende Auswirkungen wären vorprogrammiert. Aus diesem Grund können wir einen ›Krieg gegen den Terror‹ nicht mit noch mehr Terror führen.«[7]

Die Todesliste

Im Januar 2010 wurde Malik Jalal das erste Mal von einer US-Drohne in Waziristan angegriffen. Er hatte Glück und überlebte unverletzt. Sein Neffe Salimullah musste schwer verletzt in ein Krankenhaus gebracht werden. Vier weitere Männer, die in einer nahegelegenen Mine arbeiteten, wurden getötet. Doch es blieb nicht bei diesem einen Angriff. Im September desselben Jahres wurde Jalal ein weiteres Mal von einer Drohne angegriffen. Der Mann, traditionell paschtunisch gekleidet mit Bart und Turban, war auf dem Weg zu einer Stammesversammlung, als der Wagen hinter ihm zerbombt wurde. Jalal hörte die Explosion und drehte sich um. Er sah, wie das Auto ausbrannte und die Körperteile der Insassen auf der Straße verteilt waren. Wieder waren alle vier Insassen lokale Arbeiter und keine bewaffneten Kämpfer. Einen Monat später fand ein weiterer – der dritte – Drohnenangriff auf Malil Jalal satt. Er überlebte ein weiteres Mal, während sein Cousin, Kalimullah, gemeinsam mit vier weiteren Zivilisten getötet wurde. Nun war sich Jalal sicher, dass er es war, den die Drohnen der Amerikaner jagten. Malik Jalal war auf der sogenannten Kill List (englisch für Todesliste) gelandet. Der Datensatz der Kill List, durch den Terrorverdächtige gefunden und meistens getötet werden sollen, ist auch als »Disposition Matrix« bekannt und wurde Anfang 2010 von der Obama-Administration entwickelt. Federführend war dabei vor allem der ehemalige CIA-Direktor John O. Brennan.[89] Seitdem gilt die Todesliste als fester Bestandteil der US-Außenpolitik. Dies bedeutet allerdings nicht, dass es ähnliche Listen bereits unter George W. Bush nicht gab. So wurde bereits kurz nach den Anschlägen des 11. Septembers 2001 eine »kill-or-capture-list« und eine »high-value-target-list« von der Bush-Administration erstellt. Wie viele Ziele sich auf der Todesliste befinden, ist nicht bekannt. Genauso unklar ist auch, wie die Ziele ausgewählt werden. Auf der Kill List lassen sich Bürger verschiedener Staaten finden, darunter auch westliche. Im März 2011 fand ein vierter Anschlag auf Jalal statt. Die Hellfire-Raketen der Drohne trafen eine Stammesversammlung und töteten an jenem Tag über 40 Menschen – allesamt Zivilisten. Die meisten Opfer waren Mitglieder eines lokalen Friedenskomitees, das zwischen den Taliban und den lokalen Stämmen vermittelte. Ein weiteres Mal überlebte Jalal – und erlebte das Massaker hautnah. Jalal gehört zum Führungskreis des Friedenskomitees in der Region. Wie viele andere Menschen in Waziristan glaubt er an eine friedliche Lösung zwischen den paschtunischen Stämmen und den ansässigen militanten Gruppierungen, die oftmals ebenfalls Stammesmitglieder sind. Jalal meint, dass die Arbeit des Komitees der pakistanischen Regierung ein Dorn im Auge ist – und dass ihn jemand mit viel Macht, ein hoher Regierungsbeamter oder Militär, deshalb auf die Kill List gesetzt hat.

Die Kill List hat es mittlerweile zu einem mehr als zweifelhaften Ruhm gebracht. Alle Ziele, die auf ihr landen, werden vom US-Präsidenten persönlich unterzeichnet und damit zum Abschuss freigegeben. Der Drohnenmord per Signatur wurde zu einem Merkmal der Amtsperiode Barack Obamas. Jeden Dienstag bekam er als »Commander in Chief« der amerikanischen Streitkräfte die Liste vorgelegt und machte sich durch seine Unterschriften an den Drohnenmassakern mitschuldig. Diese Tage wurden regierungsintern »Terror Tuesday« genannt. Auch im Fall von Malik Jalal ist Obama des vierfachen Mordversuches schuldig. Jene 40 Menschen, die anstelle von Jalal auf der Stammesversammlung getötet wurden, wurden auch von Barack Obama getötet. Daran ist nicht zu rütteln. Doch Barack Obama, der Friedensnobelpreisträger, ist auch jener Mann, der einst Rechtsvorlesungen hielt und sich gegen den Irakkrieg und die Folter in Guantanamo einsetzte. Wer Obamas Biografie kennt, weiß, dass er einst etwas von rechtsstaatlichen Prinzipien hielt. Dass ausgerechnet eine Todesliste zum Symbol seiner Politik werden sollte, hätte man eigentlich nicht für möglich gehalten. Er, der Familienvater, bestimmte auch darüber, ob mutmaßliche Terroristen gemeinsam mit ihren Familien sterben sollten oder nicht. Unter ihm wurde auch die Doktrin zum Alltag, nach der jede männliche Person im wehrfähigen Alter im Umfeld eines Drohnenangriffs per se als feindlicher Kämpfer, Terrorist, Militanter oder Extremist gilt. Acht Jahre lang war der charismatische Barack Obama, den anscheinend viele Menschen aufgrund des bizarren Charakters seines Nachfolgers vermissen, die Spitze des Drohnen-Tötungskomplexes der USA. Weder während seiner Amtszeit noch danach hat Obama für seinen Terrorkrieg die Verantwortung übernommen, weder moralisch noch rechtlich. Für Malik Jalal und viele andere Drohnenopfer ist das nicht nur unverständlich. Es macht für sie auch deutlich, wie machtlos sie sind und wie wenig ihre Leben in den Augen westlicher Politiker wert sind.

Warum Jalal auf der Todesliste Obamas gelandet ist, ist nicht bekannt. Fakt ist jedoch, dass der pakistanische Sicherheitsapparat, allen voran der ISI, eine wichtige Rolle im Drohnenkrieg in der Region spielt. Zwischen dem ISI und der CIA findet seit Jahren ein reger Informationsaustausch statt. Dies betrifft auch potentielle Ziele von Drohnenangriffen in den Stammesgebieten, die an Afghanistan grenzen. Quellen, die Jalal aufgrund ihrer eigenen Sicherheit nicht genauer benennen möchte, haben ihm bestätigt, dass er und andere Mitglieder des Friedenskomitees Nordwaziristans auf der Todesliste der Amerikaner und ihrer Verbündeten stehen. Jalal hat deshalb seinen Alltag massiv verändert. Er parkt sein Auto immer abgelegen, weit weg vom eigentlichen Zielort, den er dann zu Fuß aufsucht. Er meidet Einladungen zu Abendessen – aus Angst, dass das Treffen wie in der Vergangenheit mit einem Drohnenmassaker enden könnte. Nachts schläft Jalal außerhalb des Hauses im Freien, um seine Familie nicht zu gefährden. Auch Jalals Kinder fürchten sich. Sein kleiner Sohn Hilal meinte einst zu seinem Vater, dass auch er Angst vor den Drohnen habe. Jalal versuchte ihn zu beruhigen, indem er behauptete, Drohnen würden keine Kinder töten. Doch Malik Jalas Sohn wusste bereits, dass das eine Lüge war. Malik Jalal lebt mittlerweile in der pakistanischen Stadt Peschawar. Um seine Familie vor den Drohnen der CIA zu beschützen, sah er sich gezwungen, seine Heimat zu verlassen: »Ich musste Waziristan verlassen. In meiner eigenen Familie leiden bereits sechs Personen an psychischen Erkrankungen – aus Angst vor den Drohnen. Mein Sohn hat eine solch große Angst, dass er zurzeit nicht mehr nach Waziristan zurückkehren kann.« Laut Jalal leiden über 400 000 Menschen in Waziristan an psychischen Probleme, die direkte Folgen des Drohnenkrieges der CIA in der Region sind.

Seit Anfang 2017 wird die Kill List von Donald Trump geführt. Wie seinem Vorgänger wird auch dem neuen Präsidenten wöchentlich von führenden Figuren seines Sicherheitsapparates die Todesliste vorgelegt, auf dass er diese mit seiner Signatur absegnet. Schon während seines Präsidentschaftswahlkampfes machte Trump deutlich, dass er keinerlei Hemmungen hat, die »Familien von Terroristen« zu töten.[10] Seitens vieler Verfechter einer noch aggressiveren US-Außenpolitik wurden Trumps angekündigte Vorhaben gefeiert. Nicht wenige vertraten die Meinung, dass die Vereinigten Staaten das Recht hätten, über das Leben von noch mehr unschuldigen Menschen zu entscheiden. Bereits die ersten Monate der Trump-Präsidentschaft haben deutlich gemacht, dass der neue US-Präsident ernst macht mit seinen Drohungen aus Wahlkampfzeiten und sogar noch kompromissloser vorgeht als sein Vorgänger: Die monatlichen Drohnenangriffe unter Trump haben sich vervierfacht. Nahezu in allen Ländern, in denen die USA militärisch aktiv sind und Bomben abwerfen, hat sich sowohl die Anzahl der Bombardierungen als auch jene der zivilen Opfer erhöht. Als im irakischen Mossul beim Kampf gegen den IS innerhalb weniger Tage mehrere hundert Zivilisten durch amerikanische Bomben den Tod fanden, reagierten einige Beobachter schockiert, während andere lediglich resignativ zum Schluss kamen: Präsident Donald Trump löst nur sein Wahlversprechen ein. Er ist sich voll und ganz bewusst, dass durch seine Bomben Zivilisten den Tod finden – doch offensichtlich ist ihm das völlig egal, da er sich und seine Weltanschauung im Recht sieht. Mit der Todesliste in den Händen eines solchen Mannes müssen sich die Menschen in den umkämpften Gebieten auf das Schlimmste gefasst machen.

Journalisten auf der Kill List

Im Juni 2016 wurde der US-amerikanische Journalist Bilal Abdul Kareem zum Ziel eines Drohnenangriffs in der syrischen Stadt Idlib. Abdul Kareem, der zu den letzten westlichen Reportern im syrischen Rebellengebiet gehört, überlebte den Anschlag. Da bewaffnete Drohnen allerdings von mehreren Akteuren in Syrien benutzt werden, wusste er nicht, wer für den versuchten Mordanschlag verantwortlich gewesen ist. Dennoch nannte der Journalist die Vereinigten Staaten als Hauptschuldige. Der Grund hierfür war laut Abdul Kareem die Tatsache, dass die Amerikaner mit dem Beginn ihres Drohnenkrieges einen Präzedenzfall geschaffen hätten. Einfach ausgedrückt: Die Tötungskultur mittels Drohnen sei eine amerikanische Erfindung, die erst danach von anderen Staaten und Gruppierungen imitiert wurde. Aus diesem Grund trage Washington die Hauptverantwortung für den Angriff.[11] Es blieb allerdings nicht bei dem einen Angriff. Bilal Abdul Kareem wurde in Syrien vier weitere Mal zum Ziel von Drohnenangriffen. Mindestens drei Zivilisten, darunter ein zehnjähriges Mädchen, wurden bei diesen Anschlägen getötet. Nach all diesen Angriffen war sich Abdul Kareem sicher, dass die Raketen eigentlich ihn töten sollten – eine Vermutung, die ihm durch eigene Quellen später bestätigt wurde. Demnach sollten die Drohnen, die vom Militärstützpunkt in Incirlik im Süden der Türkei starteten, Abdul Kareem gezielt angreifen. Bilal Abdul Kareem reichte Ende März 2017 eine Klage gegen US-Präsident Trump und weitere führende Mitglieder seiner Regierung ein. Ahmad Zaidan, ein Journalist des Senders *Al Jazeera,* schloss sich der Klage an und beschloss ebenfalls, gegen die US-Regierung vor Gericht zu ziehen. Zaidan, ein Syrer mit pakistanischer Staatsbürgerschaft, der jahrelang in Islamabad arbeitete und einst Osama bin Laden interviewte, gab an, ebenfalls zum Ziel eines Drohnenangriffs geworden zu sein. Laut der Anklageschrift wurden die beiden Journalisten zum Ziel, nachdem die Metadaten ihrer Mobiltelefone vom US-Überwachungsprogramm »Skynet« ausgewertet worden waren. Das Programm ist dafür gedacht, potentielle Terroristen zu identifizieren, um diese dann auf die Kill List zu setzen.[12]

Bilal Abdul Kareem ist kein unumstrittener Mann. Mehrere Kriegsparteien in Syrien werfen dem Journalisten vor, Sympathien zu extremistischen Gruppierungen zu haben – Russland zufolge arbeitet er sogar mit »Terroristen« zusammen. Tatsächlich sind einige der Vorwürfe nicht ganz von der Hand zu weisen. Abdul Kareem macht aus seiner Nähe zu militanten Gruppierungen wie der Jabhat Fatah ash-Sham, die früher auch als al-Nusra-Front bekannt war und als offizieller al-Qaida-Ableger in Syrien gilt, keinen Hehl. In mehreren Interviews und Gesprächen mit Mitgliedern der Gruppierung bemängelten Kritiker Abdul Kareems Umgangsform mit den Extremisten. Er ließe oftmals kritische Fragen vermissen oder mache sich mit der Sache der Islamisten gemein. Dennoch ist Abdul Kareem einer der wenigen Journalisten, die weitreichenden Zugang zu den Rebellengebieten Syriens haben und vor Ort wichtige Arbeit leisten. Die *New York Times* schrieb unter anderem ein Porträt über den Mann aus Brooklyn, während namhafte westliche Nachrichtenstationen wie *CNN* mit Abdul Kareem in Syrien zusammenarbeiteten. Bilal Abdul Kareem selbst betonte immer wieder, keiner Gruppierung in Syrien anzugehören. Sein Interesse bestehe lediglich darin, auch militante Kämpfer zu Wort kommen zu lassen, damit diese ihre im Westen oftmals unbekannten Beweggründe erläutern können. Ob dies kritikwürdig ist oder nicht und wie nah die Verbindungen Bilal Abdul Kareems zu den Extremisten in Syrien tatsächlich sind, ist eine andere Sache. Fakt ist jedoch, dass niemand – auch nicht die USA – das Recht haben, auch nur irgendeinen Menschen auf ihre Todesliste zu setzen, um ihn dann anschließend zu ermorden.[13] Ob die Klage Abdul Kareems und Zaidans erfolgreich sein wird, ist zum gegenwärtigen Zeitpunkt nicht absehbar. Im Falle eines Erfolges, der eher unwahrscheinlich ist, wäre die US-Regierung gezwungen, ihre Kill List sowie die Auswahlverfahren von Zielen und weitere Details offenzulegen. An sich verstößt es gegen die demokratischen Grundwerte, dass auf der Todesliste des Weißen Hauses überhaupt Journalisten landen konnten, die dann von Drohnenpiloten gejagt werden. Doch wie gewohnt wird auch über diesen Skandal so gut wie gar nicht berichtet.

Komplizen

AFRICOM: Koordination des Drohnenterrors in Stuttgart

Jedes Jahr am 4. Juli hört man in bestimmten Gegenden in Stuttgart laute Knalle von Feuerwerkskörpern, die in den umliegenden US-Basen gezündet werden. Die Soldaten feiern den Independence Day, den Nationalfeiertag der Vereinigten Staaten. Erst dann erinnern sich viele Stuttgarter abermals, dass US-amerikanische Soldaten in ihrer unmittelbaren Umgebung stationiert sind. Im Alltag nimmt man das Personal des US-Militärs eher selten wahr. Hin und wieder sieht man vielleicht die Military Police in ihrem Streifenwagen herumfahren oder begegnet einem Soldaten beim Joggen. In Deutschland ist die Präsenz der US-Armee längst zur Normalität geworden und wird im Allgemeinen akzeptiert – für viele aus jüngeren Generationen gilt sie sogar als »cool«. Kritik wird hingegen eher selten geäußert. Über 35 000 US-Soldaten sind zurzeit in Deutschland stationiert (Stand 2016), was genau sie hier machen und welchen Sinn und Zweck ihre Basen erfüllen, wird kaum hinterfragt. Dabei spielt Deutschland in vielerlei Hinsicht bei den Kriegen der USA eine wichtige Rolle. Seit Ende 2007 ist Stuttgart nämlich der Stützpunkt von AFRICOM (United States Africa Command). Da das US-Militär für das Kommando keinen geeigneten Stützpunkt in Afrika finden konnte, fiel die Wahl auf die Kelley Barracks in Stuttgart-Möhringen. Konkret bedeutet dies, dass von Baden-

Württemberg aus alle amerikanischen Militäroperationen auf dem afrikanischen Kontinent koordiniert werden, mit Ausnahme von Ägypten, das weiterhin zum US Central Command gehört. Dies betrifft vor allem den Schattenkrieg der USA, der mittels Drohnen und geheimen Eliteeinheiten in Dutzenden von afrikanischen Staaten geführt wird. Laut der *Süddeutschen Zeitung* lehnten mindestens zwölf Staaten die Bitte Washingtons ab, das AFRICOM-Hauptquartier oder eine Regionalstelle davon aufzunehmen. Währenddessen stellte sich die Bundesregierung freiwillig als Komplize zur Verfügung, bat allerdings darum, die Sache nicht groß zu verkünden. »Warum sollte man so etwas öffentlich diskutieren, wenn man es auch hinter verschlossenen Türen entscheiden kann? Ein erstaunliches Demokratieverständnis«, kommentierte die Münchner Zeitung damals kritisch.[1] Die kritische Berichterstattung über die Aktivitäten des US-Militärs in Stuttgart hatte zur Folge, dass sich damals immer mehr Menschen für den Drohnenkrieg der USA interessierten. Als der damalige US-Präsident Barack Obama Berlin im Juni 2013 besuchte, sagte er Folgendes: »Ich kann jedoch bekräftigen, dass wir Deutschland nicht als Ausgangspunkt für unbemannte Drohnen verwenden, die dann auch Teil unserer Aktivitäten im Bereich der Terrorismusbekämpfung sind. Ich weiß, dass es einige Berichte in Deutschland darüber gegeben hat, dass das eventuell der Fall sei. Es ist nicht so.«[2] Das Problem an Obamas Aussage: Niemand hatte behauptet, dass bewaffnete Drohnen von Deutschland aus starten. Stattdessen wurde darüber berichtet, dass sie von AFRICOM in Stuttgart – wie alle anderen Militäroperationen – koordiniert werden. Diese Tatsache wurde selbst vom US-Militär niemals geleugnet und von Obama selbst bestätigt. Der Präsident stellte lediglich einen Vorwurf in den Raum, den niemand erhoben hatte, um danach von der eigentlichen Sache abzulenken: nämlich dass Analysten, die in Stuttgart sitzen, Ziele für die Kill List ausfindig machen, bevor sie auf dem Schreibtisch des US-Präsidenten landet. Eine ähnlich wichtige Rolle bei den außergerichtlichen Hinrichtungen spielen Techniker, Offiziere und weitere Angehörige des US-Militärs, die für AFRICOM tätig sind. Jeder Auftrag für eine Drohnenmission kommt aus Stuttgart, und die Piloten in den USA stehen mit dem Personal in den Kelley Barracks stets in Kontakt.[3] Einfach ausgedrückt könnte man die Aktivitäten auch als Beihilfe zum Mord bezeichnen. Konkret geschieht dies unter anderem durch private Sicherheitsunternehmen, die für das US-Militär tätig sind und in Stuttgart arbeiten. 2010 wurde bekannt, dass die Arbeit von zwei derartigen Unternehmen von der Bundesregierung genehmigt wurde, was auf massive Kritik stieß. Das Auswärtige Amt bestätigte die Genehmigung für die Militärdienstleister auf Anfrage des ehemaligen CDU-Bundestagsabgeordneten Willy Wimmer. Die genaue Aufgabenverteilung derartiger Unternehmen bleibt oftmals im Dunkeln oder wird in der Öffentlichkeit verharmlost, wie es auch damals geschah.

Das Zentrum von AFRICOM sind die Kelley Barracks in Stuttgart-Möhringen. Der Stützpunkt, der einst den Namen Helenen-Kaserne trug, wird seit Dezember 1945 von US-Streitkräften kontrolliert und wurde nach Jonah E. Kelley, einem US-Sergeanten, der im Zweiten Weltkrieg fiel, benannt. Im Februar 2007 verkündete das Pentagon, die Kelley Barracks zum Stützpunkt von AFRICOM zu machen. Das US-Militär hat die ganze Welt in insgesamt sechs Regionen aufgeteilt, für die jeweils ein Kommando zuständig ist. Auch dies macht deutlich, dass der gesamte Globus als imperiales Schlachtfeld betrachtet wird. Für die Militärmissionen in Afrika war vor der Ausrufung AFRICOMS das US European Command (EUCOM) zuständig. EUCOM, das neben AFRICOM das einzige US-amerikanische Oberkommando mit Sitz außerhalb der Vereinigten Staaten ist, liegt ebenfalls in Stuttgart, genauer, in den Patch Barracks in Stuttgart-Vaihingen. AFRICOM ist ein umfassender Militärkomplex mit mehreren Einrichtungen, darunter

Restaurants, Bars, einem Fitnesscenter, einer Kindertagesstätte und mehreren Geschäften. Insgesamt arbeiten rund 1700 Menschen, darunter Soldaten, Zivilisten und Angestellte privater Firmen, in den Kelley Barracks.[4] Es wird deutlich, dass sich für die täglich stattfindenden Militärkampagnen der USA keine Einzeltäter finden lassen, sondern dass ein ganzer Komplex dahintersteht, in dem sich viele kleine und große Zahnräder drehen.

Laut der deutschen Bundesregierung ist es wichtig, dass sich ausländische, in Deutschland stationierte Truppen an deutsches Recht und Gesetz halten. Das gilt auch für Zivilisten und Mitarbeiter privater Sicherheitsfirmen im Dienste des US-Militärs. Die letzten Jahre haben allerdings deutlich gemacht, dass deutsche Behörden praktisch keinen Einfluss auf oder Kontrolle über die Aktivitäten in AFRICOM haben. Vieles, was in den Kelley Barracks geschieht, ist nach deutschem Recht ganz klar illegal, eine Tatsache, der sich auch die Verantwortlichen in Stuttgart sehr bewusst sind. Da überrascht es nicht, dass die meisten Operationen, die von hier aus koordiniert werden, strenger Geheimhaltung unterliegen. Dazu gehören die Koordination der Drohnenangriffe in Ländern wie Somalia und Libyen, die Ausbildung und Bewaffnung brutaler Milizen und Armeen in mehreren afrikanischen Staaten sowie die regelmäßig stattfindenden Operationen verdeckter US-Eliteeinheiten wie der Joint Special Operations Command (JSOC). All diese Dinge laufen in Stuttgart zusammen. Der Kopf der Schlange ist nirgendwo anders als im beschaulichen Möhringen – und das wird auch weiterhin so bleiben. Die Bundesregierung hat nämlich von Anfang an deutlich gemacht, dass sie keinerlei Interesse daran hat, die Verbrechen des US-Militärs zu verhindern. Stattdessen bot man sich – im Gegensatz zu anderen Staaten – bereitwillig an, die Verbrechen der USA zu unterstützen, und machte sich damit mitschuldig. Daran hat sich bis heute nichts geändert.

Ramstein, das Herz des Drohnenkrieges

Sobald es um den Drohnenkrieg der Vereinigten Staaten geht, ist schnell von der US-Militärbasis in Ramstein, der Ramstein Air Base, die Rede. Warum ausgerechnet diese Basis so wichtig für das Pentagon und die CIA ist, geht in der Berichterstattung allerdings oftmals unter. Dies hat gewiss auch mit den politischen Interessen der beteiligten Akteure sowie mit einer damit verbundenen medialen Deutungshoheit zu tun. Die Rolle Ramsteins macht nämlich erst deutlich, wie wichtig die deutsche Unterstützung beim Drohnenkrieg mittlerweile geworden ist. Damit man sich dies vor Augen führen kann, ist eine Beschreibung der technologischen Bedeutung der größten US-Militärbasis in Deutschland unabdingbar.

Die Ramstein Air Base ist mit einem militärischen und zivilen Personal von mehr als 16 000 Menschen die größte US-Militärbasis außerhalb der Vereinigten Staaten. Die Militärbasis ist in vielerlei Hinsicht wichtig und beherbergt dementsprechend auch vieles, von dem die Öffentlichkeit nur so wenig wie möglich erfahren soll. Ein Beispiel hierfür ist etwa das einstige Atomwaffendepot auf der Basis – eines von zwei verbliebenen in ganz Deutschland –, das mit großer Wahrscheinlichkeit im Jahr 2005 geräumt wurde. Bis zum damaligen Zeitpunkt waren dort wahrscheinlich bis zu 130 atomare Fliegerbomben gelagert. Aufgrund der hohen Geheimhaltungsstufe ist nicht bekannt, wie viele Bomben tatsächlich vor Ort waren. Des Weiteren ist die Militärbasis der wichtigste europäische Stützpunkt für den Lufttransport der US-Streitkräfte. Verwundete US-Soldaten aus Irak oder aus Afghanistan werden weiterhin regelmäßig nach Ramstein eingeflogen und zum nahegelegenen US-Militärkrankenhaus in Landstuhl zur medizinischen Weiterbehandlung transferiert.

In Bezug auf den Drohnenkrieg der Vereinigten Staaten kann man die Ramstein Air Base mit gutem Recht und in vielerlei Hinsicht als Herzstück bezeichnen. Auf der Militärbasis befindet sich nämlich eine Satelliten-Relaisstation, ohne die eine Kommunikation mit den unbemannten Flugzeugen in Afghanistan, Pakistan, Jemen und in allen anderen Ländern, in denen Drohneneinsätze stattfinden, für die Drohnen-Crew unmöglich wäre. Die Station wurde Ende 2013 fertiggestellt und befindet sich im Zentrum des Waldgebietes, welches die Basis umgibt. 2010 stellte die US-Luftwaffe im Kontext einer Budgetanfrage klar, dass ohne die Satellitenstation in Ramstein das Drohnenprogramm nicht wie geplant funktionieren würde und dass zukünftige Missionen darunter in erheblicher Hinsicht leiden würden. Im Antrag wurde sehr klar und direkt formuliert, dass ohne Ramstein Drohnenangriffe nicht erfolgreich verlaufen würden. Über lange Zeit hinweg wurde die wichtige Rolle Ramsteins im Krieg mit den Todesmaschinen von amerikanischen und deutschen Regierungsvertretern heruntergespielt. Ausschlaggebend waren allerdings im Jahr 2015 die Enthüllungen eines anonymen Whistleblowers, der sich an die investigative Medienplattform *The Intercept* wandte und eine bis dato einzigartige Menge an Daten zum Drohnenkrieg veröffentlichte. In der Folge wurde die Rolle der Ramstein Air Base in den sogenannten »Drone Papers« umfassend erläutert und dargestellt.[5] »Ohne Ramstein könnten die Drohnen nicht funktionieren, zumindest nicht so, wie sie es jetzt tun«, hieß es seitens der anonymen Quelle. Die Signale der Drohnenoperatoren in den USA, die sich in Nevada, Georgia oder New Mexico befinden, können nur über die Relaisstation in Ramstein die Predator- und Reaper-Drohnen erreichen und umgekehrt. Die Bilder der Drohnenkameras werden zuerst an Ramstein übermittelt und von dort aus an die Crew weitergeleitet. Dies ist auch der Grund dafür, warum die Piloten und Operatoren keine echte Liveaufnahme sehen, sondern stets ein zeitlich verzögertes Bild – konkret geht es hier um rund zwei Sekunden – vor sich haben.

Einfach ausgedrückt: Ohne die Bilder aus Ramstein wären die Drohnenpiloten in Nevada im Blindflug unterwegs. Obwohl in Ramstein selbst keine Drohnen-Crews sitzen, wäre ohne die Militärbasis kein einziger Mord per Knopfdruck in den derzeitigen Einsatzgebieten möglich. Dieser Realität muss man sich erst einmal bewusst werden, damit man versteht, wie schwerwiegend die Mittäterschaft Deutschlands im Drohnenkrieg tatsächlich ist. Die amerikanischen Drohnenangriffe, die dank der Ramstein Air Base möglich sind, verstoßen ganz klar gegen deutsches Recht. »Es ist ganz einfach Mord«, meinte etwa Björn Schiffbauer vom Institut für Internationales Recht der Universität Köln gegenüber *The Intercept*. Im *Spiegel* verlautbarten Rechtsexperten in diesem Kontext, dass deutsche Strafverfolger Mitglieder des US-Militärs aufgrund von Kriegsverbrechen anklagen könnten. Dieser Gedanke sollte allerdings auch weitergedacht werden. Von Berlins Politelite wird die Rolle Ramsteins im Drohnenkrieg weiterhin ignoriert, relativiert oder vollkommen abgestritten. Dies war etwa zu beobachten, als die *Süddeutsche Zeitung* und der *NDR* im Jahr 2013 über die Rolle Ramsteins berichteten. Die Bundesregierung meinte daraufhin, dass es keine Beweise für die tödliche Rolle Ramsteins im Drohnenkrieg gebe. Die Scharade erreichte ihren Höhepunkt, als Vertreter der Bundesregierung meinten, dass Washington ihnen versichert habe, in Ramstein würde alles mit rechten Dingen zugehen. Hinzu kommen Barack Obamas rhetorische Nebelkerzen während seiner Berlinrede im Juni 2013. Ein aktuelleres Beispiel für das Polittheater rund um die Drohnenthematik ist der SPD-Kanzlerkandidat Martin Schulz, der während einer Bundespressekonferenz Ende Juni 2017 in Bezug auf Ramstein behauptete, Deutschland sei gar nicht Teil des amerikanischen Drohnenkrieges. Schulz bewies hier entweder seine komplette Unkenntnis der Tatsachen oder, noch schlimmer, versuchte vorsätzlich über diese hinwegzutäuschen.[6]

Andere Whistleblower, die einst Teil des Drohnenprogramms gewesen sind, haben die bedeutende Rolle Ramsteins ebenfalls bestätigt. Der ehemalige Drohnenbediener Brandon Bryant meinte, dass ohne die Ramstein Air Base die USA gezwungen wären, eine andere Basis mit entsprechender Satellitentechnologie in der Region zu finden oder mehrere neue Basen samt Personal in der Nähe jener Länder zu positionieren, die Schauplätze des Drohnenkrieges sind.[7] Alle Daten, jedes einzelne bisschen an Dateninformation, das übertragen wurde zwischen dem Flugzeug und der Mannschaft, das lief über den Luftwaffenstützpunkt Ramstein", sagte Bryant als Zeuge im NSA-Untersuchungsausschuss in Berlin aus. Im Grunde genommen ist das Szenario um Ramstein leicht zu verstehen: Man stelle sich vor, zwei Personen – A und B – töten Person C. A ist der Haupttäter, während B ihm in Kenntnis der Absichten von A die Tatwaffe zur Verfügung stellt. Im Falle einer Anklage würde Person B ganz klar als Mittäter oder Komplize behandelt und dementsprechend bestraft werden. Im weltweit stattfindenden Drohnenkrieg der USA ist Deutschland Person B. Die Bundesregierung ist eine Mittäterin, die mit ihrem Handeln gegen das Grundgesetz verstößt und internationale Normen und Menschenrechte klar und deutlich verletzt. Die Regierung unter Angela Merkel muss die Vergehen des US-Militärs, die auf deutschem Boden begangen werden, strafrechtlich verfolgen. Doch genau das ist bis zum jetzigen Zeitpunkt nicht geschehen.

Die Mittäterschaft westlicher Geheimdienste

Die Daten zu Zielen von Drohnenangriffen werden von den US-amerikanischen Geheimdiensten, allen voran von der CIA und der NSA, erfasst. Durch ihren massiven Überwachungsapparat, der sich über die gesamte Welt erstreckt, gehören die beiden Geheimdienste zu den Haupttätern. Allerdings spielen auch andere westliche Geheimdienste durch ihre Zusammenarbeit mit NSA, CIA oder dem Militärgeheimdienst DIA eine wichtige Mittäterrolle. Ein gutes Beispiel hierfür ist der deutsche Bundesnachrichtendienst (BND). Offiziell behauptet der Geheimdienst, die Drohnenangriffe der CIA nicht zu unterstützen, was nicht verwunderlich ist, da nach den Gesetzen beider Staaten der Drohnenkrieg der USA ganz klar rechtswidrig ist. Eine offizielle Bekanntmachung in dieser Hinsicht würde deutlich machen, dass der deutsche Geheimdienst gegen eigenes Recht und Gesetz verstößt. In diesem Kontext würden gleich mehrere Fragen aufgeworfen werden: Inwiefern ist der BND in den Geheimkrieg der USA verwickelt? Wie viele Menschen wurden durch dessen Mithilfe getötet? Wie ist mit dem Geheimdienst umzugehen, wenn er selbst davor nicht zurückschreckt, die eigenen Staatsbürger, die möglicherweise auf der Kill List gelandet sind, per Knopfdruck auszulöschen?

Es existieren nicht nur Indizien, sondern auch Fakten, die für die massive Mittäterschaft europäischer Geheimdienste im US-Drohnenkrieg sprechen. 2014 räumte der ehemalige CIA- und NSA-Chef Michael Hayden Folgendes ein: »Wir töten Menschen auf Basis von Metadaten.«[8] De facto werden diese Daten von allen Geheimdiensten geliefert, die mit CIA und NSA zusammenarbeiten. Zu diesen Geheimdiensten gehört nicht nur das mittlerweile bekannte Five-Eyes-Netzwerk (neben USA Kanada, Großbritannien, Australien und Neuseeland), sondern auch die Geheimdienste verbündeter Regierungen. In diese Kategorie fallen zahlreiche Staaten, unter anderen auch Schauplatzstaaten wie Pakistan und Afghanistan – und selbstverständlich auch Deutschland, das mit Ramstein nicht nur der zentrale Angelpunkt des Drohnenkrieges ist, sondern dessen Geheimdienstapparat nach dem Zweiten Weltkrieg ebenfalls mit Hilfe der Amerikaner aufgebaut wurde.

Im Oktober 2010 wurde Bünyamin E., ein Extremist aus Wuppertal, durch einen US-Drohnenangriff in Waziristan getötet. Deutsche Sicherheitsbehörden hatten die Amerikaner mit Informationen über E. und dessen Begleiter versorgt, darunter befanden sich auch Telefonnummern.[9] E. war der erste namentlich bekannte deutsche Staatsbürger, der durch einen US-Drohnenangriff getötet wurde. Im Juli 2013 ließ die Bundesstaatsanwaltschaft alle Ermittlungen fallen und begründete dies damit, dass der getötete Mann kein Zivilist, sondern ein bewaffneter Kämpfer gewesen sei. Die außergerichtliche Hinrichtung eines deutschen Staatsbürgers durch die USA und der gesamte illegale Drohnenkrieg wurden damit seitens Deutschlands ein weiteres Mal verbal legitimiert.[10] Nachdem sie zusammen mit weiteren Abgeordneten der Linkspartei eine Kleine Anfrage an die Bundesregierung gestellt hatte,[11] kommentierte Ulla Jelpke den Vorgang wie folgt: »Hier fand ganz offensichtlich außerhalb jeder Gefechtssituation in einem sich nicht im Krieg befindlichen Land eine extra-legale Hinrichtung von mutmaßlichen Angehörigen einer islamistischen Gruppe durch einen US-Geheimdienst statt. Schon dies muss als Kriegsverbrechen gesehen werden.«[12] Im Februar 2012 wurde Patrick K., ein weiterer deutscher Staatsbürger und mutmaßlicher Extremist, durch eine Drohne in Waziristan getötet. Von der Bundesregierung wurde die ebenfalls völkerrechtswidrige Tötung K.'s zynisch kommentiert. »Wer nach Waziristan geht und dort umkommt, ist selbst schuld«, ließ ein hoher Regierungsbeamter im Dezember 2013 verlauten.[13] Auch in diesem Fall liegt nahe, dass Sicherheitsorgane wie der BND oder das BKA der CIA Daten übermittelt haben. Bereits die Telefonnummer reicht aus, um ein Ziel zu lokalisieren und zu töten. Dies wurde mittlerweile von mehreren Personen bestätigt, darunter befindet sich etwa der NSA-Whistleblower Thomas Drake, der vor dem NSA-Untersuchungsausschuss des Bundestages im Juli 2014 behauptete, dass die vom BND gelieferten Telekommunikationsdaten in das Drohnenprogramm der US-Regierung und die dazu gehörenden, täglich stattfindenden Tötungen eingebunden wären und wie alle anderen einfließenden Daten notwendig seien, um Ziele zu orten. Den BND bezeichnete Drake als »Wurmfortsatz des NSA«.[14]

Dies ist allerdings nicht der einzige Weg deutscher Sicherheitsbehörden, um an Informationen, die man im Nachhinein weitergeben kann, zu gelangen. Mitte 2014 wurde die sogenannte Hauptstelle für Befragungswesen (HBW), bei der es sich um eine Tarnbehörde des BND handelte, aufgelöst. Die HBW wurde kurz nach dem Zweiten Weltkrieg gegründet und von Anfang an dem BND zugeordnet. Während des Kalten Krieges hatte die verdeckt arbeitende Geheimdienststelle mehrere hundert Mitarbeiter, die hauptsächlich Informationen aus dem Ostblock sammelten. 2012 waren lediglich 52 Personen bei der HBW angestellt.[15] Der Fokus der Mitarbeiter lag auf der Befragung von Geflüchteten aus verschiedenen Staaten, um an Informationen zu gelangen, die für den BND von Interesse gewesen sein könnten. 2013 gab die HBW an, jährlich 500 bis 1000 »Vorgespräche« mit Geflüchteten zu führen. 50 bis 100 von ihnen wurden anschließend einer intensiven Befragung unterzogen. Das Bundesamt für Migration und Flüchtlinge half bei diesem Vorgehen. Aktiver zugegen war allerdings der US-Militärgeheimdienst DIA, der gemeinsam mit BND-Agenten Geflüchtete ausfragte. In einigen Fällen waren die Geflüchteten nur DIA-Mitarbeitern ausgesetzt, während kein deutscher Mitarbeiter präsent war. Die Geflüchteten wussten weder über die Anwesenheit des deutschen noch des US-amerikanischen Geheimdienstes Bescheid. All dies wurde während einer Sitzung des NSA-Untersuchungsausschusses im September 2016 vom Zeugen U.P., der beim BND im Befragungswesen tätig gewesen ist, unter Ausschluss der Öffentlichkeit bestätigt.[16, 17] Obwohl die beteiligten Sicherheitsorgane jegliche Vorwürfe von sich weisen, liegt der Verdacht nahe, dass durch die Befragungen der Geflüchteten unter anderem auch Daten für den Drohnenkrieg der USA gesammelt wurden. Die Befragten stammten etwa aus Ländern wie Somalia, Afghanistan oder den pakistanischen Stammesgebieten, wo Drohnenangriffe der CIA und des US-Militärs regelmäßig stattfinden. In diesem Kontext muss vor allem auf die Lage, in die die Geflüchteten geraten sind, aufmerksam gemacht werden. Die Bundesregierung betonte, dass die Befragungen auf freiwilliger Basis stattgefunden haben und es keinerlei »Belohnungen« – etwa einen positiven Asylbescheid – für die Geflüchteten gab. Doch das Gespräch mit Behörden ist für Geflüchtete immer eine Hürde, die sie unter Druck setzt. Dies ist vor allem der Fall, wenn die betroffenen Personen noch keinen Aufenthaltsstatus besitzen und sich stets davor fürchten, abgeschoben zu werden. Wenn nun Angehörige des deutschen und US-amerikanischen Geheimdienstes – auch wenn sie sich nicht als solche ausweisen – Geflüchtete verbal in die Mangel nehmen, um an Informationen über Extremisten zu gelangen, kann man davon ausgehen, dass die Antworten nicht belastbar sind. Die Behörde interessierte sich vor allem für Geflüchtete, die Angaben zu militanten Gruppierungen im Nahen Osten, Afrika oder Asien machen konnten.

Im Laufe meiner Recherche habe ich mehrere Geflüchtete aus Afghanistan und Pakistan, die innerhalb der letzten zehn Jahre nach Deutschland gekommen sind, über die Praxis von BND und DIA informiert. Während einige von ihnen schockiert reagierten und kein Wissen über diese Praxis hatten, erinnerten sich andere, die aus nachvollziehbaren Gründen anonym bleiben möchten, an ähnliche Gespräche mit Beamten, die sich nicht näher vorstellten und durch auffällige Fragen auf sich aufmerksam machten. »Zwei Männer, ein Deutscher und einer, der kaum Deutsch konnte und einen amerikanischen Eindruck auf mich machte, wollten von mir wissen, ob meine Familie Kontakte zu Talibankämpfern habe. Im Laufe des Gesprächs wurden sie sehr genau. Sie wollten von mir mögliche Koordinaten und Handynummern. Ich fühlte mich immer mehr unter Druck gesetzt, da ich ihnen nichts liefern konnte und wollte«, meint etwa Saleem (Name geändert), der seit einigen Jahren in Deutschland lebt. Der Afghane stammte aus Ostafghanistan und lebte einst in der

Nähe des afghanisch-pakistanischen Grenzgebietes. Er versicherte mir, dass andere Afghanen und Pakistaner, die er kannte, zu ähnlichen Gesprächen nach Berlin vorgeladen wurden. Die meisten von ihnen fühlten sich unter Druck gesetzt. Laut Saleem gaben einige der Geflüchteten auch falsche Informationen weiter, weil sie sich um Aufenthaltstitel sorgten oder eine Abschiebung befürchteten.[18] Man muss sich aus diesem Grund zu Recht folgende Frage stellen: Wurden auf der Basis derart falscher Informationen Menschen per Knopfdruck ermordet? Laut *Süddeutscher Zeitung* behauptete ein ehemals hochrangiger Mitarbeiter des Pentagons, dass die Erkenntnisse aus den Interviews in ein Zielerfassungssystem der US-Geheimdienste flossen und dass scheinbar nebensächliche Informationen ausreichen würden, um »ein Ziel zu bestätigen – und vielleicht auch dafür, einen Tötungsbefehl auszulösen«.[19]

Mittäter Medien

»Vom Körper meines Bruders blieb fast nichts mehr übrig. Er wurde in Stücke gerissen«, erinnert sich der 30-jährige Islam an jenen Tag vor fünf Jahren. Im Juli 2012 wurde Islams jüngerer Bruder Sadiq Rahim Jan in der ostafghanischen Provinz von einer US-Drohne getötet. Der 21-jährige Sadiq hatte einen Lebensmittelstand, damals den einzigen in der Ortschaft Gardda Zarrai, die ein bekannter Unruheherd ist, wo die Talibankämpfer des berühmt-berüchtigten Haqqani-Netzwerkes das Sagen haben. Gardda Zarrai ist regelmäßig das Ziel von US-amerikanischen Luftangriffen. Immer wieder tauchen nachts Blackhawk-Hubschrauber auf, die von der nahegelegenen Provinzhauptstadt Gardez starten. Die Hubschrauber beschießen ganze Dörfer oder transportieren Navy Seals, die sich abseilen und Häuser überfallen. Tagsüber finden in der Region oftmals Drohnenangriffe statt – wenn der Himmel klar ist. An einem solchen Tag wurde Sadiq Rahim Jans Lebensmittelstand zum Ziel. Er, der Hauptversorger seiner Familie, die aus seinen Eltern und seinen vier Geschwistern besteht, war das einzige Opfer. Warum die Drohnen-Crew ausgerechnet ihn tötete, weiß bis heute keiner von ihnen. Das Szenario, das sich danach abspielte, ähnelte in vielerlei Hinsicht jenen anderen, die sich nach Drohnenangriffen in Afghanistan abspielen. Mit der Tötung Sadiqs wurde die finanzielle Existenz der gesamten Familie bedroht. Mittlerweile arbeiten auch die Geschwister des jungen Afghanen. Allerdings kommen sie manchmal nur knapp über die Runden. Sadiqs Vater, Rahim Jan, wurde während des Krieges gegen die Sowjetunion schwer verletzt. Er ist gelähmt und auf einem Auge blind. Aus diesem Grund nahmen Sadiq und seine Geschwister bereits sehr früh die Rolle der Versorger ein.

Foto von Sadiq Rahim Jan

Das Dorf Gardda Zarrai, das regelmäßig zum Ziel von Luftangriffen wird und das Grab von Sadiq (unten). © Emran Feroz

Die Familie hatte allerdings nicht nur finanzielle Probleme. Mehrere in Kabul ansässige Medien berichteten kurz nach Sadiqs Tod, dass ein Talibankommandant in Gardda Zarrai durch einen US-amerikanischen Drohnenangriff getötet wurde. Eines dieser Medien war etwa *Radio Azadi,* früher auch bekannt als *Radio Free Afghanistan*. Der Radiosender, der auch eine starke Internetpräsenz hat, ist der afghanische Ableger von *Radio Free Europe/Radio Liberty und* Teil eines weltweit agierenden Mediennetzwerks, welches vom US-Kongress gefördert wird. Im Falle der Tötung Sadiq Rahim Jans hat der Radiosender ganz klar im Interesse der USA berichtet und einen unschuldigen Händler im Handumdrehen zu einem Taliban-Kommandanten umgeschrieben. Als Sadiqs Familie davon erfuhr, war sie empört. Sie waren davon überzeugt, dass es in Gardda Zarrai an jenem Tag nur einen Drohnenangriff und auch nur ein Opfer gab – ihren Sadiq. Dieser pflegte weder zu den Taliban noch zu anderen Extremisten irgendwelche Kontakte. Nach dem Anschlag besuchte kein einziger Journalist die Familie, um ihnen Fragen zu stellen. Auch kein Reporter von *Radio Azadi* hatte das Dorf Sadiqs aufgesucht, um sich zu vergewissern, wer tatsächlich durch den Angriff getötet wurde. Im Protest wandte sich Sadiqs Familie an Armee und Polizei. Warum sein Sohn getötet wurde und warum man ihn nun als Talib bezeichnete, wollte der Vater wissen. Eine Frage, die bis heute unbeantwortet blieb. Stattdessen wurde der Familie klargemacht, dass sie in Zukunft derartige Fragen nicht zu stellen brauche.[20]

Die Berichterstattung über den Drohnenkrieg macht deutlich, dass die wahre Identität von zivilen Opfern meist ungeklärt bleibt oder zugunsten der Täter umgeschrieben wird. Um das Schwarz-Weiß-Konstrukt vom aufrichtigen Kampf gegen den bösen Terrorismus aufrechtzuerhalten, werden Opfer wie Sadiq Rahim Jan oft pauschal zu »mutmaßlichen Terroristen« erklärt. Diese Praxis, die auch bei vielen renommierten Medien und Nachrichtenagenturen mittlerweile Alltag geworden ist, macht sie zu Mittätern im Drohnenkrieg der USA. Unschuldige Opfer werden durch solche Vorgänge, die nichts mit Journalismus zu tun haben, sondern schlichtweg als Kriegspropaganda zu bezeichnen sind, entmenschlicht. Sie werden gesichtslos, namenlos und von Opfern zu Tätern gemacht. 2015 machte Jeffrey Bachman, Dozent an der School of International Service in Washington, anhand einer Studie deutlich, dass sowohl die *New York Times* als auch die *Washington Post*, Flaggschiffe der US-amerikanischen Medienlandschaft, in ihrer Drohnen-Berichterstattung versagt haben. Bachman untersuchte mehrere Fälle von bekannten Drohnenangriffen sowie die Berichterstattung dazu. Dabei kam er zum Schluss, dass Zivilisten, die durch Angriffe in Pakistan und in Jemen getötet wurden, nicht als solche benannt wurden, obwohl Berichte und Recherchen des BIJ sowie anderer Journalisten klare Beweise dafür lieferten. Bachman konfrontierte die beiden Zeitungen mit seinen Ergebnissen, doch diese beriefen sich weiterhin auf die offizielle Version der US-Regierung. Bachman sieht mehrere Gründe, warum dies geschah. »Sobald man Regierungsquellen heranzieht, um darüber zu berichten, wer nach einem bestimmten Angriff getötet wurde, übernimmt man indirekt auch ihre Methode. Die US-Regierung betrachtet etwa das Töten von ›Männern im wehrfähigen Alter‹ als legitim«, sagt Bachman, der im Laufe seiner Forschung Mitarbeiter der beiden Zeitungen interviewte.[21] Dabei stieß er auf ein eindeutiges Desinteresse, was die Frage anging, ob die veröffentlichten Opferzahlen korrigiert werden sollten, falls sich herausstellt, dass die Berichterstattung nicht korrekt gewesen ist. Auch für Bachman ist die Entmenschlichung der Opfer offensichtlich: »In vielen Berichten, die ich für meine Studie analysiert habe, bezeichnen die Zeitungen die Opfer nicht einmal als ›verdächtigt‹ oder ›mutmaßlich‹. Wenn manche Medien die Opfer derart bezeichnen, meinen sie, damit das Richtige zu tun.« Für Bachman ist klar, dass Medienkonsumenten durch eine solche Form der Berichterstattung sehr einfache Schlüsse ziehen, zum Beispiel, indem »mutmaßliche Militante« ganz einfach als »Militante« betrachtet werden. Des Weiteren ist es ohnehin problematisch, derartige Begriffe ohne jeglichen Kontext in den

Raum zu werfen. Wer sind diese sogenannten Militanten? Wen bekämpfen sie? Warum kämpfen sie? Diese Fragen werden weder gestellt noch beantwortet. In der Parallelwelt, die die Medien konstruieren, herrscht die Deutungshoheit des Weißen Hauses, der CIA und des Pentagons.

Mediale Propaganda ist ein wichtiges Instrument einer jeden Kriegsführung, auch der westlichen. Wenn, wie im Fall von Sadiq Rahim Jan, bereits lokale Medien ohne jegliche Beweise über der Tötung eines vermeintlichen Taliban-Kommandanten berichten, muss man sich natürlich die Frage stellen, wie es dazu kommen kann. Immerhin greifen internationale Medien derartige Informationen oftmals zuerst von lokalen Nachrichtenagenturen auf. Um dies nachzuvollziehen, ist ein kurzer Blick auf die afghanische Medienlandschaft notwendig. Viele Agenturen in Afghanistan sind erst nach dem Einmarsch der NATO im Land gegründet worden. Nach dem Sturz der Taliban im Jahr 2001 hatte die NATO großes Interesse, sich und ihren Einsatz im Land medial in ein gutes Licht zu rücken. Aus diesem Grund wurden mehrere Medienprogramme gefördert. Ein Beispiel hierfür ist das bereits erwähnte Mediennetzwerk *Radio Free Europe/Radio Liberty*, das bereits in den 1970- und 80er-Jahren, zu Zeiten des Kalten Krieges, ein wichtiges Werkzeug der US-Außenpolitik war und damals in Europa vorwiegend zur Verbreitung antisowjetischer Propaganda diente. Damals wurde der Sender sogar noch direkt von der CIA gefördert.[22] Ein weiteres Beispiel ist der Fernsehsender Tolo TV, der täglich in zahlreichen afghanischen Haushalten, sowohl innerhalb als auch außerhalb Afghanistans, empfangen werden kann. Der Mainstreamsender ist gegenwärtig der führende private Fernsehkanal im Land und ist vor allem für seine verschiedenen Unterhaltungsformate bekannt. Die Nachrichtensendungen auf Tolo TV sind seit Sendebeginn im Jahr 2004 eindeutig tendenziell und unterstützen die Politik der USA. Dies wurde unter anderem dadurch deutlich, dass in der Vergangenheit aufgedeckte

Kriegsverbrechen vom Sender kaum oder gar nicht behandelt wurden, während sie zum Teil selbst in westlichen Medien für Schlagzeilen sorgten. Als etwa im Jahr 2015 der CIA-Folterbericht veröffentlicht wurde, wurde er von mehreren führenden US-amerikanischen und europäischen Medien ausführlich analysiert. Währenddessen scherte man sich bei Tolo TV kaum darum, obwohl ein bedeutender Teil des Berichts Afghanistan behandelte, speziell das US-Foltergefängnis auf dem Luftwaffenstützpunkt Bagram. Ähnlich verhielt es sich mit der Berichterstattung über die täglichen Opfer von amerikanischen Drohnenangriffen im Land, die in der Onlinepräsenz des Senders regelmäßig als »mutmaßliche Extremisten« oder »Talibankämpfer« bezeichnet werden, ohne jegliche Beweise zu liefern. Viele Drohnenangriffe werden auch schlichtweg ignoriert und sind für Tolo TV keine Nachricht wert. In vielen Fällen werden die Angaben der afghanischen Armee oder des Geheimdienstes einfach kritiklos übernommen. Ein ehemaliges Mitglied der afghanischen Regierung meinte in diesem Kontext, dass Redaktionschefs von Tolo TV ihm gegenüber einmal gesagt haben sollen, dass sie die Drohnenangriffe der USA in Afghanistan begrüßten und keinen Anlass sehen, kritisch über sie zu berichten.[23] Die einseitige Berichterstattung des Fernsehsenders hat auch einen Grund: Saad Mohseni, Gründer und Vorsitzender der Moby-Mediengruppe, die Tolo TV aufgebaut hat, wurde durch die sogenannte USAID (United States Agency for International Developement) finanziell maßgeblich unterstützt. Obwohl sie gemeinhin als entwicklungsfreundlich gilt, ist USAID de facto ein politisches Machtinstrument des Weißen Hauses und steht immer wieder in der Kritik. Die staatliche Behörde ist bekannt dafür, im Ausland, allen voran in Entwicklungsländern, als Entwicklungszusammenarbeit getarnte Lobbyarbeit zu betreiben. Laut Andrew S. Natios, einem früheren Sekretär der USAID, ist die Behörde das am »häufigsten eingesetzte Instrument, wenn die Mittel der Diplomatie nicht mehr ausreichen und die Anwendung militärischer Gewalt zu riskant erscheint«. Ein derartiges Ergebnis ist unter anderem auch in Afghanistan zu betrachten. Saad Mohseni, früher lediglich ein australisch-afghanischer Unternehmer, gehört gegenwärtig zu den mächtigsten Personen im Land. Viele Menschen betrachten ihn als »Rupert Murdoch Afghanistans«. Mohsenis Moby-Gruppe ist allerdings nicht nur in Afghanistan aktiv. Im Jahr 2009 gründete das Unternehmen den Fernsehsender Farsi1, dessen Zielgruppe vor allem Persisch sprechende Menschen im Nahen Osten und in Westasien sind. 2014 ging Moby mit LANA TV auch in Irak auf Sendung. Zum gegenwärtigen Zeitpunkt umfasst das Unternehmen ein riesiges Netzwerk, welches von Südasien bis zum Nahen Osten reicht. Mohseni propagierte unter anderem persönlich, dass US-Luftangriffe »seitens der afghanischen Bevölkerung erwünscht seien«.

Im Kontext des Drohnenkrieges sowie des »Krieges gegen den Terror« im Allgemeinen sind mediale Machtinstrumente von zentraler strategischer Bedeutung. Vor allem in den betroffenen Ländern haben Sender wie Tolo TV die Macht, eine Medienrealität zu kreieren, die im Einklang mit den außenpolitischen Interessen der USA steht. Auch aus diesem Grund gehen viele Opfer der westlichen Aggression völlig unter. Der Fall von Sadiq Rahim Jan ist nur einer von vielen, und Journalisten, die über die Schicksale der vergessenen Opfer berichten, gibt es nur wenige. Doch es gibt sie: Einer von ihnen ist Noor Behram, der seit Jahren mit seinem Motorrad durch Waziristan fährt, um dort Tatorte, die von den Drohnen der CIA in Pakistan bombardiert wurden, ausfindig zu machen und das Geschehen mit Fotos zu dokumentieren. Auch er kann bestätigen, dass regelmäßig unschuldige Menschen, die bei den Angriffen getötet wurden, von pakistanischen Medien als »mutmaßliche Talibankämpfer« oder »Terrorverdächtige« bezeichnet werden. Seine Gespräche mit Journalisten aus der Hauptstadt Islamabad brachten eine schockierende Praxis ans

Licht: Offenbar genügen für die Journalisten schon ein Bart, etwas längere Haare, ein Turban oder ein Pakol-Hut – beides traditionelle Kopfbedeckungen der Paschtunen –, um ein Drohnenopfer als »Terroristen« zu brandmarken.[24] Die genannten Merkmale treffen in Afghanistan und in Pakistan auf nahezu alle Männer zu – auch auf Sadiq Rahim Jan. Man könnte fast meinen, dass diese vermeintlich journalistische Praxis eine Weiterentwicklung der Doktrin der Obama-Administration ist, laut der alle männlichen Personen im Angriffsgebiet eines Drohnenangriffs als militante Kämpfer gelten.

Mitunter wird auch versucht, über die wahren Folgen des Drohnenkrieges der USA hinwegzutäuschen, indem etwa propagiert wird, dass die lokale Bevölkerung die Angriffe unterstütze. Ein Beispiel hierfür ist etwa eine »Studie« des *Aryana Institute for Regional Reserach and Advocacy*, die angeblich in FATA, Pakistan, durchgeführt wurde. In der fragwürdigen Studie, die von einer Frau namens Farhat Taj im Jahr 2010 durchgeführt wurde, wird unter anderem behauptet, dass 55 Prozent der befragten Personen in den Stammesgebieten in Pakistan der Meinung seien, dass Drohnen weder Angst noch Terror unter »normalen Menschen« verbreiten würden. 52 Prozent der Befragten seien der Meinung, dass die Angriffe »akkurat« seien, während 58 Prozent angaben, dass sie keine antiamerikanische Haltung unter der Bevölkerung hervorbringen. Die Studie Tajs wurde von den Unterstützern des Drohnenkrieges aufgenommen und in der US-amerikanischen Presse zum Teil ohne jegliches kritische Hinterfragen weiterverbreitet. Dabei war das genannte Institut eher ein Scheininstitut, welches in der Praxis gar nicht existierte, während die Arbeit keinerlei wissenschaftliche Standards einhielt: Die angeblich gesammelten Daten wurden nicht veröffentlicht, und die »Studie« gleicht eher einem langen Meinungsartikel als einer wissenschaftlichen Veröffentlichung. Tajs Behauptungen wurden mehrfach widerlegt, unter anderem von einer Studie der US-Denkfabrik New America und der Organisation Terror Free Tomorrow, die – ebenfalls in FATA – professionell durchgeführt wurde und sich an wissenschaftliche Kriterien hielt. Diese kam unter anderem zum Schluss, dass 76 Prozent der befragten Personen sich gegen Drohnenangriffe aussprachen. 40 Prozent machten in erster Linie die USA für die Gewalt in der Region verantwortlich, während lediglich 16 Prozent die Meinung vertraten, dass die Drohnen ausschließlich auf militante Kämpfer zielen würden. Eine weitere Studie der NGO Community Appraisal & Motivation Programme kam 2011 zu ähnlichen Schlüssen. 63 Prozent der befragten Einwohner FATAs gaben an, dass Drohnenangriffe »niemals gerechtfertigt« seien. Obwohl die Fakten eindeutig belegen, dass der Einsatz der USA nicht nur die offiziell erklärten Ziele nicht erreicht, sondern die Lage in Regionen wie Khogyani sogar deutlich verschlimmert hat, weigert sich Washington, den eigenen Kurs zu überdenken. Zu sehr ist man wohl geblendet von der Überlegenheit der eigenen Waffensysteme und der Illusion einer präzisen Kriegsführung. Die tödliche Drohnentechnologie führt aber vor allem dazu, dass sich die Staaten, die auf sie zurückgreifen, Unmengen neuer Feinde züchten. Feinde, die sich morgen nicht einfach ausradieren lassen – und die ihrer Meinung nach berechtigte, nachvollziehbare Gründe haben, zu kämpfen.

Ein Liveticker für Drohnenangriffe ist nicht erwünscht

Vor fünf Jahren entwickelte Josh Begley, ein US-amerikanischer Programmierer, für das iPhone eine App mit dem Namen »Drones+«. Das Programm sollte als eine Art »Liveticker« für Drohnenangriffe funktionieren und sollte ähnlich wie nach Bombenanschlägen oder anderen Attentaten, die umgehend von Nachrichtensendern aufgegriffen werden, mediale Berichte zu Drohnenangriffen automatisch aufgreifen und an den Nutzer weiterleiten. Seitdem wurde die App, die auch unter dem Namen »Metadata+« im App Store zu finden war, mehrmals von Apple entfernt. Laut dem Konzern war Begleys Programm »extrem verwerflich, fragwürdig und krude«. Der Programmierer versuchte mehrmals, seine Entwicklung im App Store unterzubringen. 2014 war es ein Jahr lang möglich, »Metadata+« herunterzuladen. In diesem Zeitraum wurde die App von mehr als 50 000 Nutzern verwendet, bis sie von Apple abermals entfernt wurde. Im März 2017 versuchte Begley bereits zum 13. Mal, sein Programm abermals im App Store unterzubringen – wieder ohne Erfolg.[25] Allem Anschein nach wehrt sich Apple vehement dagegen, Menschen über die täglich stattfindenden Drohnenangriffe der USA zu informieren. Während man zu jedem Anschlag, jedem Attentat und jedem Bombenangriff in den USA oder in Europa mit Informationen überflutet wird und im Minutentakt über mögliche Opfer informiert wird, scheinen die Menschen in Afghanistan, Somalia, Jemen oder Pakistan eine solche Aufmerksamkeit nicht wert zu sein. Für den Großkonzern Apple gilt man als »verwerflich« und »krude«, wenn man auf kreative Art und Weise auf den Terror, den die US-Regierung verbreitet, aufmerksam machen möchte.

Radikalisierung und Propaganda

Folgen des Drohnenterrors: Radikalisierung, Militanz und Terror vor Ort

Die Folgen des Drohnenkrieges der Vereinigten Staaten sind in jenen Gebieten, die unter den Angriffen seit Jahren leiden, unschwer zu erkennen. In allen Ländern, in denen die Drohnenangriffe der CIA oder des US-Militärs stattfinden sowie andere Auswüchse des »Krieges gegen den Terror« vorherrschen, gab es vor dem Krieg nur eine sehr geringe und überschaubare Anzahl militanter Aktivitäten. Bevor die CIA anfing, mittels der Predator-Drohne Menschen in Waziristan zu jagen, gab es praktisch keine pakistanischen Talibangruppierungen. Erst mit Beginn des Krieges fiel es Extremisten leichter, junge Männer für ihren Kampf zu rekrutieren. Durch Drohnenangriffe wurde das besonders deutlich. Gegenüber der in Lahor ansässigen Tageszeitung *Daily Times* meinte der pakistanische Talibanführer Baitullah Mehsud unter anderem Folgendes: »Ich verbrachte drei Monate, um zu rekrutieren, und bekam lediglich zehn bis fünfzehn Männer. Ein US-Angriff reichte aus und mir schlossen sich 150 Freiwillige an.«[1] Der Angriff, den Mehsud ansprach, war ein Drohnenangriff der CIA, der Dutzende von Zivilisten, darunter zahlreiche Kinder, tötete. Derartige Folgen waren auch in Jemen zu beobachten, wo mit der Anzahl der Drohnenangriffe auch die Mitgliederzahl von al-Qaida stieg. Auch in Afghanistan, wo Drohnenangriffe ein Teil des gesamten Kriegskomplexes sind, wurden die Taliban im Jahr 2001 mit dem ersten Angriff der Predator-Drohne auf Mullah Omar nicht besiegt. Stattdessen wurde die Gruppierung über die Kriegsjahre hinweg nur stärker. Laut US-Regierung befinden sich heute, im Jahr 2017, rund 40 Prozent Afghanistans entweder unter Kontrolle der Taliban oder sind kurz davor, in die Hände der Aufständischen zu fallen. Die Lage vor Ort macht deutlich, dass die militante Gruppierung von Washingtons Drohnenkrieg profitiert und nach den vielen Anschlägen mehr und mehr Männer findet, die sich rekrutieren lassen. »Nach jedem Angriff, der Zivilisten tötet, schließen sich uns Menschen an und wollen uns auf irgendeine Art und Weise unterstützen«, sagt auch Esmatullah Bashari, ein mit den Taliban verbündeter Kommandant aus dem Distrikt Khogyani in der ostafghanischen Provinz Nangarhar. Diese Unterstützung kann verschiedenste Formen annehmen. Es gibt nicht nur Menschen, die zur Waffe greifen, sondern auch jene, die den Militanten Unterschlupf gewähren und sie bewirten.

Bashari ist in der Region ein bekannter Dschihad-Veteran, der bereits gegen die russischen Invasoren in den 1980er-Jahren kämpfte. Er sagt, dass viele, die damals kämpften, heute aus denselben Gründen wieder zur Waffe greifen. Khogyani gilt als eine Hochburg der Taliban. Selbst Menschen aus der Provinzhauptstadt Jalalabad, rund 30 Minuten Fahrzeit entfernt, meiden die im Distrikt liegenden Dörfer. Khogyani ist ein Ort, in dem es weder Journalisten, Menschenrechtsbeobachter noch Mitglieder der afghanischen Regierung verschlägt.

Als ich im Mai dieses Jahres dorthin reiste, war der Weg in den Distrikt geprägt von einer gespenstischen Ruhe. Man sah Überreste von Panzern, Minenlöcher sowie Felder mit Schlafmohn, dem ertragreichsten Exportprodukt Afghanistans. Der Ort ist sich selbst und den Taliban überlassen, und Journalisten sind dort eine absolute Ausnahmeerscheinung. Bereits im Vorfeld musste ich über Informationskanäle zu den Taliban abklären, mit welcher

Absicht ich ihr Gebiet aufsuchen möchte. Nach anfänglichem Misstrauen wurde schnell eine gewisse Offenherzigkeit deutlich, nachdem ich den Distrikt erreicht hatte. Tee trinkend empfing mich Esmatullah Bashari in seinem Lehmhaus. Für ihn und seine Kämpfer war es ein wichtiges Ereignis, dass ein Journalist mit ihnen über die Luftangriffe der Amerikaner reden wollte. Der Kommandant ist in seiner Heimatprovinz vor allem als Dichter bekannt und geschätzt und trug einst in den Kulturzentren der Provinzhauptstadt Jalalabad seine Gedichte vor einem Publikum mit Politikern und Universitätsprofessoren vor. Euphorisch meinte er mir gegenüber, dass er bald einen neuen Gedichtband herausgeben werde. In seinem bescheidenen Heim servierte Bashari alles, was er anbieten konnte. Er bot mir gekochte Bohnen, traditionelles afghanisches Brot und Kuchen an und natürlich auch Tee. Wie den meisten Afghanen war es ihm wichtig, seine Gastfreundschaft deutlich zu machen. Basharis Kinder rannten neugierig umher und wollten ebenfalls wissen, wer der fremde Besucher war. Mir kam der schreckliche Gedanke, dass sie alle tot wären, wenn in diesem Moment eine Rakete, die ihren Vater zum Ziel hat, einschlagen würde. Währenddessen versammelten sich auch einige von Basharis Kämpfern in dem kleinen Haus. In den meisten Fällen stammen die Kämpfer aus der Region und sind eng mit den vorherrschenden Dorfstrukturen verbunden. Luftangriffe des US-Militärs finden hier regelmäßig statt, ebenso wie nächtliche Überfälle von Spezialkommandos, die mit ihren Hubschraubern landen und Häuser stürmen. Die Menschen in Khogyani begleitet das ständige Summen der Predator-Drohnen. Alltäglich sind für sie auch die zerfetzten Körperteile von Menschen, die durch die Hellfire-Raketen getötet werden. »Sie werden beerdigt und das Leben geht weiter«, sagt Bashari.

Die meisten Drohnenopfer sind allerdings keine Talibankämpfer, sondern Zivilisten. »Vor einigen Tagen starben abermals einige Frauen und Kinder durch Angriffe. Es trifft oft einfache Menschen. Die Taliban wissen, wie sie gegen die Drohnen vorgehen müssen. Sie verstecken sich effektiv und tauchen ab«, sagt Shafiqullah, ein Einwohners des Dorfes Basakhel. Wie viele andere Dorfbewohner meint Shafiqullah, in Sicherheit zu sein, sobald er die SIM-Karte seines Mobiltelefons entfernt. Dies ist allerdings nutzlos, da die NSA und die CIA selbst ausgeschaltete Handys – trotz entnommener Batterie und SIM-Karte – orten kann. Die Taliban sind sich dieser Tatsache bewusst und nutzen mehrere Telefone oder ziehen es vor, vollkommen auf Mobiltelefone zu verzichten und auf andere Arten der Kommunikation zurückzugreifen.

In Khogyani haben die Taliban das Sagen. »Hier herrscht Recht und Ordnung«, meint Bashari und ist stolz darauf, dass hier keine Diebstähle zu verzeichnen sind. Der Grund: Potentielle Täter hätten viel zu große Angst vor den harten Strafen, die sie erwarten würden. Laut Bashari droht Dieben etwa das Abhacken der Hand, weshalb angeblich niemand mehr stiehlt. Gleichzeitig wirft der Kommandant der Regierung in Kabul vor, jegliche Kontrolle verloren zu haben und nicht nach »islamischen Werten« zu handeln. Scharfe Kritik übt Bashari an dem afghanischen Präsidenten Ashraf Ghani, den er aus vergangenen Tagen persönlich kennt. »Dieser Mann lässt uns bombardieren. Er hat überhaupt keine Probleme damit, dass seine Landsleute von den Amerikanern getötet werden. Die meisten Menschen hier, ob Talibankämpfer oder nicht, verachten ihn deshalb«, beklagt sich Bashari. Im Gegensatz zum ehemaligen Präsidenten Hamid Karzai, der in seinen letzten Amtsjahren besonders kritisch gegenüber Washingtons Politik in Afghanistan auftrat, gilt Ghani als amerikafreundlich. Die erste Amtshandlung des damals frisch gewählten Staatspräsidenten im Jahr 2014 bestand darin, ein umfassendes, bilaterales Sicherheitsabkommen mit Washington (Bilateral Security Agreement, kurz BSA) zu unterzeichnen. Unter anderem garantiert das Abkommen eine bestehende Straffreiheit für NATO-Soldaten in

Afghanistan und machte deutlich, dass nächtliche Hausdurchsuchungen sowie Drohnenoperationen den Krieg in Afghanistan in den nächsten Jahren weiterhin prägen werden. Konkret bedeutet dies, dass bekannte Kriegsverbrecher keinerlei Strafen zu befürchten haben, da die afghanische Justiz nicht dazu befugt ist, sie strafrechtlich zu verfolgen. Die Bestrafung ist ausschließlich den amerikanischen Besatzern selbst überlassen – und findet in den meisten Fällen gar nicht oder nur äußerst minimal, etwa durch eine unehrenhafte Entlassung aus dem Militärdienst, statt. Hamid Karzai gab an, dass dies einer der Gründe gewesen sei, warum er die Unterzeichnung des Abkommens verweigert habe. Ghanis Haltung dazu und die direkten Folgen der Unterzeichnung sind an Orten wie Khogyani zu spüren. Hier sterben regelmäßig Menschen im Feuer der Hellfire-Raketen oder durch den Beschuss der Apache-Hubschrauber, während der Präsident mit Generälen der US-Armee Tee trinkt und ihnen praktisch in allen militärischen Operationen im Land freie Hand gewährt hat. Einige Einwohner Basakhels erinnern sich, wie ein Nachbardorf vor einiger Zeit die ganze Nacht über durchgehend von Raketen beschossen wurde. Viele Zivilisten starben bei dem Massaker, hauptsächlich Bauern und ihre Familien. Es war eine jener Nächte, die keinerlei Aufmerksamkeit fand und im Westen keine Schlagzeile wert war.

Auch in Khogyani sind die Talibankämpfer eng mit den Dorfstrukturen verbunden und gehören lokalen Stämmen an. Stammesfehden, die seit Jahrzehnten existieren, werden hier zum Teil weiterhin ausgetragen. Unter anderem ist dies auch ein Grund dafür, warum die Regierung bekämpft wird. Einige Regierungsmitglieder stammen aus einem verfeindeten Stamm und werden von diesem unterstützt. Esmatullah Bashari und seine Kämpfer haben also gleich mehrere Feinde. Einerseits findet der gewohnte Kampf gegen die afghanische Armee und ihre Verbündeten statt, andererseits hat sich ein Konflikt mit der Zelle des IS in Afghanistan entwickelt. Der afghanische IS-Ableger, der Schätzungen zufolge nur aus wenigen Tausend Kämpfern bestehen soll, operiert in Nangarhar und besteht unter anderen auch aus ehemaligen Talibankommandanten. Es wird vermutet, dass Daesch gezielt schwache, unzufriedene Talibanführer sucht und anwirbt, indem er ihnen mehr Macht und mehr Geld verspricht.

Seit dem Aufkommen der neuen Extremisten kommt es immer wieder zu Kampfhandlungen zwischen Daesch und Talibankämpfern. Auch in Khogyani bekämpften sich der Daesch und die Taliban gegenseitig. Bashari erzählt, dass Teile des Distrikts vor zwei Jahren von Daesch kontrolliert wurden, bevor die Taliban sie zurückeroberten. »Wir haben damals 300 unserer Männer während des Kampfes gegen Daesch verloren«, sagt Bashari. Wie viele andere Mitglieder und Sympathisanten der Taliban meint er, dass die Ideologie des Daesch nur wenig gemein habe mit jener der Taliban. Als Beispiel nennt er etwa den Umgang der beiden Gruppierungen mit schiitischen Muslimen. Während die Extremisten von Daesch regelmäßig Schiiten gezielt angreifen und ermorden, sind die Taliban für ein solches Vorgehen nicht bekannt. In der Vergangenheit kam es sogar zu Situationen, in denen Talibankämpfer als Geisel gehaltene Schiiten von Daesch befreiten. Hinzu kommt, dass die afghanischen Taliban trotz all ihrer religiös-extremistischen Elemente auch nationalistische Züge haben. Die Gruppierung betrachtet sich als lokale afghanische Bewegung, die lediglich innerhalb ihrer Landesgrenzen operiert und Ziele verfolgt. Währenddessen hat Daesch den Anspruch, ein globales Kalifat zu errichten, und will seinen Einfluss auch auf Afghanistan ausweiten. Wie viele ausländische Kämpfer für Daesch in Afghanistan kämpfen, ist nicht bekannt, doch sie kommen offensichtlich aus der ganzen Welt: »Ich habe unter ihnen mit meinen eigenen Augen Algerier und Philippiner gesehen«, behauptet Bashari. Der Kommandant meint allerdings, dass sich in Nangarhar mehrere Hundert Ausländer aus den Reihen von Daesch sesshaft gemacht hätten. Auf meine Frage, wie er Philippiner identifizieren könnte, entgegnete Bashari, mit ihren Gepflogenheiten aus alten Dschihad-Zeiten während des Kampfes gegen die Sowjets vertraut zu sein, weshalb er sie schnell erkennen konnte.[2]

Zum gegenwärtigen Zeitpunkt ist Daesch jedoch weiterhin ein kleiner, sehr überschaubarer Akteur am Hindukusch. Dennoch wird er von den USA als ernstzunehmendes Problem im Land betrachtet. Auf der Münchner Sicherheitskonferenz 2016 übertrieb Ashraf Ghani die Bedeutung von Daesch allerdings über alle Maßen, vermutlich, um so den »Kampf gegen den Terror« in Afghanistan weiterhin zu legitimieren[3] und westliche Unterstützung für seinen korrupten und brüchigen Sicherheitsapparat zu erheischen. Eine Folge dieser Rhetorik sind die zahlreichen Luftangriffe des US-Militärs auf angebliche Daesch-Stellungen in Afghanistan, von denen besonders Nangarhar stark betroffen ist. Auch in Khogyani wird davon berichtet, dass die Luftangriffe stark zugenommen haben, seitdem Donald Trump das Präsidentenamt in Washington übernommen hat. Regelmäßig finden in vielen Distrikten der Provinz Bombardements statt, die angeblich ausschließlich Daesch-Kämpfer töten. Viele Menschen fragen sich zu Recht, warum es Daesch im Land überhaupt noch gibt, wenn angeblich jeden Tag so viele ihrer Kämpfer getötet werden. Im April 2017 geriet Nangarhar kurzzeitig in die Schlagzeilen, als das US-Militär seine größte nichtatomare Bombe – die 11-Tonnen schwere »Massive Ordnance Air Blast« (MOAB), euphemistisch bekannt als sogenannte »Mutter aller Bomben« – hier abgeworfen hatte. Der genaue Abwurfort war der Distrikt Achin, der als Unterschlupf von Daesch in Afghanistan bekannt ist. Kurz nach der Detonation der MOAB am 13. April wurde das Abwurfgebiet von der afghanischen Armee und vom US-Militär abgesperrt, um Journalisten und anderen unabhängigen Beobachtern den Zugang zu verwehren. Während Afghanistans Regierung von mindestens 94 getöteten Daesch-Extremisten sprach, hielt sich Washington mit Angaben zurück und erklärte lediglich, Daesch-Kämpfer in einem

Tunnelsystem seien das Ziel gewesen. An dieser Version hat sich bis heute (Stand August 2017) nichts geändert.[4] Einigen Berichten zufolge soll es sich dabei um Teile jenes Tunnelsystems gehandelt haben, welches in der Vergangenheit auch von Drogenschmugglern sowie den al-Qaida-Kämpfern Osama bin Ladens benutzt worden sei. Der Grund für diese Vermutung ist die Tatsache, dass das Gebirge von Tora Bora, das als Unterschlupf bin Ladens vermutet wurde, ebenfalls im Distrikt Achin liegt. Angelegt wurde das Tunnelsystem, unter anderem mit Unterstützung der CIA, bereits in den 1980er-Jahren während des Krieges gegen die Sowjetunion. Zum damaligen Zeitpunkt diente es den afghanischen Mudschaheddin-Kämpfern als Unterschlupf und Waffenherberge.[5] Ob und wie viele Zivilisten beim Abwurf der MOAB zu Schaden gekommen sind, bleibt unklar.

»Nach all den anderen Luftangriffen ist der Abwurf dieser Monsterbombe nur ein neuer Höhepunkt, der deutlich macht, dass unser Land als Waffentestgelände missbraucht wird«, meint Mustafa, ein Student aus Khogyani. »Bisher wurden keine Beweise vorgelegt, dass wirklich Daesch-Kämpfer getötet wurden.« Sein Bruder Mirwais ergänzt: »Bald werden die Amerikaner viele dieser Bomben verkaufen. Das war ein erfolgreicher Marketing-Stunt.« Diese Sichtweise wird mittlerweile von vielen Afghanen – sowohl innerhalb Afghanistans als auch in der Diaspora – geteilt. Kurz nach dem Abwurf der Bombe fanden weltweit Demonstrationen statt. Im Vordergrund stand vor allem der Vorwurf, dass Afghanistan ein Test- und Spielplatz für westliche Waffen geworden sei. Der Aufstieg der Predator-Drohne, die in Afghanistan ihren ersten bewaffneten Einsatz flog, ist der beste Beweis dafür. Auf der Straße in Khogyani sind sich die Leute indes sicher, dass die MOAB vor allem Zivilisten getötet hat. »Daesch operiert doch weiterhin erfolgreich. Man hat wieder einmal Zivilisten getötet, deshalb wurde das Abwurfgebiet auch abgesperrt«, sagt etwa Rahim Gul, ein Taxifahrer. Er bezieht sich auf Berichte von Familienangehörigen aus Achin. Es ist richtig, dass viele dieser Aussagen auf Hörensagen beruhen und kaum oder gar nicht überprüfbar sind. Dennoch ist es wichtig, sie aufzunehmen und einzuordnen, denn immerhin sind es die Aussagen von Menschen vor Ort, die von diesen Ereignissen direkt betroffen sind. Sie vermitteln in jedem Fall ein besseres Bild der tatsächlichen Lage als die Berichte westlicher Beobachter, die die Verhältnisse vor Ort oft überhaupt nicht kennen und dennoch mehr Gehör finden. Auch für Esmatullah Bashari ist der Abwurf der Bombe eine klare Sache: »Die Einzigen, die Daesch in Nangarhar ernsthaft bekämpfen, sind wir. Diese Bombe hat ihr angebliches Ziel vollkommen verfehlt. Stattdessen wurden Zivilisten getötet, was nun verdeckt wird«, sagt er. Auch die jüngsten Angriffe der Amerikaner waren ein Katalysator der Radikalisierung, die immer mehr Menschen in die Hände der Taliban treibt. »Es gibt so viele Fälle, in denen ausschließlich Zivilisten getötet oder verletzt werden. Natürlich schließen sich die Menschen den Taliban daraufhin an«, meint Mohammad Khan, einer der Dorfbewohner. Unter den Talibankämpfern befinden sich viele Männer, die Familienmitglieder durch Drohnen verloren haben. »Zwei meiner Brüder wurden durch diese Angriffe getötet. Natürlich kämpfe ich. Die Amerikaner sind meine Feinde«, sagt Jahan Baaz, ein stämmiger Talibankämpfer, während er seine Waffe fest in den Armen hält. »Wir sind doch für diese Menschen sowieso alle Terroristen. Sie kümmert es nicht, wen es trifft«, meint er überzeugt. »Mein Vater wurde durch einen Drohnenangriff getötet. Deshalb kämpfe ich«, meint ein weiterer Kämpfer. Er ist kaum über zwanzig Jahre alt. »Es wäre ehrlos, unter solchen Umständen nicht kämpfen«, sagt er.[6]

Frieden ist für die Menschen in Khogyani in absehbarer Zeit nicht denkbar. Viele von ihnen können es nicht fassen, dass die Regierung in Kabul von Frieden spricht, während sie permanent ihre Dörfer bombardieren lässt. Hinzu kommt der weiterhin stattfindende Kampf gegen Daesch, der sich nur wenige Kilometer entfernt abspielt und tagtäglich die Bevölkerung in Atem hält. Esmatullah Bashari wird bei alldem keine Rolle mehr spielen. Am 14. Juli 2017, acht Wochen nach unserem Treffen, wurde er während des Einkaufens auf dem Basar von unbekannten Männern ermordet. Es war vor allem sein Kampf gegen Daesch, durch den er die Anerkennung vieler Menschen in Nangarhar gewann. Es liegt die Vermutung nahe, dass seine Täter aus den Reihen des Daesch stammten, vielleicht ließ ihn aber auch die Regierung ermorden. In der Paschto-Ausgabe des britischen Nachrichtensenders *BBC* wurde über die Ermordung Basharis berichtet. Aufgrund seines literarischen Schaffens wurde er fast ausschließlich als großer Poet beschrieben. Seine Nähe zu den Taliban blieb im Hintergrund.

Foto von Esmatullah Bashari, der im Juli 2017 ermordet wurde.
© privat

Globale Radikalisierung

Die Ungerechtigkeit des globalen Drohnenkrieges und die Angst und der Terror, den er verbreitet, sind offensichtlich. Die Folgen davon sind allerdings nicht nur in den betroffenen, mehrheitlich muslimischen Staaten zu beobachten, sondern auch abseits davon. Auch von vielen jungen Menschen, die in westlichen Staaten aufgewachsen sind und deren ursprüngliche Wurzeln im Nahen Osten, in Afrika oder in Asien liegen, wird der sich stets ausbreitende Drohnenterror – gemeinsam mit all den anderen Auswüchsen des »Krieges gegen den Terror« – zum Teil sehr emotional aufgenommen. Die Gründe hierfür sind vielfältig. Zum einen wird regelmäßig über Selbstmordattentate – vor allem, wenn er in einem westlichen Land stattfindet – berichtet, während der andere Massenmord per Knopfdruck, der Drohnenangriff, im Hintergrund bleibt, keinerlei Erwähnung findet oder gar gerechtfertigt wird. Zu Recht fragen sich deshalb einige Menschen mit muslimischem Hintergrund oder mit muslimischen Wurzeln, ob sie nicht ein ähnliches Schicksal wie Abdulrahman al-Awlaki erwarten würde, wenn sie sich in der Heimat ihrer Vorväter aufhalten würden. Auch die Umstände der Flucht oder Migration aus den Heimatländern wird hinterfragt. Was wäre, wenn die eigenen Eltern oder Großeltern den Entschluss gefasst hätten, trotz der schwierigen politischen Lage in Jemen oder in Afghanistan zu bleiben? Was wäre, wenn sie nicht jene privilegierte Stellung gehabt hätten, die ihnen die Mittel zur Flucht verschafften, sondern aus einer einfachen Bauernfamilie stammten? Hätte der Zufall es anders gewollt, würden manche heute vielleicht gar nicht in irgendeiner sicheren westlichen Industrienation sein, sondern mit dem Drohnenterror leben. Derartige Gedankengänge sind berechtigt und nachvollziehbar. Manche Menschen entwickeln dadurch ein kritisches Bewusstsein und setzen sich gegen eine solche Art von Ungerechtigkeit ein. Gleichzeitig gibt es einige wenige, die sich radikalisieren und anfangen, die westlichen Gesellschaften, in denen sie selbst aufwuchsen und sich sozialisierten, zu hassen. Auch andere Faktoren wie Diskriminierung, Alltagsrassismus und die stets steigende Islamfeindlichkeit spielen dabei eine wichtige Rolle. Dass der »Krieg gegen den Terror« Menschen in westlichen Gesellschaften radikalisiert, ist im Grunde genommen nichts Neues. Es wird nur selten darüber gesprochen, weil das zur Folge hätte, dass man die massiven Fehler der eigenen, sprich, der amerikanischen und westeuropäischen Politik eingestehen müsste.

Die Geschichte Anwar al-Awlakis, der sich von einem Unterstützer der westlichen Werte zu einem radikalen Prediger wandelte, ist nur ein Beispiel eines Prozesses, der sich gerade tausendfach wiederholt. Solange die brutalen US-Kriege in Irak und in Afghanistan stattfinden, die bereits weitaus mehr als eine Million Menschen das Leben gekostet haben, wird sich daran nichts ändern. Vieles, was in diesen Ländern bis heute aufgrund westlicher Aggression geschieht, wurde niemals aufgearbeitet oder hinterfragt. So falsch al-Awlakis extremistische Haltung auch gewesen ist, so wahr ist es, dass die USA und ihre Verbündeten im Nahen Osten, in Afrika und in weiten Teilen Asiens weiterhin einen brutalen Kolonialismus betreiben, der unzählige Menschenleben kostet und Krieg und Terror verbreitet.

Als Dschochar und Tamerlan Zarnajew, zwei Brüder mit tschetschenischen Wurzeln, am 15. April 2013 ein Attentat auf den Boston-Marathon verübten, wurde im Nachhinein bekannt, dass ihre Motive die Kriege der USA in Irak und in Afghanistan gewesen sind. Ähnliche Beweggründe hatte auch Faisal Shahzad, der einen Bombenanschlag auf dem Times Square in New York geplant hatte. Nach dem versuchten Anschlag wurde der Amerikaner mit pakistanischen Wurzeln verhaftet und verhört. Shahzad meinte unter anderem, dass weitere Angriffe stattfinden werden, falls die Vereinigten Staaten sich nicht aus Irak, Afghanistan und anderen Staaten zurückziehen sollten. »Die Amerikaner kümmern sich nur um ihre eigenen Leute, aber ihnen ist es egal, wenn Menschen an anderen Orten der Welt sterben«, sagte er. Als Shahzad einem Richter vorgeführt wurde, fragte ihn dieser, wie er es mit seinem Gewissen vereinbaren konnte, mit seiner Bombe auch unschuldige Kinder zu töten. Shahzad entgegnete, dass die Drohnen, die tagtäglich in Irak und in Afghanistan zuschlagen, auch keine Kinder sehen würden. »Sie töten Frauen, Kinder. Sie töten jeden. Es ist Krieg und im Krieg töten sie [die USA] Menschen. Sie töten alle Muslime«, so Shahzad. Die ausgewerteten Kommunikationsdaten Shahzads machen deutlich, wie aus einem gesetzestreuen Durchschnittsamerikaner ein Mann wurde, der sich für die namenlosen Opfer der US-Kriege verantwortlich fühlte und diese mittels brutaler Gewalt rächen wollte. Vor allem der Drohnenkrieg sowie die Massenfolter in Guantanamo spielten bei der Radikalisierung Shahzads eine wichtige Rolle.[7] Selbiges war auch bei Najibullah Zazi, einem Amerikaner mit afghanischen Wurzeln der Fall. Zazi reiste im Jahr 2008 nach Afghanistan und wollte sich dort den Taliban anschließen, um gemeinsam mit ihnen die NATO zu bekämpfen. Extremisten von al-Qaida wendeten sich an Zazi und fragten ihn, ob er für eine »Märtyrer-Operation« in den USA bereit sei. Dieser willigte ein. Später, nachdem sein Anschlagsplan vereitelt worden war, gab Zazi während seines Verhörs an, dass seine Beweggründe die US-Besatzung in Afghanistan gewesen seien.

Die beschriebenen Fälle machen vor allem eines deutlich: Junge, radikale Menschen mit muslimischem Hintergrund hassen nicht »die Freiheit des Westens«, wie es seitens Beobachter aus dem neokonservativen Spektrum immer wieder propagiert wird. Sie hassen vielmehr die Kriegspolitik des Westens in ihren Heimatländern, in denen unter anderem aufgrund von Drohnenangriffen und schattenhafter Spezialeinheiten, die sich über jegliches Recht hinwegsetzen, grauenerregende Zustände vorherrschen. Gewalt erzeugt Gegengewalt: Dieser Zusammenhang wird selbst von führenden Personen westlicher Armeen und Geheimdienste zur Kenntnis genommen – und das nicht erst seit gestern. Nach den Anschlägen in Madrid (2003) und dem Bombenattentat in London (2005) gestand etwa der britische

Geheimdienst ein, dass Spaniens und Großbritanniens Teilnahme an der Invasion des Iraks eine Rolle spielten. Der US-General David Petraeus, der unter anderem in Irak und in Afghanistan stationiert war, meinte des Öfteren, dass die Außenpolitik Washingtons für die Radikalisierung von Muslimen und deren Hass gegenüber den USA verantwortlich sei.

»Wenn ich ein junger Muslim wäre ...«

Beachtliche Worte kamen in diesem Kontext vom britischen Politiker John Prescott, der von 1997 bis 2007 als Vizepremierminister Großbritanniens im Amt war und damit als Stellvertreter von Tony Blair für den Irakkrieg sowie den Einmarsch in Afghanistan mitverantwortlich ist. »Wenn ich ein junger Muslim wäre und die [jüngste] Ungerechtigkeit in Gaza, bei der 2000 Menschen in wenigen Wochen von israelischen Bomben getötet wurden, die Vertreibung von Millionen von Menschen in Syrien und die Drohnenangriffe der USA, die auf Terrorverdächtige zielen, jedoch unschuldige Familien töten, beobachten würde, bin ich mir sicher, dass auch mich radikalisieren würde«, schrieb Prescott in einem Artikel für den britischen *Mirror* im März 2015.[8] Prescott wurde erst nach seiner Amtszeit zu einem lautstarken Kritiker der britischen Außenpolitik. Die Interventionen Blairs bezeichnete er unter anderem als »blutige Kreuzzüge«, die zu einer Radikalisierung von jungen, britischen Muslimen geführt haben.[9]

Prescotts Worte sind die Beschreibung einer Realität, die weiterhin verdrängt wird. Studien wie jene der Internationalen Ärzte für die Verhütung des Atomkrieges (IPPNW) haben das katastrophale Ausmaß des westlichen »Krieges gegen den Terror« bereits anhand erschreckender Zahlen und Fakten deutlich gemacht.

IPPNW sprach 2015 konkret von rund einer Million Toten durch zehn Jahre Irakkrieg, 220 000 Toten in Afghanistan sowie 80 000 weiteren Todesopfern in Pakistan.[10] Diese Zahlen machen deutlich, dass die illegalen Angriffskriege viel mehr Opfer forderten, als es in der Öffentlichkeit weithin angenommen wird. Hinzu kommt, dass sie sich in den letzten Jahren höchstwahrscheinlich massiv erhöht haben. Auch die IPPNW geht davon aus, dass ein derartiges Ausmaß menschlicher Zerstörung weltweit Hass schüre und unter anderem den Aufstieg von Gruppierungen wie den »Islamischen Staat« erst ermöglicht habe. Aus den hiesigen Medien erfährt man von diesen Tatsachen eher selten. Dasselbe betrifft im Übrigen auch zahlreiche vermeintliche Islam- und Nahost-Experten, die am Fließband Bücher zu irgendwelchen Kalifen und heiligen Kriegen produzieren, um die weit verbreitete Islamophobie in Industrienationen zu Geld zu machen. Dabei werden die schrecklichen Massenmorde, die westliche Politiker mit zu verantworten haben, wenig bis gar nicht hinterfragt oder zur Kenntnis genommen. Stattdessen sucht man die Fehler lieber im Koran.

Fakt ist jedoch Folgendes: Der »Krieg gegen den Terror« und der damit verbundene Drohnenkrieg der CIA und des US-Militärs hat mehr Menschen den Tod gebracht als jeder Terror-Anschlag, der in den letzten Jahrzehnten auf westlichem Boden verübt wurde. Bush, Blair, Obama und Trump haben bereits jetzt mehr Menschen auf dem Gewissen, als der »Islamische Staat« jemals haben wird. Ohne die Gräueltaten von Daesch zu relativieren, muss man ganz klar feststellen, dass nicht etwa ein religiös motivierter Terror, sondern die Kriegsmaschinerie westlicher Industrienationen die Hauptverantwortung für das Leid der Menschen in der Region tragen. »Es ist auch unsere Schuld«, schrieb John Prescott. Ein Satz, den man von den Regierenden in Washington, London oder Berlin noch lange nicht hören wird.

Die Lügen des Pentagons: null Transparenz und kein Vertrauen

Seit Beginn des »Krieges gegen den Terror« versuchen die USA mit verschiedenen Mitteln, ihren Krieg zu legitimieren und Kritik aus der westlichen Öffentlichkeit entgegenzukommen. Nach außen hin sollte Transparenz geschaffen werden, indem man etwa die Anzahl der Luftangriffe und Bombenabwürfe in allen Ländern, in denen man offiziell Krieg führte, im Monatstakt veröffentlichte. Dies betraf hauptsächlich Irak und Afghanistan. Später kam auch Syrien hinzu. Über die Jahre hinweg bildeten die veröffentlichten Zahlen die Grundlage für zahlreiche Analysen und Annahmen – und wurden kaum in Frage gestellt. Selbst kritische Beobachter der Geschehnisse zogen es vor, an den Zahlen öffentlich nicht zu zweifeln. Nicht wenige Journalisten und Analysten dachten sich wohl, dass sie dem Pentagon bezüglich der freiwillig publik gemachten Angaben zur Anzahl und den Zielen der Luftangriffe Glauben schenken könnten. Als das US-Militär etwa in Bezug auf Luftangriffe in Irak und in Syrien im Kampf gegen Daesch Stellung nahm, lautet der Wortlaut wie folgt: »Wir tun alles, was wir können, um über jeden einzelnen Angriff [in unseren Pressemitteilungen] zu berichten. Wir haben ein oder zwei vergessen wegen administrativer Fehler; so etwas passiert nun einmal. Unser Standard ist es aber, immer eine Pressemitteilung zu veröffentlichen, sobald eine Bombe in Irak oder in Syrien fällt.«[11]

Diese vertrauenswürdig klingenden Worte haben mit der Realität absolut nichts zu tun. Alle Annahmen, dass das US-Militär bezüglich der Anzahl seiner Luftangriffe und Bombenabwürfe die Wahrheit sagt, waren falsch. Laut einer investigativen Recherche der *Military Times* wurden Tausende von Luftangriffen vom US-amerikanischen Verteidigungsministerium nicht veröffentlicht. Demnach wurden allein im Jahr 2016 mindestens 456 Luftangriffe, die sich in Afghanistan ereignet haben, nicht benannt. Diese Angriffe wurden hauptsächlich von Kampfhubschraubern und bewaffneten Drohnen ausgeführt. Es ist davon auszugehen, dass auch in Irak und in Syrien die Diskrepanz zwischen der veröffentlichen und den tatsächlich durchgeführten Luftangriffen sehr groß ist. Die Probleme mit den offiziellen Zahlen des Pentagons beginnen schon bei der Definition eines Luftangriffs (»airstrike«): Das US-Militär definiert einen Luftangriff als ein Ereignis oder mehrere Ereignisse, die ungefähr am selben Ort stattfinden und dort weitläufig dieselben Auswirkungen erzeugen. Demnach können auch Hunderte von Menschen oder ein ganzes Dorf durch einen einzelnen »airstrike« ausgelöscht worden sein.[12] Es ist davon auszugehen, dass die offiziellen Zahlen schon seit Beginn des »Krieges gegen den Terror« 2001 unvollständig sind. Auch die genannten Zahlen zu Bombenabwürfen in den betroffenen Ländern sind womöglich weitaus höher als allgemein angenommen. Im Jahr 2016 hat das US-Militär mindestens 26 141 Bomben in sieben verschiedenen Ländern abgeworfen. Im Vorjahr waren es mindestens 23 144 Bomben. Auch Micah Zenko, ein Analyst der US-amerikanischen Thinktanks Council of Foreign Relations, geht davon aus, dass in beiden Jahren mehr Bomben abgeworfen wurden als bisher bekannt: »Die falsch erfolgte Zählung von US-amerikanischen Luftangriffen in offiziellen, öffentlichen Stellungnahmen ist ein erstes Thema. Es untergräbt die Glaubwürdigkeit des Nachrichtensystems des Militärs, erzeugt Zweifel an deren militärischen Daten und behindert das Pentagon, jedwede Normen für Transparenz zu etablieren, denen andere Militärs folgen könnten«, kommentierte Zenko im Magazin *Foreign Policy*.[13] Des Weiteren werfen Beobachter in diesem Kontext die Frage auf, inwiefern Daten, die etwa die bisher genannten Opferzahlen, die Kriegskosten für den Steuerzahler sowie den allgemeinen Fortschritt der militärischen Operationen betreffen, ebenfalls unvollständig sind.

Wichtig ist in diesem Kontext auch die Tatsache, dass das Pentagon weiterhin nicht zwischen Drohnenangriffen und klassischen Luftangriffen unterscheidet. Ob das bewusst geschieht, um das wahre Ausmaß des Drohnenkrieges zu verschleiern, lässt sich nur vermuten. Es ist aber davon auszugehen, dass die Daten zu zahlreichen Drohnenangriffen des US-Militärs ebenfalls untergegangen und praktisch nicht vorhanden sind. Der Datenschwund bei den offiziellen Kriegsschauplätzen Washingtons sollte allerdings vor allem Folgendes verdeutlichen: nämlich, dass die spärlichen Informationen zu jenen Ländern, in denen die USA offiziell keinen Krieg führen – etwa Pakistan, Jemen oder Somalia –, noch kritischer zu hinterfragen sind. Die militärischen Operationen in den genannten Ländern werden seit Jahren von offizieller Seite geheim gehalten, weil sie von der CIA und der Joint Special Operations Command (JSOC) ausgeführt werden. Erst vor kurzem haben die USA angefangen, Daten zu diesen Operationen zu veröffentlichen. Im Juli 2016 nannte das Weiße Haus erstmals Zahlen zu zivilen Opfern, die im Laufe des Drohnenkrieges der Präsidentschaft Barack Obamas getötet wurden. Laut dem gerade einmal dreiseitigen Papier fanden im Zeitraum 2009 bis 2015 473 Drohnenangriffe in Pakistan, Libyen, Somalia und in Jemen statt. Dabei wurden angeblich zwischen 2 372 und 2 581 »terroristische Kämpfer« sowie 64 bis 116 Zivilisten getötet.[14] Diese Angaben können nur als bloße Augenwischerei bezeichnet werden, und selbst die konservativsten Schätzungen zu Drohnenopfern übersteigen die Angaben des Weißen Hauses um ein Vielfaches. Laut dem BIJ wurden im genannten Zeitraum über 800 Zivilisten getötet. Würde man die Bush-Administration einbeziehen, würde die Zahl ziviler Todesopfer bei mindestens 1 000 liegen. Zusammenfassend lässt sich feststellen, dass das Weiße Haus vor allem versucht, die Öffentlichkeit zu beruhigen, indem man Transparenz vortäuscht und das Bild einer präzisen Hightech-Kriegsführung propagiert – ein Schlag ins Gesicht aller Drohnenopfer. Eine kritische Aufarbeitung des Drohnenkrieges ist indes weiterhin nicht zu erwarten.

1. Die Angaben betreffen lediglich Libyen, Pakistan, Somalia und Jemen. Länder wie Afghanistan, Irak und Syrien, die weiterhin massiv bombardiert werden, finden keinerlei Erwähnung.
2. Die kurze, dreiseitige Abhandlung ist lachhaft und in keiner Weise ernst zu nehmen. Es gibt keinerlei Informationen zu einzelnen Angriffen, vor allem nicht zu jenen, die Medienberichten und ausführlichen Recherchen zufolge eine hohe Anzahl von Zivilisten getötet haben. Alle Daten und Statistiken, die von unabhängigen Beobachtern erstellt wurden, können mit den Zahlen des Weißen Hauses nicht verglichen werden.
3. Allein in diesem Buch gibt es Belege für zahlreiche zivile Drohnenopfer. Keines von ihnen wurde von Vertretern der US-Regierung oder des Militärs aufgesucht.
4. Die Angaben des Weißen Hauses wurden nicht einmal nach Jahr oder Land geordnet.
5. Offen steht weiterhin die Frage, was einen Zivilisten oder einen »terroristischen Kämpfer« ausmacht. Es ist bekannt, dass laut US-Administration jede männliche Person im wehrfähigen Alter im Umfeld eines Angriffsgebiets einen »feindlichen Kämpfer« darstellt. Diese Praxis degradiert jeden Afghanen, Somali, Jemeniten oder jeden anderen Mann oder männlichen Jugendlichen, der von einer Drohne getroffen wird, zum »Terroristen«.

Alle Angehörigen von Drohnenopfern sowie Menschen, die in den jeweiligen Gebieten leben und die ich mit den offiziellen Zahlen der US-Administration konfrontiert habe, beurteilten sie als dreiste Lüge. Die Leute wunderten sich, warum derartige Angaben überhaupt ernst genommen werden können. »Allein in unserem Distrikt wurden seit 2001 und 2002 Hunderte, vielleicht sogar Tausende von Menschen durch Drohnenangriffe getötet«, meinten etwa mehrere Einwohner des Distrikts Khogyani in der ostafghanischen Provinz Nangarhar. Doch ihre Stimme wird nicht oder sie soll nicht gehört werden. Die Schauplätze werden nach den Bombardements aufgrund der Sicherheitslage nur sehr selten von Journalisten oder Menschenrechtsbeobachtern aufgesucht, geschweige denn von Angehörigen des US-Militärs, die sich versichern wollen, wen sie wirklich getötet haben. Folglich werden auch Augenzeugen vor Ort so gut wie nie befragt, selten ernst genommen und unangenehme Wahrheiten schnell bestritten. Hinzu kommt, dass die Täter allein von der Natur der Drohnenangriffe erheblich profitieren. In vielen bekannten Fällen töten diese kleine Gruppen von Menschen, zum Beispiel vier bis sechs Personen. Von vielen Menschen werden derartige Angriffe und Opferzahlen als »gering« oder »unbedeutend« wahrgenommen. Durch eine solch verzerrte Wahrnehmung geht allerdings das Gesamtbild des Drohnenkrieges unter. Unter der Annahme, dass ein Angriff im Durchschnitt fünf Menschen tötet, würden durch zehn Angriffe 50 Menschen und durch einhundert Angriffe 500 Menschen ausgelöscht werden. 1000 Angriffe – weitaus mehr haben zum Beispiel in Afghanistan stattgefunden – würden 5000 Menschen töten.

»Die veröffentlichten Zahlen sind zu niedrig. Sie ändern nichts und sind auch nichts Neues. Die CIA hat schon zuvor ungenaue Zahlen veröffentlicht. Und warum wird hier überhaupt von 64 bis 116 Opfern gesprochen? Meiner Meinung nach macht das nur deutlich, dass sie selbst nicht wissen, wen sie umbringen«, meint auch der pakistanische Anwalt Mirza Shahzad Akbar, der zahlreiche Drohnenopfer juristisch vertritt und sich der Realität der täglich stattfindenden Angriffe mehr als bewusst ist. »Die genannten Zahlen betreffen vier Staaten. Allerdings wurden allein im Jahr 2006 mindestens 80 Schulkinder durch einen einzigen Drohnenangriff in Pakistan getötet«, fügt Akbar hinzu.[15]

Die Worte Akbars und anderer Menschen vor Ort werden unter anderem auch von einem unabhängigen Bericht, der im Juni 2017 an der Columbia Law School veröffentlicht wurde, bestätigt. Demnach haben die USA lediglich 20 Prozent von mehr als 700 tödlichen Drohnenangriffen, die seit 2002 in Pakistan, Jemen und Somalia durchgeführt wurden, eingestanden.[16] Die Wissenschaftler haben über ein Jahrzehnt des amerikanischen Geheimkrieges in den betroffenen Ländern untersucht und sind zum Schluss gekommen, dass praktisch keinerlei Transparenz vorhanden ist. Kritisiert wird vor allem, dass westliche zivile Opfer offizielle Entschuldigungen seitens des Präsidenten erhalten haben und finanziell entschädigt wurden, während die Familien von Hunderten von Somaliern, Jemeniten und Pakistanern vergeblich auf Gerechtigkeit warten und zudem komplett ignoriert und marginalisiert werden. Besorgniserregend sind auch die Kenntnisse, die der Bericht zur Drohnenpraxis der gegenwärtigen US-Administration unter Präsident Donald Trump hervorbringt. Auch sie stellen die erschreckende Zunahme an Drohnenangriffen seit Beginn seiner Amtszeit fest. Als einer der Hauptschauplätze hierfür wird Jemen genannt, in dem unter Trump bereits Dutzende von Geheimoperationen mit zivilen Opfern stattgefunden haben. Auch hierbei ist keinerlei Transparenz seitens der US-Regierung vorhanden. »Die US-amerikanische Öffentlichkeit ist sich nicht dessen bewusst, was [im Kontext des Drohnenprogramms] geschieht. Sie brauchen mehr Transparenz und sie müssen die Wahrheit kennen«, lautet einer der Schlüsse des Berichts.

Blick in die Zukunft

Der Mord per Knopfdruck findet Nachahmer

Die USA haben die Techniken und Methoden des Drohnenterrors weiterentwickelt wie kein anderes Land auf der Welt. Der Drohnenkrieg des Weißen Hauses, der CIA und des Pentagons ist auf so vielen Ebenen gravierend falsch, dass er zu Recht von Noam Chomksy als »mörderischste Terror-Kampagne der Gegenwart« bezeichnet wird. Alle bekannten Terrorgruppierungen der Welt haben trotz ihrer brutalen und bekannten Gewalt weniger Menschen auf dem Gewissen als die Vereinigten Staaten. Allein in Afghanistan und Pakistan hat der Friedensnobelpreisträger Barack Obama mit seinen Drohnen weitaus mehr Menschen getötet als die Attentäter des 11. Septembers 2001. Man kann hier deshalb völlig zu Recht von Staatsterror sprechen. Dennoch wird die Kriegsführung der Amerikaner von einer steigenden Anzahl von Staaten imitiert. Immer mehr Ländern ziehen es vor, ihr Militär mit bewaffneten Drohnen auszurüsten. Inklusive den USA benutzen mittlerweile mindestens 27 Staaten der Welt Drohnen, die dazu geschaffen sind, Menschen zu töten.

Land	Erster Einsatz bzw. Beginn der Produktion	Herkunft der Technologie
USA	2001	Eigenproduktion
Israel	wahrscheinlich 2004	Eigenproduktion
China	2013	Eigenproduktion
Indien	2016	Israelische Produktion
Pakistan	2015	Eigenproduktion
Kasachstan	2016	Chinesische Produktion
Turkmenistan	2016	Chinesische Produktion
Iran	2010	Eigenproduktion
Irak	2015	Chinesische Produktion
Saudi-Arabien	2016	Chinesische Produktion
Türkei	2016	Überwachungsdrohnen aus Israel, USA; bewaffnete Drohnen aus Eigenproduktion
Ukraine	2016	Eigenproduktion
Polen	2017	Private Unternehmen beauftragt
Schweden	2016	NEUROn-Kooperation[1] mehrerer Staaten
Griechenland	2016	NEUROn-Kooperation mehrerer Staaten
Schweiz	2016	NEUROn-Kooperation mehrerer Staaten
Italien	2015	US-amerikanische Produktion
Frankreich	2016	NEUROn-Kooperation mehrerer Staaten
Großbritannien	2008	US-amerikanische und israelische Produktion
Spanien	2015	US-amerikanische Produktion
Ägypten	2015	Chinesische Produktion

Nigeria	2015	Chinesische Produktion
Südafrika	2013	Eigenproduktion
Aserbaidschan	2016	Israelische Produktion
Georgien	2015	Eigenproduktion
Vereinigte Arabische Emirate	2011	Chinesische und US-amerikanische Produktion, Eigenproduktion
Russland	2016	Eigenproduktion

Tabelle: Bekannte Staaten mit bewaffneten Drohnensystemen Daten beruhen mehrheitlich auf Angaben des Thinktanks New America und eigenen Recherchen.

Die Entwicklung und der Vertrieb der Drohnentechnologie ist ein milliardenschwerer Wachstumsmarkt der Rüstungsindustrie und der neue Trend in der Verteidigungspolitik vieler Länder. Mehrere Staaten neben den USA und Israel entwickeln mittlerweile ihre eigenen bewaffneten Drohnen, um sie an den Markt zu bringen oder mit ihnen in den Krieg zu ziehen und Menschen zu töten, darunter etwa China, Russland, Türkei, Iran, Australien, Italien, Frankreich oder Griechenland. Das Töten per Knopfdruck ist nicht nur sparsamer, sondern befriedigt auch die eigene Bevölkerung. Die Tatsache, dass keine eigenen Soldaten vor Ort gefährdet werden, sondern mittels Drohnen ein angeblich »sauberer« Krieg ermöglicht wird, ist für viele westliche Politiker verlockend: Schließlich erregen gefallene Soldaten, die in Särgen in ihre Heimat zurückkehren, weitaus mehr Aufmerksamkeit als abgestürzte Drohnen. Dies ist auch der Grund dafür, warum der öffentliche Diskurs bezüglich Kriegseinsätzen in vielen westlichen Staaten zurückgegangen ist. Weite Teile der Gesellschaft nehmen gar nicht mehr wahr, was in Ländern wie Jemen, Afghanistan oder Somalia passiert. Die Anzahl der Soldaten, die vor Ort töten oder selbst getötet werden, wird immer weniger. Stattdessen steigt die Anzahl derjenigen, die vor Monitoren »arbeiten«, indem sie wie in einem Computerspiel reihenweise Menschen töten.

Eigentlich sind die erschreckenden Fakten über den Krieg mit Drohnen bereits seit Jahren bekannt und wurden immer wieder durch zahlreiche Statistiken, Analysen und mediale Berichte von unabhängigen Beobachtern bestätigt. Dennoch hält sich der Mythos einer hochpräzisen Kriegsführung, bei der Feinde eindeutig identifiziert und ausgeschaltet werden können, bis heute und bewegt Politiker und Militärs weiterhin, bewaffnete Drohnen anzuschaffen und einsetzen. Auch diese Doktrin wurde von den USA, allen voran von der Obama-Administration, etabliert. Der Strategiewechsel während der Amtszeit Obamas, bei dem die Truppenpräsenz sowohl in Afghanistan als auch in Irak massiv reduziert wurde, hatte weitreichende Folgen für die Zivilbevölkerung: Ende 2016 kam der US-amerikanische Thinktank Council of Foreign Relations (CFR) zum Schluss, dass die Wahrscheinlichkeit, dass Drohnenangriffe Zivilisten töten, 20 Mal höher liegt als bei konventionellen Luftangriffen. Verglichen wurden hierfür die Daten von US-Luftangriffen in Irak und in Syrien mit jenen von Drohnenangriffen in Jemen, Somalia und Pakistan.[2]

Viele der genannten Staaten benutzen Drohnen bereits gegen ihre eigenen Bürger. Mindestens elf US-amerikanische Staatsbürger wurden von ihrer eigenen Regierung per Knopfdruck ermordet. Selbiges betrifft mittlerweile auch 16 Briten. In der Türkei werden die Drohnen mittlerweile sogar gegen die eigenen Staatsbürger im eigenen Land verwendet. Ende Oktober 2016 stellte das türkische Verteidigungsministerium nüchtern fest, dass durch Drohnenangriffe in der Provinz Hakkari im Südosten des Landes mindestens 72 Menschen getötet wurden. Sowohl das Militär als auch die staatliche Nachrichtenagentur *Anadolu Agency* bezeichneten sämtliche Opfer als »PKK-Terroristen«. Dasselbe Szenario wiederholte sich im darauffolgenden Monat. Am 10. November wurden mindestens

19 Menschen in Sirnak getötet. Wieder hieß es seitens offizieller Stellen, dass es sich bei den Opfern der Luftschläge um »Terroristen der PKK« handelte. Beweise hierfür wurden nicht vorgelegt. Doch seitdem im Sommer 2015 der Konflikt zwischen dem türkischen Staat und der als terroristisch eingestuften Arbeiterpartei Kurdistans (PKK) wieder aufgeflammt ist, herrscht Krieg im Südosten der Türkei. Seitdem werden weite Teile jener Kurdengebiete, die mutmaßlich unter PKK-Kontrolle stehen, vom türkischen Militär großflächig bombardiert. Laut der Regierung in Ankara hat das Militär bereits über zehntausend »Terroristen« getötet oder gefangen genommen. Von zivilen Opfern ist keine Rede. Währenddessen kritisierten Menschenrechtsorganisationen wie Amnesty International das Vorgehen des türkischen Militärs und berichten von Massenvertreibungen und einer »kollektiven Bestrafung« der lokalen Bevölkerung. Im Konflikt zwischen Ankara und der PKK kamen erstmals bewaffnete Drohnen aus türkischer Eigenproduktion zum Einsatz. Noch vor wenigen Jahren wurde die Drohnentechnologie der Türkei aus Israel eingekauft. Doch im September 2016 verkündete Selcuk Bayraktar, Cheftechniker des türkischen Waffenproduzenten Baykar Technologies, via Twitter den allerersten Einsatz der Bayraktar TB2, einer Drohne, die »zu 100 Prozent türkisch und original« sei. Führende türkische Staatsmedien berichteten kurz darauf stolz von der ersten bewaffneten Drohne der Türkei, die bei »Anti-Terror-Operationen« zum Einsatz kam. Seitdem berichtet die türkische Regierung regelmäßig von den Erfolgen der Bayraktar TB2, die zum neuen Trumpf des Militärs geworden ist. Die türkische Regierung gibt vor, mit ihren Drohnen ausschließlich »Terroristen« und sonst niemanden zu töten, und imitieren damit die amerikanische Doktrin im »Kampf gegen den Terror«: Wir sind die Guten und sind immer im Recht. Im 21. Jahrhundert haben die Kriegsrhetorik der USA genauso wie die Kultur des sinnlosen Tötens ganz offensichtlich Schule gemacht – was auf Verbündete und befeindete Gruppierungen gleichermaßen zutrifft.

Wie der Feind den Terror imitiert

Ende 2013 zirkulierte in Taliban-nahen Kreisen ein Video, welches Kämpfer des sogenannten Haqqani-Netzwerkes zeigte.[3] Die Kämpfer hatten einen US-amerikanischen Container mit brisantem Inhalt erbeutet: eine in Einzelteile zerlegte Predator-Drohne. Das Video, das mit der Kamera eines Smartphones aufgezeichnet wurde, zeigte die Bauteile der Drohne klar und deutlich. Die Kämpfer, die mit dem technischen Gerät nicht allzu vertraut schienen, stellten die Kameras sowie die Sensoren des Fluggerätes zur Schau. Es war offensichtlich, dass es sich hierbei nicht um eine Fälschung handelte. Die Talibankämpfer hatten tatsächlich eine US-amerikanische Drohne erbeutet. Bis zum heutigen Tag hat das US-Militär zu dem Vorfall keine Stellung bezogen. Es liegt nahe, dass während des Afghanistankrieges, dem längsten Krieg, den die USA je geführt haben, mehrere Drohnen sowie anderes Waffengerät abhandengekommen ist. Derartige Vorfälle werden allerdings in der Regel geheim gehalten, unter anderem natürlich auch, weil sie ganz einfach peinlich sind. Kontaktmänner des Haqqani-Netzwerkes haben das Video nur bestimmten Personen zugespielt und wollten potentielle Käufer für die Drohne finden. Was letztendlich mit der erbeuteten Predator-Drohne passiert ist, ist nicht bekannt. Der Vorfall machte jedoch deutlich, dass militante Gruppierungen ebenfalls Zugang zu der neuen Technologie haben. Des Weiteren haben sie naturgemäß ein großes Interesse daran, den Drohnen, die gegen sie eingesetzt werden, etwas entgegensetzen zu können und eigene Kampfdrohnen zu entwickeln.

De facto ist dies mittlerweile bereits der Fall. Im Januar 2017 verkündete Daesch, eine eigene Drohneneinheit aufgebaut zu haben, die Einsätze in Irak und in Syrien ausführt. Im Oktober 2016 schossen kurdische Milizen einen ferngesteuerten Quadrocopter von Daesch ab. Das Gerät war mit explosivem Material ausgestattet. Kurz nach dem Abschuss explodierte es und tötete zwei kurdische Kämpfer. Hierbei handelte es sich um den ersten erfolgreichen Angriff der Gruppierung mittels unbemannter Flugtechnologie. Zuvor war lediglich bekannt, dass Daesch Drohnen zu Spionagezwecken benutzt. Mit militärischen Drohnen oder gar den Predator- und Reaper-Drohnen der USA ist die Technologie von Daesch in keiner Weise vergleichbar. Dennoch macht die extremistische Gruppierung mit ihrem Handeln deutlich, dass sie sich unbedingt technologisch weiterentwickeln will. Die Drohnentechnologie wird auch nicht als verwerflich betrachtet, da der Feind sie ebenfalls benutzt und überhaupt erst kreiert hat.[4]

Eine militante Gruppierung, die weitaus höher entwickelte Drohnen benutzt als Daesch, ist die libanesische Hisbollah.[5] Die Miliz, die massiv von Iran unterstützt wird, war die erste Gruppierung, die als nichtstaatlicher Akteur auf Drohnentechnologie zurückgriff. Dies geschah bereits im November 2004 mittels einer Spionagedrohne, die in israelisches Gebiet flog. 2006 steuerte die Hisbollah bewaffnete Drohnen aus iranischer Produktion in den israelischen Luftraum. Die Drohnen wurden daraufhin abgeschossen. Im August 2016 griff die Gruppierung auf bewaffnete Quadrocopter zurück, die Rebellenstellungen in der syrischen Stadt Aleppo angriffen. Berichten zufolge wird iranische Drohnentechnologie auch in Jemen von den Huthi-Rebellen benutzt.[6] Die Rebellen bekämpfen die von Saudi-Arabien geführte Kriegskoalition, während sie selbst – zumindest logistisch – die Unterstützung Irans genießen. Am 30. Januar wurde ein saudisches Kriegsschiff im Roten Meer von einem bewaffneten, unbemannten Fluggerät der Huthis angegriffen. Zwei Mitglieder der saudischen Marine wurden dabei getötet. Ähnliche Vorfälle machten ebenfalls deutlich, dass die Rebellen Drohneneinsätze fliegen. Ein weiterer nichtstaatlicher Akteur, der sowohl bewaffnete als auch unbewaffnete Drohnen benutzt, ist die palästinensische Hamas.

Berichten zufolge besitzt die Gruppierung iranische Drohnen des Typs Ababil und hat eigenen Angaben zufolge auch selbst Drohnen produziert. Im September 2016 gab das israelische Militär an, eine Hamas-Drohne über dem israelischen Luftraum abgeschossen zu haben. Im Dezember 2016 verkündeten die Qassam-Brigaden, der militante Zweig der Hamas, dass Mohammad Zaweri, den sie als ihren Architekten des Drohnenprogramms bezeichneten, angeblich von israelischen Agenten in Tunesien getötet wurde. Die Hamas imitiert mit ihrem Drohnenprogramm allerdings in erster Linie nicht die USA, sondern Israel, das seit Jahren bewaffnete Drohnen in palästinensischen Gebieten einsetzt.[7, 8]

Zahlreiche weitere nichtstaatliche Akteure benutzen kommerzielle Drohnen, die leicht zu beschaffen sind, für Spionagezwecke in Kriegsgebieten, darunter etwa die afghanischen Taliban, die ukrainischen Separatisten, die kurdischen Peschmerga, libysche und syrische Rebellen-Gruppierungen, die kolumbianische FARC sowie mexikanische Drogenkartelle. Diese Realität macht deutlich, dass der Aufstieg der Drohnen schon längst begonnen hat. Sowohl staatliche als auch nichtstaatliche Akteure haben ein großes Interesse daran, Drohnen zu einem zentralen Teil ihrer Kriegsführung zu machen. Dass die Folgen davon verheerend sein werden, ist offensichtlich.[9]

Der erste Widerstand

»Sie sagen der Welt, dass sie Terroristen töten. Aber sie töten unschuldige Menschen«, sagt Kareem Khan. Der 43-jährige Journalist aus Waziristan weiß, wovon er spricht. Im Januar 2009 wurde sein Haus im Dorf Machikhel im Norden Waziristans zum Ziel eines Drohnenangriffs. Während Khan sich bei Bekannten in Islamabad aufhielt, starben sein Bruder Asif Iqbal sowie sein minderjähriger Sohn Zahinullah. Ein weiterer Zivilist, ein Steinmetz namens

Khaliq Dad, wurde ebenfalls getötet. Pakistanische Regierungsvertreter meldeten daraufhin, dass drei »Militante« bei dem Angriff getötet worden seien. Wie gewohnt wurden dafür keinerlei Beweise geliefert. Lokale Medien berichteten daraufhin, dass der Angriff der CIA einem Taliban-Kommandanten gegolten habe. »Es war ein Fehler«, hieß es. Doch diesen »Fehler« wollte Khan nicht einfach akzeptieren. Mit dem Drohnenangriff auf sein Haus begann sein langer Kampf um Gerechtigkeit. Khan hatte es sich zur Aufgabe gemacht, jene ausfindig zu machen, die für die Ermordung seiner Familienmitglieder verantwortlich sind, und sie zu verklagen. In Washington wurde die Arbeit des Journalisten kaum wahrgenommen, bis ihm etwas Unglaubliches gelang. Kareem Khan fand während seiner Recherchen den Namen des CIA-Büroleiters in Islamabad heraus: Jonathan Banks. Die Identität dieses Mannes galt bis zum damaligen Zeitpunkt als eines der bestgehüteten Geheimnisse der US-Botschaft in der pakistanischen Hauptstadt. In seiner Anklageschrift nannte Khan neben Banks den damaligen US-Verteidigungsminister Robert Gates sowie Ex-CIA-Chef Leon Panetta als Hauptverantwortliche für die Tötung seines Bruders und seines Sohnes. Während Jonathan Banks daraufhin umgehend aus Pakistan abgezogen wurde, blieb die Frage offen, wie Khan an den Namen des Geheimdienstchefs gelangt war. Juristische Unterstützung erhielt Khan von Mirza Shahzad Akbar, der den Fall dankend annahm. Hinzu kamen ein Dutzend weitere Drohnenopfer, die sich Khans Anklage anschlossen und dem Drohnenkrieg der CIA damit erstmals den Kampf ansagten. Fast sechs Jahre dauerte es, bis sich ein Gericht in Islamabad der Sache annahm. Insgesamt verlangte Khan eine Entschädigungssumme von 500 Millionen Dollar für die Opfer und ihre Hinterbliebenen. Doch die Personen, gegen die sich die Anklage richtete, allen voran Banks, waren schon längst außer Landes. Mittlerweile versucht Khan gerichtlich, eine Untersuchung über Pakistans Exekutive einzuleiten, um damit einen internationalen Haftbefehl gegen die

Täter zu erwirken. »Dieser Fall ist nichts anderes als Mord, ausgeführt auf pakistanischem Boden von US-Kräften. Es ist richtig, ihn als das zu bezeichnen, was er ist, und ihn zu untersuchen«, meinte Jennifer Gibson, Rechtsexpertin der britischen Menschenrechtsorganisation Reprieve in einem Interview mit dem *Independent*.[10]

Kareem Khan gehört seit dem Drohnenangriff auf sein Haus zu den engagiertesten Anti-Drohnen-Aktivisten Pakistans und lebt in ständiger Gefahr. Im Februar 2014 wollte Khan nach Europa reisen, um unter anderem in Brüssel vor dem Europäischen Parlament über den amerikanischen Drohnenkrieg in seiner Heimat zu sprechen. Allerdings kam es nicht zu der Reise. Rund 20 bewaffnete Männer, teils uniformierte, entführten Khan nahe seinem Haus in der Stadt Rawalpindi. Neun Tage lang war der Journalist verschwunden. Es ist wohl vor allem der couragierten Berichterstattung einiger pakistanischer Medien zu verdanken, dass das Gericht die Regierung schließlich anwies, Khan wieder freizulassen. In Interviews beschrieb Khan, dass unbekannte Männer seine Augen verbanden, ihn fesselten und in einer Folterkammer gefangen hielten. Khan wurde sowohl psychisch als auch physisch gefoltert und rechnete bereits fest damit, getötet und irgendwo verscharrt zu werden. Nach neun Tagen wurde er abermals in ein Auto gezerrt und von den unbekannten Männern auf einer Straße in Rawalpindi abgesetzt.[11] Für Akbar, Khans Anwalt, ist klar, dass der pakistanische Geheimdienst ISI hinter der Entführung steckte. Die Polizei gab hingegen an, über Khans Entführung keinerlei Informationen zu haben. Kurz nach Khans Freilassung reichte Akbar einen Untersuchungsantrag beim Hohen Gericht in Lahor ein. In den letzten Jahren wurden Hunderte vergleichbarer Anträge bei pakistanischen Gerichten eingereicht.[12] In allen wird dem pakistanischen Sicherheitsapparat vorgeworfen, Menschen entführt und oftmals auch getötet zu haben. Vor allem der ISI ist bekannt für ein derartiges Vorgehen. Prekäre Themen neben dem Drohnenkrieg der CIA sind zahlreiche andere Menschenrechtsvergehen, die mittlerweile zu Alltag gehören. Beispiele hierfür sind etwa die Unabhängigkeitsbestrebungen in der Provinz Belutschistan, die seit Jahrzehnten als Unruheherd gilt, sowie gezielte Angriffe auf Kritiker des Sicherheitsapparates.[13]

Obwohl Khans Peiniger ihm drohten, ihn abermals aufzusuchen, falls er seine Arbeit fortsetzen und öffentlich über den Drohnenterror sprechen würde, reiste der Journalist kurz nach seiner Entlassung nach Europa. In Brüssel sprach Khan mit Mitgliedern des Europäischen Parlaments über die Drohnenangriffe der CIA in Waziristan. Des Weiteren reiste der Journalist nach Europa, wo er mit britischen, niederländischen und deutschen Regierungsmitgliedern über den Drohnenkrieg in seiner Heimat sprach. In Deutschland traf Khan den Menschenrechtsausschuss des Bundestages, Mitglieder der Partei Bündnis 90/Die Grünen sowie Vertreter des Auswärtigen Amtes. Begleitet wurde der Journalist unter anderen von Noor Behram, seinem Kollegen aus Waziristan, seinem Anwalt Mirza Shahzad Akbar sowie von Jennifer Gibson von Reprieve. Gibson kritisierte in diesem Kontext vor allem die Mittäterschaft europäischer Staaten im Drohnenkrieg. Kareem Khan resümierte seine Europareise wie folgt: »Ich hoffe, dass meine Treffen mit Parlamentariern in Europa dabei helfen, auf die wahren Einflüsse des US-Drohnenkrieges aufmerksam zu machen. Es ist dringend erforderlich, dass Deutschland zu den Drohnen Stellung nimmt. Sie [die Drohnen] bringen niemandem Sicherheit – am wenigsten Verbündeten der USA.«[14]

Symbolischer Widerstand und verlorene Werte

Im September 2016 wurde bekannt, dass die Familie von Giovanni Lo Porto von der US-Regierung eine Entschädigungssumme von 1,3 Millionen Dollar erhält. Lo Porto war ein italienischer NGO-

Mitarbeiter, der 2015 durch einen Drohnenangriff in Waziristan getötet wurde. Gemeinsam mit Lo Porto starb auch Warren Weinstein, ein weiterer Entwicklungshelfer. Die beiden Männer wurden zum damaligen Zeitpunkt von al-Qaida-nahen Kämpfern als Geiseln festgehalten. Die Tötung Lo Portos und Weinsteins geriet schnell in europäische und amerikanische Schlagzeilen. Kein Wunder, denn hier wurden zwei weiße Männer aus westlichen Staaten durch US-amerikanische Drohnen getötet. Die Obama-Administration bedauerte den Tod der beiden Männer. Barack Obama fand emotionale Worte und sprach den Familien gegenüber sein tiefstes Mitgefühl aus – als Vater und Ehemann. Die Hinterbliebenen Lo Portos waren die erste Familie eines Drohnenopfers, die finanziell vom Weißen Haus entschädigt wurde. Viele andere Familien warten weiterhin vergeblich darauf.[15]

Unter ihnen ist auch die Familie von Mohammad Azam. Als er am 21. Mai 2016 seine Schicht begann, war es anfangs lediglich ein weiterer sonniger Morgen in Taftan, einer Stadt in der pakistanischen Provinz Belutschistan. Wie jeder andere Taxifahrer auf dieser Welt hatte sich Azam vorgenommen, seinen Tag damit zu verbringen, Fahrgäste von A nach B zu fahren. Doch am späten Nachmittag desselben Tages wurde sein verbrannter, kaum identifizierbarer Körper aufgefunden. Auch sein Fahrgast war tot. Azams Taxi wurde von den Hellfire-Raketen einer US-Drohne in die Luft gejagt. Das Ziel war sein letzter Fahrgast: Mullah Akhtar Mohammad Mansour, der damalige Führer der afghanischen Taliban und Nachfolger Mullah Omars. Doch im Gegensatz zu Mansour fand Azams Name in der internationalen Berichterstattung kaum Erwähnung. Aus ihm wurde ein Niemand gemacht, der im selben Fahrzeug wie der berüchtigte Taliban-Führer saß und damit mehr oder weniger selbst schuld war an seiner Ermordung. Anfangs war nicht einmal klar, ob die Drohne Mansour tatsächlich getötet hatte. Während Washington und die Regierung Ashraf Ghanis in Kabul seinen Tod verkündeten, forderten Beobachter einen endgültigen Beweis für den Tod des Talibanführers. Mit den »Fehlern« der Vergangenheit war man nämlich allzu gut vertraut. Immer wieder hieß es seitens Medien und Regierungsvertretern, dass dieser oder jener Extremistenführer durch einen vorgeblich präzisen Drohnenangriff getötet wurde – nur um dann wieder lebendig in Erscheinung zu treten. Wer stattdessen getroffen wurde, blieb in den meisten Fällen im Dunkeln. Im Falle Mansours wurde seine Identität erst bestätigt, nachdem die pakistanische Regierung seine DNA mit der eines Familienmitglieds hatte vergleichen lassen. Der Fall wurde damit abgeschlossen. Einige Tage später wurde lediglich bekannt, dass ein weitaus rücksichtsloserer und radikalerer Mann – Maulavi Haibatullah Akhundzada – in Mansours Fußstapfen getreten war und zum neuen Taliban-Führer ernannt wurde. Das andere Opfer des 21. Mai, der bescheidene Taxifahrer Mohammad Azam, war nicht einmal eine Zeile wert.

Mohammad Qasim, Azams Bruder, ist wütend.[16] »Mein Bruder war unschuldig«, wiederholt er mehrmals. »Wir – seine Familie – sind uns sicher, dass er nichts von der Identität seines letzten Fahrgastes wusste. Wie viele andere Drohnenopfer hatte Azam keinerlei Verbindungen zu militanten Gruppierungen«, sagt Qasim. Ihm zufolge wurde Azam am Tag seines Todes darüber informiert, dass ein lokaler Geschäftsmann auf ein Taxi warte. Der Talibanführer benutzte gefälschte Dokumente und wies sich mit einem anderen Namen aus. Mansour konnte in mehrere Staaten problemlos ein- und ausreisen, was er nach letzten Berichten auch regelmäßig tat. Für den Taxifahrer Azam war jener Mann, der für ihn nur ein weiterer normaler Fahrgast war, der Grund, wieso er zu einem »Kollateralschaden« des amerikanischen Drohnenkrieges wurde. Für seine Angehörigen wiegt der Verlust des Vaters schwer: Laut dessen Bruder Mohammad Qasim war er der Haupternährer seiner ganzen Familie. Azam hinterlässt eine Frau und vier Kinder. Weitere Verwandte waren ebenfalls von ihm abhängig und leben allesamt in sehr armen Verhältnissen.

Kurz nach Azams Tötung beantragte Mohammad Qasim einen sogenannten First Investigation Report (FIR) in einer Polizeistation in Belutschistan. Auf diesem Weg will Qasim erreichen, dass die Todesumstände seines Bruders untersucht werden und die Verantwortlichen zur Rechenschaft gezogen werden. »Wir wollen Gerechtigkeit. Mein Neffe war unschuldig und kein Terrorist«, sagt Hajji Khuda-i-Nazar, Azams Onkel. In dem handgeschriebenen Papier macht Mohammad Qasim die USA für den Tod Azams verantwortlich. Doch die US-Regierung betrachtet Azam weiterhin als »feindlichen Kämpfer«, der zu Recht getötet wurde.[17] Über ein Jahr nach Azams Tod steht seine Familie weiterhin allein und machtlos da. »Niemand interessiert sich für den Tod meines Bruders. Kein einziger Politiker hat sein Beileid ausgedrückt. Außerdem sind wir zu arm. Wir können uns keinen Anwalt leisten, der uns und unser Anliegen vertritt«, sagt Qasim. Mohammad Azams Familie hat nicht das Glück, einen privilegierten, westlichen Hintergrund zu haben. Aus diesem Grund wurde ihr keine Aufmerksamkeit zuteil. Barack Obama, der Ehemann und Familienvater, wendete sich mit keinerlei Worten an Azams Kinder und dessen Ehefrau. Von einer siebenstelligen Entschädigungssumme kann Azams Familie nur träumen. Sie erhielt keinen einzigen Dollar. Doch der mutige Akt, den Mohammad Qasim, Azams Bruder, vollbrachte, ist dennoch von großer Bedeutung, auch wenn er womöglich klein wirken mag. Mit seinem einfachen Schreiben – dem FIR – machte Qasim nämlich nicht nur das Unrecht deutlich, was seinem Bruder und seiner Familie widerfahren ist, sondern beschrieb auch den Drohnenkrieg der USA als das, was er ist: nämlich als das kriminelle Vorgehen eines Staates, der sich selbst als demokratisch und rechtsstaatlich betrachtet, während er Tausende von Menschen tagtäglich terrorisiert und per Knopfdruck auslöscht. Wie viele andere zivile Opfer war Mohammad Azam an jenem Tag lediglich zur falschen Zeit am falschen Ort. Selbst wenn Azam den Talibanführer Mansour erkannt hätte, wäre es niemals legitim gewesen, ihn einfach so zu töten – seine Ermordung ist ein klarer Verstoß gegen die Menschenrechte und gegen jene Werte, für die der Westen vorgibt, in der Region zu kämpfen. Nach diesen Kriterien müsste selbst die Tötung des Talibanführers Mansour in Frage gestellt werden. Die Praxis und der Alltag in den betroffenen Regionen machen allerdings deutlich, dass all diese Errungenschaften schon längst über Bord geworfen wurden. Die Unschuldsvermutung, das Recht auf körperliche Unversehrtheit, der Anspruch auf ein faires Gerichtsverfahren – all diese Grundlagen demokratischer Freiheiten werden von den Vereinigten Staaten mit Füßen getreten. Mohammad Azam und zahlreichen anderen Menschen, die weiterhin namenlos und unsichtbar bleiben werden, wurden diese unveräußerlichen Rechte auf grausame Art und Weise verwehrt.

Widerstand gegen die Mittäter: Wie der Versuch, gegen Ramstein zu klagen, scheiterte

Der 27. Mai 2015 war für Faisal bin Ali Jaber ein wichtiger Tag. Der Ingenieur aus Jemen, dessen Neffe und Schwager durch einen Drohnenangriff getötet wurden, hatte seine Aussage vor dem Kölner Verwaltungsgericht getätigt. Warum das Ganze in Deutschland stattfand, hatte einen Grund. Da Deutschland den illegalen Drohnenkrieg der USA massiv unterstützt – vor allem durch die US-Militärbasis in Ramstein –, machte bin Ali Jaber gemeinsam mit zwei Familienangehörigen die Bundesregierung für den Mord an seinen Verwandten mitschuldig. Er wollte Berlin zur Rechenschaft ziehen. Am 29. August 2012 feuerten im Dorf Khashamir im Osten Jemens kurz nach der Hochzeitsfeier von bin Ali Jabers Sohn US-Drohnen fünf Hellfire-Raketen ab. Dabei wurden nicht nur drei mutmaßliche Mitglieder von al-Qaida auf der

Arabischen Halbinsel getötet, sondern auch Salem, der Schwager bin Ali Jabers, sowie Waleed, sein Neffe. Salem war ein Imam, der sich in seinen Predigten regelmäßig offen gegen al-Qaida aussprach. Waleed war Polizist. Die beiden unschuldigen Männer wurden von den Raketen in Stücke gerissen. Nachdem bin Ali Jaber und die anderen Dorfbewohner den Tatort erreicht hatten, konnte nur noch eingesammelt werden, was von den Opfern übrig blieb. Seit dem Angriff leidet die Familie, die Gemeinschaft, das gesamte Dorf. Die Symptome, die bin Ali Jaber beschreibt, sind typisch für Drohnenopfer und ihre Familienmitglieder und treten in den betroffenen Gebieten immer wieder in Erscheinung. »Meine Tochter war massiv beeinträchtigt und lag aufgrund des Traumas 20 Tage lang im Bett. Bis heute wird sie panisch, wenn sie laute Geräusche hört, und hat Angst vor der Dunkelheit«, erzählt bin Ali Jaber. Auch der Ingenieur selbst litt unter Angstzuständen. Er stand lange Zeit unter Schock, war stark depressiv und konnte sechs Monate lang nicht arbeiten, bis er letztendlich seine Arbeitsstelle verlor und durch jemand anderen ersetzt wurde. Noch schlimmer traf es den engen Familienkreis Salems. Nachdem seine Ehefrau und seine sieben Kinder ihren Ernährer verloren hatten, waren sie gezwungen, in das Dorf von Salems Vater zu ziehen, damit sich dieser um sie kümmern konnte. Auf Salems Mutter hatte der Verlust ihres Sohnes schwere Auswirkungen. Nach mehreren Herzattacken verstarb sie einen Monat nach dem Anschlag.

Obwohl die Bundesregierung von alldem nichts wissen wollte und jegliche Verantwortung stets von sich wies, schien die Beweislast zum gegenwärtigen Zeitpunkt mehr als erdrückend. Dennoch war das Gericht in Köln in der Angelegenheit anderer Ansicht: Die Bundesregierung sei nicht verpflichtet, den USA die Nutzung ihres Militärstützpunktes Ramstein für Drohnenangriffe in Jemen zu untersagen. Die Klage sei »in der Sache unbegründet«, sagte die Vorsitzende Richterin Hildegund Caspari-Wierzoch. Zwar könnten sich die Kläger tatsächlich auf eine Schutzpflicht der Bundesregierung berufen – eine solche Pflicht bestehe auch gegenüber im Ausland lebenden ausländischen Staatsangehörigen, wenn deren Gefährdung vom deutschen Hoheitsgebiet ausgehen, befand das Gericht. Bei der Erfüllung der Schutzpflicht stehe der Bundesregierung aber »ein weiterer Einschätzungs-, Wertungs- und Handlungsspielraum zu«, gerade wenn außenpolitische Angelegenheiten betroffen seien. Für Faisal bin Ali Jaber stellte dies nichts anderes als die Reinwaschung der Täter dar. Für ihn ist Deutschland am Tod von Waleed und Salem mitschuldig und trägt für alle anderen Drohnenmorde, die ohne die Basis in Ramstein nicht möglich wären, eine Verantwortung. Vom deutschen Rechtsstaat, der seiner Meinung nach die Einhaltung von Menschenrechten politischen Bündnisinteressen unterordnet, ist der Jemenite schwer enttäuscht: »Wenn Staaten auf die gleiche Art und Weise agieren wie al-Qaida, dann kümmern sie sich genauso wenig um Menschenrechte. Sie unterscheiden sich nicht von den Terroristen«, stellt bin Ali Jaber fest. Die Klage des Ingenieurs wurde von der britischen Menschenrechtsorganisation Reprieve sowie dem in Berlin ansässigen European Center for Constitutional and Human Rights (ECCHR) unterstützt. Beide zeigten sich nach dem Urteil enttäuscht. Faisal bin Ali Jaber hofft weiterhin, dass Deutschland seine Zusammenarbeit mit den USA beendet und die Basis in Ramstein schließt. Dass es dazu kommt, ist nach dem Urteil allerdings unwahrscheinlich. Dennoch hatte bin Ali Jabers Anklage auch einen hohen symbolischen Wert, denn sie schaffte Bewusstsein für ihn, seine Familie und all die anderen namenlosen Drohnenopfer. Doch das Urteil des Kölner Gerichts macht auch Folgendes deutlich: Nicht nur auf politischer, sondern auch auf juristischer Ebene gibt es keinerlei Einsicht zu den Kriegsverbrechen, an denen sich Deutschland täglich beteiligt. Die Menschen in Jemen, in Afghanistan, in Somalia oder in Pakistan gelten als vogelfrei. Das Unrecht, das ihnen regelmäßig widerfährt, wird in keiner Weise in Frage gestellt – und auch der Verrat, den man an den eigenen Werten und Prinzipien begeht, wird nicht wahrgenommen. Von einer deutschen Regierung unter Angela Merkel, die ein vorbildlicher NATO-Partner sein will und darüber regelmäßig das eigene Grundgesetz vergisst, wäre nichts anderes zu erwarten gewesen. Von einem angeblich unabhängigen und rechtsstaatlichen Prinzipien verpflichteten deutschen Gericht allerdings schon.

Der blinde Fleck namens Kunduz

Ein Mann, der mit der Handhabe der deutschen Justiz in Sachen Kriegsverbrechen vertraut ist, ist der deutsch-afghanische Anwalt Karim Popal.[18] Bis heute vertritt Popal die Familien der Opfer des NATO-Bombardements von Kunduz im September 2009. Über 150 Zivilisten wurden damals in der nordafghanischen Provinz durch die Bomben der NATO, die auf den Befehl des Bundeswehrobersts Georg Klein fielen, getötet. Die sogenannte Kunduz-Affäre fand auch in den deutschen Medien weitreichende Beachtung. Wenn auch mit einigen Jahren Verspätung, wurde der deutschen Öffentlichkeit plötzlich bewusst, dass in Afghanistan ein brutaler Krieg herrscht, an dem sich Deutschland sehr direkt beteiligt. Am Hindukusch wird nicht die Freiheit Deutschlands verteidigt, sondern jene der Afghanen angegriffen. Dennoch wurde Oberst Klein für sein Vergehen, welches selbst nach NATO-Kriterien eines darstellte, von jeglicher Schuld freigesprochen. 2012 wurde der Oberst sogar zum General befördert. Für seine Opfer in Kunduz war das ein Schlag ins Gesicht. Berichten zufolge hat die Bundeswehr in Afghanistan bis jetzt Entschädigungszahlungen in Höhe von 1,1 Millionen Dollar bezahlt. Mehr als die Hälfte davon ging an die Opfer von Kleins Massaker. Die Bundeswehr zahlte jeder

Opferfamilie gerade einmal 5 000 Dollar – und das unabhängig davon, wie viele Mitglieder die jeweilige Familie durch den Angriff verloren hatte. Für andere Kriegsschäden, etwa zerstörte Autos, wurden 10 000 Dollar bezahlt.[19] Währenddessen erhalten die Angehörigen gefallener Bundeswehrsoldaten rund 100 000 Euro. Popal empfindet das als reine Verhöhnung. Hinzu komme, dass keiner der Hinterbliebenen direkt entschädigt wurde. Die Zahlungen wurden von der Bundesregierung mit korrupten Lokalpolitikern wie dem Gouverneur von Kunduz abgewickelt und waren in erster Linie eine PR-Show. Popal hat es sich deshalb zur Aufgabe gemacht, höhere Entschädigungszahlungen für die Hinterbliebenen aller Opfer zu erzielen. »Afghanen sind nicht so billig«, sagt Popal und verlangt mindestens 39 000 Euro für jeden getöteten Angehörigen. Doch bis zum gegenwärtigen Zeitpunkt ist Popal mit seinem Kampf kläglich gescheitert. Seine letzte Klage wurde vom Bundesgerichtshof zurückgewiesen. »Man hat den eigenen Soldaten auf internationaler Ebene einen Freibrief erteilt und damit gewisse Gesetze, zum Beispiel § 839 BGB (Haftung bei Amtspflichtverletzung), praktisch außer Kraft gesetzt. Diese gelten plötzlich nicht mehr für Auslandsmaßnahmen des Verteidigungsministeriums«, sagt Popal und kommt dabei zu folgendem Schluss: Wenn die Bundesverteidigungsministerin im Ausland irgendeine Person aus irgendwelchen Gründen tötet, können Betroffene in Deutschland keine Klage erheben. Dies könnte in Zukunft alle deutschen Soldaten, die sich in Auslandseinsätzen befinden, betreffen. Deutsche Kriegsverbrechen sollen demnach gar nicht mehr als Verbrechen bezeichnet werden. Die Täter können weiterhin unbescholten agieren und können, wie im Fall von Klein, sogar befördert werden, während die vollkommen machtlosen Opfer mundtot und unsichtbar gemacht werden. Kunduz ist das beste Beispiel dafür, dass die deutsche Justiz sich eindeutig zu einem Instrument der Regierung und der Bundeswehr gemacht hat und damit ihre eigene Unabhängigkeit untergräbt. Wenn es um Kriegsverbrechen geht, handelt die Justiz im Interesse der Politik. Jenen, die sich offen dagegen einsetzen, werden Knüppel zwischen die Beine geworfen. Je mehr Popal seine Forderungen publik machte, umso heftiger wurde auch die mediale Schmutzkübelkampagne gegen ihn, die ihn unter anderem als eine Art unseriösen Taliban-Anwalt darstellte. Mit seiner Anklage und der offenen Kritik am Krieg der Bundeswehr in Afghanistan hatte sich Popal innerhalb der politischen und medialen Kreise Deutschlands viele Feinde gemacht. »Es wurde deutlich, dass viele Medien die Narrative der Bundesregierung kritiklos unterstützen und nicht bereit waren, neutral zu berichten«, erinnert sich Popal. Auch zu Ramstein und zu den Kampfeinsätzen in seiner Heimat findet der Anwalt klare Worte und spricht von »sehr deutlichen Kriegsverbrechen«, die allesamt ähnliche Schemata aufweisen. Die Provinz Kunduz wurde mittlerweile wiederholt zu einem Schauplatz von NATO-Kriegsverbrechen. Im Oktober 2015 wurde in der gleichnamigen Provinzhauptstadt ein Krankenhaus der »Ärzte ohne Grenzen« von der NATO bombardiert. Bei dem Angriff, bei dem höchstwahrscheinlich sowohl konventionelle Kampfflugzeuge als auch Drohnen zum Einsatz kamen, wurden über 40 Menschen getötet. Bei den Opfern handelte es sich um Mitglieder des Krankenhauspersonals und um Zivilisten. Von allen Menschenrechtsbeobachtern einschließlich der UN und »Ärzte ohne Grenzen« wurde der Angriff als Kriegsverbrechen eingestuft.[20] Das US-Militär und die afghanische Regierung behaupteten, dass bewaffnete Talibankämpfer sich im Krankenhaus aufhielten, was wiederum von »Ärzte ohne Grenzen« laut und deutlich bestritten wurde. Insgesamt änderte das Weiße Haus seine Sicht der Dinge ganze vier Mal innerhalb kürzester Zeit und verstrickte sich damit in immer mehr in Widersprüche. Anschließend hieß es, dass man eine Untersuchung einleiten werde. Zum gleichen Zeitpunkt forderten »Ärzte ohne Grenzen« und andere Akteure eine unabhängige Untersuchung, die nicht der Kontrolle der Täter – in diesem Fall sowohl das US-Militär als auch die afghanische Regierung – obliegt. Laut dem teils geschwärzten Bericht des US-Militärs wurde das Krankenhaus aufgrund »einer Folge von Fehlern« zum Ziel. Der Angriff sei nicht als Kriegsverbrechen zu bewerten, und so wurden lediglich gegen 16 Angehörige des Militärs Disziplinarstrafen ausgesprochen. Eine Strafverfolgung hat jedoch niemand von ihnen zu befürchten. Abgesehen davon blieben ihre Identitäten geheim, wodurch man nicht verfolgen kann, ob ein Individuum überhaupt auf irgendeine Art und Weise bestraft wurde.

In einem ausführlichen UN-Bericht zum Angriff wurde das Vorgehen des US-Militärs unter anderem als »unentschuldbar« und »möglicherweise kriminell« bezeichnet. Zu einem ähnlichen Ergebnis kam ein Bericht von »Ärzte ohne Grenzen«, der schockierende Details zu jener Nacht enthält. Beide Berichte betonen die Tatsache, dass die Koordinaten des Krankenhauses in Kunduz mehrmals an alle Kriegsparteien sowie an weitere Akteure übermittelt wurden und man deshalb sicher davon ausging, nicht zum Ziel zu werden. Trotzdem wurde das Krankenhaus gezielt bombardiert und ganze 211 Mal getroffen. Eine ausführliche Recherche von *The Intercept* machte deutlich, wie widersprüchlich sich die verantwortlichen Akteure, sprich, amerikanisches und afghanisches Militär nach dem Angriff verhalten haben.[21] Außerdem zeigte sie auf, in welchem Kommunikations-Wirrwarr die westlichen Militärmissionen in Afghanistan stattfinden: So ist etwa permanent von zwei verschiedenen Missionen die Rede: »resolute Support« von der NATO und die rein amerikanische Mission »Freedom's Sentinel«. Das Problem ist jedoch die Tatsache, dass beide Missionen keine klar getrennten Kommandostrukturen haben. Stattdessen wird den Militärs eine Art frei verfügbarer Werkzeugkasten an die Hand gegeben, in dem sie sich je nach Bedarf ihre Kompetenzen heraussuchen können.

Im November 2016 wurden weite Teile der Provinz Kunduz abermals von Talibankämpfern erobert oder waren bereits unter deren Kontrolle. Als Folge darauf kam es zu heftigen Gefechten mit der afghanischen Armee und dem US-Militär, während derer das Dorf Buz-e Kandahari im Westen der Provinz zum Ziel zahlreicher Luftangriffe wurde. In der Nacht zum 3. November wurden weite Teile des Dorfes permanent von Kampfjets und Drohnen angegriffen und zerstört, wobei mindestens 36 Zivilisten, darunter zahlreiche Frauen und Kinder, starben.[22] Augenzeugen berichteten vom brutalen Zerstörungswahn der Piloten, die alles angriffen, was in ihr Sichtfeld kam. »Hier wurde nicht zwischen Talibankämpfern und unbewaffneten Menschen unterschieden. Wir wurden alle zum Ziel gemacht. Man wollte das gesamte Dorf auslöschen«, gab einer der Dorfbewohner später zu Protokoll. Am Tag darauf demonstrierten zahlreiche Afghanen aus Kunduz gegen das Massaker der US-Streitkräfte. Unter anderem forderten die Demonstranten eine unabhängige Untersuchung des Angriffs auf das Dorf. Wie gewohnt fand diese nicht statt. Stattdessen führte das US-Militär – also der Täter – nach den Anschuldigungen abermals seine eigene Untersuchung durch. Letztendlich kam es zum Schluss, dass die Massenbombardierung eines ganzen Dorfes und die Tötung von 36 Zivilisten ein »Akt der Selbstverteidigung« gewesen sei.[23]

Für Karim Popal ist klar: Haupttäter bei solchen Massakern in Afghanistan ist stets die NATO, die vom US-Militär geführt und dominiert wird. Staaten wie Deutschland spielten allerdings eine entscheidende Mittäterrolle. Im Norden Afghanistans leitet die Bundeswehr Informationen zu möglichen Zielen an das US-Militär weiter, welches dann die Bombardements durchführt. In diesem Kontext darf nicht vergessen werden, dass auch Deutschland im Interesse der NATO und der USA handelt und Kriegsverbrechen – wie der Partner in Washington – bewusst ausblendet oder relativiert. Die Kriegsverbrecher der NATO werden allerdings weder in Deutschland noch anderswo juristisch belangt, weil die Politik es nicht zulässt.

Widerstand von innen

Im Juni 2015 wendeten sich 45 ehemalige Angehörige des US-Militärs mit einem öffentlichen Brief an Drohnenpiloten der US-Armee. In dem Brief wurden die Piloten dazu aufgerufen, die Teilnahme an tödlichen Missionen in Afghanistan, Syrien, Pakistan und anderen Ländern, die von den USA bombardiert werden, zu verweigern. Der Grund: Die Praxis des Drohnenkrieges verstößt gegen US-amerikanisches und internationales Recht und stellt einen klaren Verstoß gegen die Menschenrechte dar.[24] Im Brief heißt es, dass mindestens 6000 Menschenleben »unrechtmäßig« durch Drohnenangriffe in mehreren Ländern der Welt »genommen wurden.« Die genannte Zahl war bis zum damaligen Zeitpunkt unbekannt. Obwohl aus ihr nicht hervorgeht, wie viele Opfer davon Zivilisten gewesen waren und wie viele militanten Gruppierungen angehörten, sagt das Wort »unrechtmäßig« einiges aus. Des Weiteren ist die Annahme von 6000 zivilen Opfern zumindest eine Annäherung an das tatsächliche Ausmaß des Drohnenterrors. Der Brief der ehemaligen Militärs war ein wichtiges Zeichen und nicht nur von symbolischer Bedeutung. Er hatte das Potential, Drohnen-Crews in Nevada und anderen Landesteilen der Vereinigten Staaten zu erreichen. Die Aussage des Briefes war eindeutig: Selbst jene, die einst dem US-Militär angehörten und ihrem Land treu dienten, sind der Meinung, dass Drohnenangriffe nichts anderes als Morde per Knopfdruck darstellen. Hinzu kommt, dass diese Praxis bei den Piloten und Operatoren der Drohnen, die sich in vielen Fällen physisch noch nie auf einem Schlachtfeld befunden haben, psychische Krankheiten wie die posttraumatische Belastungsstörung hervorruft. Die psychischen Schäden sind demnach durchaus vergleichbar mit denen der Soldaten, die im Kriegsgebiet zum Einsatz kamen. Inwiefern der Brief der ehemaligen Militärs bereits Erfolg hatte, lässt sich allerdings schwer beurteilen. Selbst wenn Drohnen-Crews aufgrund dieses Briefes ihre Missionen abgebrochen haben, sind sie der Öffentlichkeit bis jetzt nicht bekannt.

Dystopie pur

In Babylon A. D., einem französischen Dystopie-Streifen aus dem Jahr 2008, lebt die Menschheit in einer düsteren Welt, die von Krieg, Armut und Gewalt geprägt ist. In einer Szene geraten die Protagonisten, angeführt vom US-amerikanischen Schauspieler Vin Diesel, in einer Eiswüste unter Beschuss. Sie befinden sich im Visier von Killerdrohnen, die jeden Menschen, der das Terrain der Wüste betritt, unter Beschuss nehmen. Die Film-Drohnen sind voll automatisierte Roboter, die ihre Ziele eigenständig erkennen und töten. Es gibt keine Piloten, keinen handelnden Menschen, der danach zur Verantwortung gezogen werden könnte. Was heute noch das Szenario eines dystopischen Films ist, könnte schon bald düstere Realität werden. Schon seit geraumer Zeit versucht das Pentagon, seine Waffensysteme mit künstlicher Intelligenz auszurüsten. Im Oktober 2016 berichtete die *New York Times* vom Testflug einer Drohne im US-Militärcamp Edwards im Bundesstaat Massachusetts.[25] Das kleine Fluggerät glitt über die Nachbildung eines nahöstlich anmutenden Dorfes und scannte ein Gebäude, das die Anmutung einer Moschee hatte, mit seiner Kamera. Einen Piloten oder eine Fernsteuerung gab es nicht, stattdessen war die Drohne des US-Militärs mit einer AI-Software, einem Programm für künstliche Intelligenz, ausgestattet. Die Software machte aus dem eigentlich harmlosen Gerät einen Roboter, dessen Aufgabe es nun war, bewaffnete Kämpfer – Schausteller mit AK47-Replikaten – ausfindig zu machen. Das Ziel und der weiterführende Gedanke dieses Tests sind eindeutig. Drohnen sollen in Zukunft ihre Ziele automatisch wahrnehmen können – und eigenmächtig töten. Das Pentagon hat bereits mehrere Milliarden Dollar in die Entwicklung intelligenter Waffen investiert. Die USA setzt vieles daran, eine Art Roboter-Armee, wie man sie nur aus Science-Fiction-Filmen kennt, aufzubauen. Raketen, die selbst entscheiden, wer das Ziel ist, und Schiffe, die ohne jegliche menschliche Bedienung feindliche U-Boote jagen können, wurden bereits gebaut und getestet. Durch all diese tödlichen Errungenschaften soll die globale Macht des US-Imperiums weiterhin erhalten bleiben. Eine »Drohne mit elektronischem Gehirn«, wie jene aus »Babylon A. D.« und anderen Filmen, ist die nächste Stufe. Die Wahrscheinlichkeit ist hoch, dass die Menschen in Afghanistan, in Jemen, in Somalia und in all den anderen Ländern, in denen die USA Kriege führen, schon bald von vollautomatischen Robotern gejagt werden. Zum gleichen Zeitpunkt verharmlost das US-Militär seine Pläne und spricht von automatischen Waffen, die »mehr Iron Man« und »weniger Terminator« sein sollen.[26] Derartige Vergleiche greifen viel zu kurz und sind nichts weiter als bloße Propaganda. Während das Pentagon davon überzeugt ist, dass die Roboter-Waffen Partner und nicht Feinde der Menschen werden, sollte man angesichts der amerikanischen Pläne hoch alarmiert sein. Automatische Waffen könnten die Massenvernichtungswaffen, die Kalaschnikows von morgen werden – und sich womöglich jeglicher Kontrolle entziehen. Es ist nicht auszuschließen, dass Hollywoods Dystopien demnach schon bald schreckliche Realität werden.

Doch im Gegensatz zum Großteil der Bevölkerung ist das US-Militär auf die bevorstehende dystopische Zukunft vorbereitet. Laut eines Lehrvideos[27], das an der Joint Special Operations University des Pentagons als Arbeitsmaterial verwendet wird, werden komplexe Konflikte in globalen Megastädten die Zukunft prägen. In dem fünfminütigen Video »Megacities: Urban Future, the Emerging Complexitiy« wird dem US-Militär im Jahr 2030 eine Rolle des »Retters der Menschen« zugeschrieben, das in einer postapokalyptischen Welt für Ordnung sorgen soll. Kriegsschauplätze sollen dann vor allem große Städte sein, die zukünftig die Mehrheit der Weltbevölkerung beherbergen werden. In diesen Städten, so heißt es, werden religiöse und ethnische Konflikte, organisierte Kriminalität, Chaos und alternative Regierungsformen den Alltag prägen. Hinzu kämen eine steigende Kluft zwischen Arm und Reich, politische Unzufriedenheit und Aufbegehren. »In einer Stadt mit zehn Millionen Einwohnern, in der man die Unterstützung von 99 Prozent der Bevölkerung hat, repräsentieren die verbleibenden ein Prozent eine Bedrohung von einhunderttausend [Menschen]«, erklärt eine mechanisch klingende Männerstimme, während Bilder aus Krisenregionen und Slums eingeblendet werden und eine melancholisch klingende Musik im Hintergrund gespielt wird. Die Botschaft des Videos ist eindeutig: Das US-Militär ist auf die dystopische Zukunft, die ihr in den chaotischen Megastädten angeblich bevorsteht, nicht vorbereitet und muss dementsprechend eingestimmt werden. Wie das unter anderem geschehen kann, wird erklärt. »Sogar unsere Aufstandsbekämpfungsdoktrin, feingeschliffen in den Städten Iraks und in den Bergen Afghanistans, ist unzureichend, um das Ausmaß der Bevölkerung in der zukünftigen, urbanen Realität anzugehen«, sagt die mechanische Stimme. Man könnte sich in diesem Kontext auch fragen, warum überhaupt zwei Kriege, in denen das US-Militär in jeglicher Hinsicht versagt hat, als mögliche Lösung in den Raum geworfen werden. Dem Video des Pentagons ist vor allem Folgendes zu entnehmen: Selbst die brutalen technologischen »Errungenschaften« des US-amerikanischen Militärs, durch die Hunderttausende von unschuldigen Menschen getötet wurden, reichen für die Zukunft nicht aus. Gleichzeitig wird auch deutlich, dass die gegenwärtigen Aktivitäten des Pentagons bald auch in Städten stattfinden sollen. Dies betrifft vor allem Drohnenangriffe und Einsätze von Spezialtruppen, die zurzeit nur, wie der Sprecher des Videos sagt, in den

»Städten Iraks« und in den »Bergen Afghanistans« zum Alltag gehören. Um die Menschheit vor den imaginierten brutalen Auswüchsen der futuristischen Megastädte zu retten, wünscht sich das Pentagon hochentwickelte, »intelligente« Waffensysteme, welche die »Herausforderungen« einer dystopischen Zukunft meistern sollen. Es ist alles andere als unvorstellbar, dass in südamerikanischen, asiatischen, arabischen oder asiatischen Städten schon bald Roboterdrohnen patrouillieren, die selbst entscheiden, wen sie töten und wen nicht. Auf dem Boden könnten Robocops und Polizeieinheiten das Sagen haben, die hochtechnologisch ausgerüstet Jagd auf Terroristen, Kriminelle, Demonstranten, Journalisten und anderweitige Personen machen, die dem System – dem Imperium – nicht gefügig sind. Die Wege hierfür wurden bereits geebnet. Rechtliche Hürden gibt es keine, da die Vereinigten Staaten sich nicht an Recht und Gesetz halten. Ihre gegenwärtigen Militäroperationen, allen voran das regelmäßige Töten per Knopfdruck auf dem Schlachtfeld namens Erde, machen dies mehr als deutlich.

Im August 2017 hat sich Tesla-Chef Elon Musk gemeinsam mit 116 weiteren Technologie-Pionieren aus 26 Staaten in einem offenen Brief gegen die automatisierte Kriegsführung mit Robotern und künstlicher Intelligenz ausgesprochen. Die Unterzeichner des Briefes appellieren an die UN, die Entwicklung von Killer-Robotern zu verbieten und damit ein neues Kriegszeitalter zu verhindern. »Wir haben nicht mehr viel Zeit, um zu handeln. Sobald die Büchse der Pandora geöffnet ist, wird es schwer sein, sie wieder zu schließen«, ist in dem Brief zu lesen.[28] Der Erfolg der Aktion ist mehr als fraglich, denn insgesamt stehen die Zeichen auf Militarisierung vieler Gesellschaften dieses Planeten. Die amerikanische Zivilbevölkerung hat etwa bei der Amtseinführung von Donald Trump schon einen Vorgeschmack auf das neue Zeitalter bekommen, als ein massiver Sicherheitsapparat Demonstranten und Journalisten zum Teil wie imperiale Truppen aus der Star-Wars-

Reihe in die Schranken wies. Ähnliche Szenarien spielten sich auch auf dem G20-Gipfel im Juli 2017 in Hamburg ab, als Kapitalismuskritiker, Demonstranten und Journalisten aus aller Welt von schwer bewaffneten, futuristisch anmutenden Polizeitrupps empfangen wurden. Szenarien wie diese gibt es mittlerweile zuhauf auf allen Kontinenten dieser Welt. Genauso wie der Alltag in den Bergen Waziristans oder in den Wüsten Jemens machen sie deutlich, dass wir schon längst in der Dystopie leben.

Ausblick

Im August 2017 wurde bekannt, dass die US-Regierung von Präsident Donald Trump erwägt, ihren Drohnenkrieg auszuweiten. Die Philippinen sollen zu einem weiteren Schauplatz der Angriffe werden. In den letzten Monaten haben sich in einigen Teilen des Landes Daesch-Zellen etabliert. Diese sollen nun bekämpft werden, wie Vertreter der US-Regierung gegenüber dem Nachrichtensender *NBC News* zu Protokoll gaben.[29] Kurz darauf berichtete der *Daily Caller,* dass ein namentlich nicht genannter, hoher Beamter des US-Sicherheitsapparates mit »direktem Wissen« dem Medium versichert hätte, dass keine Drohnenangriffe in unmittelbarer Zukunft in den Philippinen geplant seien.[30] Unwahrscheinlich ist ein solches Szenario allerdings nicht. Dies hat auch mit der Tatsache zu tun, dass Berichten zufolge US-Drohnenangriffe in den Philippinen bereits stattgefunden haben. 2012 berichtete die *New York Times* von einem Drohnenangriff, der sich 2006 in den Philippinen ereignet haben soll. Ziel war angeblich ein indonesischer Extremist.[31] Laut der Brookings Institution, einer Denkfabrik mit Sitz in Washington, schlugen im Februar 2012 auf der südlichen Insel Jolo mehrere Hellfire-Raketen ein. Mindestens 15 Menschen wurden bei den Angriffen getötet, während die ganze Insel in Angst und Schrecken versetzt wurde. Ziel waren angeblich die Mitglieder der radikalen Gruppierung Abu Sayyaf, die seit den 90er-Jahren im Land aktiv ist und sich mittlerweile dem IS angeschlossen hat. Der Thinktank bezeichnete diesen Anschlag als ersten Drohnenangriff in Südostasien.[32]

Sowohl von den USA als auch von der philippinischen Regierung, deren Militär zum Teil von US-Streitkräften unterstützt wird, wurden die Angriffe geleugnet. Vieles spricht allerdings dafür, dass das Weiße Haus und das Pentagon wie gewohnt die Unwahrheit sagen. Eine offizielle Ausweitung des Drohnenkrieges in den Philippinen, wie sie nun verkündet wurde, stellt allerdings neue und besonders besorgniserregende Dimensionen dar. Überraschend ist eine solche Entwicklung jedoch keineswegs. Der Drohnenkrieg ist zum Trend geworden. Zu keinem Zeitpunkt besaßen die USA mehr bewaffnete Drohnen als zum gegenwärtigen. Die US-Luftwaffe bildet in diesen Tagen mehr Piloten für Drohnen als für bemannte Flugzeuge aus. Das massenhafte Töten per Knopfdruck ist keine düstere Zukunftsvision, sondern die Gegenwart des Krieges. Hierfür spricht auch die Tatsache, wie viele Staaten, militante Gruppierungen und anderweitige Akteure die Kriegsführung der Vereinigten Staaten imitieren. In Anbetracht dieser Realität muss man sich die Frage stellen, wie der Blick in die Zukunft aussehen könnte. Gegenwärtig weist alles darauf hin, dass die automatisierte Kriegsführung der nächste Schritt sein wird. Der Weg vom Start des ersten Kampfjets bis zum ersten Bombardement wird in der Menschheitsgeschichte ein kurzer gewesen sein. Die Menschen in Afghanistan, Jemen, Pakistan, Irak, Syrien, Somalia und Libyen und wahrscheinlich auch in weiteren Ländern – zukünftigen Schauplätzen der Kriege des US-Imperiums – werden vor den Roboterarmeen kaum fliehen können – ob nun zu Wasser, auf dem Land oder in der Luft. Das von Menschen ausgeführte Töten per Knopfdruck wird dadurch wegfallen, stattdessen werden die Programme der Maschinen über Leben und

Tod entscheiden – und die Menschen in den betroffenen Gebieten auf eine nie dagewesene Art und Weise terrorisieren. Der Mensch wird sich während eines solchen Szenarios allerdings nicht der Verantwortung entziehen können. Gewissenslose Roboter können nicht als Mörder bezeichnet werden, jene, die sie kreiert haben, allerdings sehr wohl.

Bereits durch das Töten mit unbemannten Fluggeräten wurden jegliche moralische und ethische Grundsätze über Bord geworfen. Viele Staaten der westlich-demokratischen Gesellschaft zeigen in diesen Tagen den Willen dafür, mit den Tötungsmaschinen in den Krieg zu ziehen, um damit in erster Linie ihre eigenen Soldaten zu schonen. Dass es erst so weit gekommen ist, hat vor allem damit zu tun, dass entgegen aller Fakten die Narrative der präzisen Drohne, die ausschließlich böse Terroristen tötet, aufrechterhalten wurde. Sowohl Politiker als auch Militärs sind für diese Märchen anfällig geworden. Sie glauben der Illusion eines vermeintlich risikofreien Krieges. Dabei wird außer Acht gelassen, dass es einen risikofreien Krieg niemals geben kann. Der globale Drohnenkrieg, der hauptsächlich in muslimischen Staaten stattfindet, hat dazu beigetragen, dass das Risiko verlagert wurde – und zwar vom Militär westlicher Staaten auf deren Zivilbevölkerung. Mehrere extremistische Attentäter, die in den letzten Jahren das Ziel hatten, unschuldige Menschen zu töten, oder mit ihren Terrorplänen erfolgreich waren, machten im Nachhinein deutlich, dass erst der »Krieg gegen den Terror« der USA sowie der damit verbundene Drohnenkrieg zu ihrer Radikalisierung geführt hat. Umso mehr trifft das auf zahlreiche Menschen in Afghanistan, Pakistan, Jemen oder Somalia zu, deren Familienmitglieder nach Drohnenangriffen getötet wurden und die mittlerweile – aus nachvollziehbaren Gründen – unter den Flaggen von Taliban, al-Qaida und Co. kämpfen.

In Washington, Berlin, London und anderswo herrscht allerdings keinerlei Einsicht darüber. Durch die mechanisierte

Kriegsführung ist die Schwelle für einen Kriegseinsatz erheblich gesunken. Man setzt immer weniger auf Diplomatie, während man vermeintlich präzise Angriffe mit Drohnen vorzieht. Für westliche Sicherheitsapparate sind die »Todesengel« zur vermeintlich schnellsten und einfachsten Lösung für alle Konflikte geworden. Die unmittelbaren Folgen werden ausgeblendet und ignoriert. Alle Staaten, in denen die USA ihren Drohnenkrieg führen, sind seit Beginn der Operation »Enduring Freedom« deutlich instabiler geworden. Mit den ansteigenden Angriffen ließen sich auch mehr Rekruten für militante Gruppierungen vor Ort finden. Seit der Amtsübernahme Donald Trumps wurden bereits über 2000 Zivilisten allein in Irak und in Syrien durch US-Luftangriffe getötet. Im Juli 2017 fanden mindestens 358 US-Luftschläge in Afghanistan statt, die Hälfte davon traf die Provinz Nangarhar, wo laut UN mehr Zivilisten durch Luft- und Drohnenangriffe getötet als anderswo in Afghanistan.[33]

Gewalt erzeugt stets Gegengewalt. Die gegenwärtige Gewaltspirale, die vom Weißen Haus, der CIA und dem Pentagon auf mehreren Kontinenten in Gang gebracht wurde, ist allerdings kaum noch kontrollierbar. Sowohl in Afrika als auch im Nahen Osten und Asien wird der Tod per Knopfdruck ein Teil des Alltages bleiben. Die schrecklichen Folgen sind absehbar – und es wäre falsch zu behaupten, dass niemand vor ihnen gewarnt hätte. Gleichzeitig wird der Kampf jener, die unter den Drohnenangriffen gelitten und Freunde oder Verwandte verloren haben, weitergehen. Die juristische Realität rund um den Drohnenkrieg wird weiterhin trübselig bleiben und gibt den Opfern wenig Grund zur Hoffnung auf Gerechtigkeit. Die Täter sind mächtig und so gut wie unantastbar. Außerdem, so scheint es, profitieren sie vom sogenannten postfaktischen Zeitalter. So erscheint es doch auffallend zynisch und ironisch, dass sich viele Menschen in Anbetracht der Unfähigkeit von US-Präsident Trump einen Barack Obama ins Weiße Haus zurückwünschen. Der Mann, der den Drohnenkrieg der USA wie kein anderer etabliert hat, hat allerdings vorgesorgt und wahrscheinlich kein Interesse an einem solchen Posten. Bereits innerhalb der ersten einhundert Tage nach seinem Amtsausscheiden verdiente der Friedensnobelpreisträger bereits 800 000 Dollar durch zwei Reden, die er vor Wall-Street-Eliten hielt.[34] Obamas gesamter ehemaliger Sicherheitsapparat, der für das Erstellen der Kill List, die Ermordung von US-amerikanischen Staatsbürgern und anderen Zivilisten sowie die Degradierung von Kindern zu »Terroristen« sowie für zahlreiche weitere Vergehen verantwortlich ist, sind nicht zur Rechenschaft für ihre Verbrechen gezogen worden. Dass diese Menschen irgendwann in Gefängniszellen landen – woanders gehören sie nicht hin –, ist zum gegenwärtigen Zeitpunkt mehr als unwahrscheinlich. All jene, die unter ihren Drohnen gelitten haben, Menschen wie die Familie Rehman, die Geschwister von Sadiq Rahim Jan, Pasta Khan und die Nomaden aus Khost oder die Familie al-Awlaki aus Jemen, sind sich dieser Realität sehr wohl bewusst. Dennoch zeigen sie unnachgiebig, dass auch sie da sind und dass man die Deutungshoheit des US-amerikanischen Imperiums untergraben kann, indem man permanent dagegen ankämpft. Dies ist jetzt so – und dies wird auch weiterhin so bleiben.

Dank

Es gibt viele Menschen, die dieses Buch möglich gemacht haben. Unter ihnen etwa Nader Jaan, Fahim Jaan, Ismail Khan, Ali Jaan, Mohsin, Zaman und zahlreiche weitere Freunde und Verwandte, die mir sehr am Herzen liegen, allen voran meine Frau, die mich stets bereitwillig unterstützte und mich kurz nach unserer Hochzeit ohne mit der Wimper zu zucken in jene Gebiete reisen ließ, in denen Drohnenangriffe und anderweitige Kriegsgeschehen zum Alltag gehören. Sie hatte den festen Glauben, dass ich wohlauf zurückkehren würde, was in Anbetracht der gegenwärtigen Umstände leider alles andere als eine Selbstverständlichkeit ist. Mein größter Dank gilt allerdings all jenen Menschen, die ihre Geschichten mit mir teilten und entschlossen von ihrem Leben unter den Drohnenangriffen der USA berichteten. Sie sind es, die gehört werden müssen, und ohne sie hätte dieses Buch nicht geschrieben werden können.

Quellen

Vorwort

1 »Life as a drone operator: ›Ever step on ants and never give it another thought?‹«, *The Guardian*, 19.11.2015, online unter: www.theguardian.com. [21.08.2017]

Vom Aufstieg der Todesengel

1 Siehe z.B. hier: »Into the Valley of Death«, *Vanity Fair*, 3. Dezember 2007, online unter: www.vanityfair.com [7. August 2017].

2 Siehe einziges Transkript einer Drohnencrew, das bis jetzt veröffentlicht wurde: »Transcripts of U.S. drone attack«, *Los Angeles Times*, 8. April 2011, http://documents.latimes.com/transcript-of-drone-attack/ [7. August 2017]; Vergleiche auch: Cockburn, Andrew: *Kill Chain – The Rise of Hightech Assassins*, Picador 2016.

3 Vgl. Cockburn.

4 Ebd.

5 Abgesehen von eigener Recherche und Interviews auch hier: »4-Year-Old Aisha Lost Her Face in a U.S. Drone Strike«, *Information Clearing House*, 11. Juni 2014, online: www.informationclearinghouse.info/article38777.htm [7. August 2017].

6 Telefongespräch des Autors mit Meya Jan.

7 »Interview: Karzai says 12-year Afghanistan war has left him angry at U.S. government«, *The Washington Post*, 2. März 2014, online unter: www.washingtonpost.com [7. August 2017].

8 E-Mail-Austausch des Autors mit Hamid Karzais ehemaligem Sprecher.

9 »What Happens if We Leave Afghanistan«, *TIME*, 9. August 2010.

10 »Exclusive: Inside the Mysterious ›Death‹ of Taliban Leader Mullah Omar«, Newsweek, 29. Juli 2015, online unter: www.newsweek.com. [22.08.2017]

11 Gopal, Anand: No Good Men Among the Living: America, the Taliban, and the War through Afghan Eyes, Metropolitan Books 2014.

12 »Last Year President Obama Reportedly Told His Aides That He's ›Really Good At Killing People‹«, *Business Insider*, 2. November 2013, online unter: www.businessinsider.com [7. August 2017].

13 »Drones of Cold War«, online unter: http://www.tycoonstory.com/techno logy/drones-cold-war/ [7. August 2017].
14 »The dronefather«, *The economist*, 1. Dezember 2012, online unter: www.economist.com [7. August 2017].
15 »India's Role in Afghanistan: Past Relations and Future Prospects«, *Foreign Policy Journal*, 30. November 2010, online unter: www.foreignpolicyjournal.com [7. August 2017].
16 Telefongespräch des Autors mit Mohamedou Ould Slahi.
17 Siehe z.B. hier: »Al Qaeda's Balkan Links«, *Wall Street Journal*, 1. November 2001, online unter: [7. August 2017].
18 Siehe z.B. hier: »Rescuers search for life in rubble of Nairobi bomb attack«, online unter: cnn.com [7. August 2017].
19 »Bill Clinton's Act of Terrorism«, *Jacobin Mag*, 10. Dezember 2016, online unter: www.jacobinmag.com [7. August 2017].
20 National Commission on Terrorist Attacks: *The 9/11 Commission Report*, Government Printing Office, 2004, PDF unter: https://9-11commission.gov/re port/ [7. August 2017].
21 Siehe u.a. hier: »The Central Intelligence Agency's 9/11 File«, *The National Security Archive*, 19. Juni 2012, online unter: http://nsarchive.gwu.edu/ [17. August 2017]
22 »Drone operators had Bin Laden in crosshairs a year before 9/11«, 19. November 2014, online unter: https://www.rt.com/ [17. August 2017]
23 »U.S. President George W. Bush addresses the Corps of Cadets«, *The Citadel*, 11. Dezember 2001, online unter: http://www3.citadel.edu/ [17. August 2017]
24 »There is Much More to Say«, *ZNET*, Mai 2011, online unter: https://chomsky.info/ [17. August 2017]
25 »Noam Chomsky: ›American Sniper‹ teaches you to hate the ›damn savages‹ the US murders every day«, *Rawstory*, 26. Januar 2015, online unter: http://www.rawstory.com/ [17. August 2017]
26 »Former Navy Seal sniper Chris Kyle shot dead at Texas gun range«, *The Guardian*, 3. Februar 2013, online unter: https://www.theguardian.com/ [17. August 2017]
27 »Native Americans object to linking Geronimo to bin Laden«, *CNN*, 6. Mai 2011, online unter: http://edition.cnn.com/ [17. August 2017]

Wen Drohnen wo töten

1 »The United States Probably Has More Foreign Military Bases Than Any Other People, Nation, or Empire in History«, *The Nation*, 14. September 2015, online unter: https://www.thenation.com/ [17. August 2017]
2 Turse, Nick: *Tomorrow's Battlefield: U.S. Proxy Wars and Secret Ops in Africa*, Haymarket Books 2015, S. 33.
3 Woodward, Bob: *Bush at War. Amerika im Krieg*, DVA, 2003.
4 Siehe z.B. hier: »Angry Letters to the One Member of Congress Who Voted Against the War on Terror«, *The Atlantic*, 14. September 2014, online unter: https://www.theatlantic.com/ [17. September 2017]
5 u.a. Woodward, 2003 oder Dame, Bette: *A Man and A Motorcycle: How Hamid Karzai Came to Power*, Ipso Facto, 2014

6 »Wir sind eine Welt«, *Spiegel Online*, 15. September 2001, online unter: http://www.spiegel.de/ [17. August 2017]
7 »Grüne sagen Ja zum Bunderwehr-Einsatz«, *Spiegel Online*, 24. November 2001, online unter: http://www.spiegel.de/ [17. August 2017]
8 Woodward, 2003.
9 »U.S. Military Now Says ISIS Leader Was Held In Notorious Abu Ghraib Prison«, *The Intercept*, 25. August 2016, online unter: https://theintercept.com/ [17. August 2017]
10 U. a. hier: »US ›uses incendiary arms‹ in Iraq«, *BBC News*, 8. November 2005, online unter: http://news.bbc.co.uk/ [17. August 2017]
11 Ross, Alica K., Serle, Jack und Willis, Tom: »Tracking drone strikes in Afghanistan: a scoping study«, Remote Control, Juli 2014, PDF unter: http://remotecontrolproject.org/ [17. August 2017]
12 »Manhunting in the Hindu Kush«, *The Intercept*, 15 October 2015, online unter: https://theintercept.com/drone-papers/manhunting-in-the-hindu-kush/ [17. August 2017]
13 »UN calls on parties to take urgent measures to halt civilian casualties, as numbers for 2016 reach record high«, *UNAMA*, 6. Februar 2017, online unter: https://unama.unmissions.org/ [17. August 2017]
14 UNAMA: *Afghanistan. Protection of Civilians in Armed Conflict. Midyear Report 2017*, online PDF: unama.unmissions.org/sites/default/files/protection_of_civilians_in_armed_conflict_midyear_report_2017_july_2017.pdf [22. August 2017]
15 Interview des Autors mit Hamid Karzai
16 »Six Insurgents Killed in U.S. Drone Strike in Wardak«, *Tolo News*, 8. Mai 2017, online unter: http://www.tolonews.com/afghanistan/six-insurgents-killed-us-drone-strike-wardak [17. August 2017]
17 Gespräche des Autors mit Einheimischen vor Ort
18 Dorf wurde von Autor besucht
19 Interview des Autors mit Mohammad Kabeer Aluzai, vor Ort in Wardak
20 Siehe z.B. hier: »Afghanistan: PTSDland«, *Pulitzer Center*, 13. August 2012, online unter: http://pulitzercenter.org/ [17. August 2017]
21 Interview des Autors mit Abdul Hadi in Khost
22 »Ashraf Ghani sworn in as Afghan president; U.S. troops to stay put«, *Los Angeles Times*, 29. September 2014, online unter: http://www.latimes.com/ [17. August 2017]
23 Interview des Autors mit Nura Jan und Pasta Khan in Khost
24 »Hellfire-Raketen mit schönen Grüßen aus Berlin«, *Zeit Online*, 21. September 2016, online unter: http://www.zeit.de/ [17. August 2017]
25 Z. B hier: »How The CIA Can Send A Drone After Any Mobile Phone«, *Fast Company*, 22. Juli, 2013, online unter: https://www.fastcompany.com/ [17. August 2017]
26 »The NSA's Secret Role In The U.S. Assassination program«, *The Intercept*, 10. Februar 2014, online unter: https://theintercept.com/ [17. August 2017]
27 Ebd.
28 »Taliban Car Bomb Targeting Elite Afghan Force Kills at Least 12«, *The New York Times*, 27. Mai 2017, online unter: https://www.nytimes.com/ [17. August 2017]

29 Air strike kills Taliban leader Baitullah Mehsud«, *The Guardian,* 7. August 2009, online unter: https://www.theguardian.com/ [17. August 2017]

30 »Al Qaeda claims attack on CIA workers in Afghanistan«, *Reuters,* 7. Januar 2010, online unter: http://ca.reuters.com/ [17. August 2017], siehe auch: Taliban factions compete for credit in CIA bombing deaths«, *CNN*, 4. January 2010, online unter: http://edition.cnn.com/ [17. August 2017]

31 U. a. auch hier: »CIA runs shadow war with Afghan militia implicated in civilian killings«, *The Washington Post,* 3. Dezember 2015, online unter: https://www.washingtonpost.com/

32 U. a auch hier: »Civilian Deaths Raise Questions About C.I.A-Trained Forces in Afghanistan«, *The New York Times,* 3. Dezember 2015, online unter: https://www.nytimes.com/

33 Ebd.

34 Gespräch mit dem Autor, andere Quellen vor Ort

35 Ebd.

36 https://docs.google.com/spreadsheets/d/1NAfjFonM-Tn7fziqiv33HlGt09wgLZDSCP-BQaux51w/edit?usp=sharing

37 U. a. hier: »How Osama bin Laden Was Located and Killed«, *The New York Times,* 2. Mai 2011, online unter: http://www.nytimes.com/ [17. August 2017]

38 Siehe z.B. hier: »A Long History of Rebellion in the Mountains of Pakistan«, *The New York Times,* 30. Juni 2014, online unter: https://www.nytimes.com/ oder hier: »The Bombing of Waziristan«, *Air & Space Magazine,* Juli 2017, online unter: http://www.airspacemag.com/

39 »41 men targeted but 1,147 people killed: US drone strikes – the facts on the ground«, *The Guardian,* 24. November 2014, online unter: https://www.theguardian.com/ [17. August 2017]

40 Siehe z.B. hier: »Pakistan army accused of extrajudicial killings in Swat«, *BBC News*, 16. Juli 2010, online unter: http://www.bbc.com/ [17. August 2017]

41 PSR: »Body Count: Casualty Figures after 10 Years of the »War of Terror«««, March 2015, online PDF: http://www.psr.org/assets/pdfs/body-count.pdf [17. August 2017]

42 Schriftliches Interview des Autors mit der Familie Rehman

43 Interview des Autors mit Mirza Shahzad Akbar

44 U. a. hier: »Pakistani drone victims' lawyer accuses US of blocking his visit to Congress«, *The Guardian,* 24. September 2013, online unter: https://www.theguardian.com/ [17. August 2017]

45 U. a. hier: »Drone strikes: tears in Congress as Pakistani family tells of mother's death«, *The Guardian*, 29. Oktober 2013, online unter: https://www.theguardian.com/ [17. August 2017]

46 »Malala's father gets job in Pakistan's UK consulate near her«, *CNN,* 3. Januar 2013, online unter: http://edition.cnn.com/ [17. August 2017]

47 »Malala to Obama: Drone strikes ›fueling terrorism‹«, *CNN,* 3. Januar 2013, online unter: http://edition.cnn.com/ [17. August 2017]

48 »Evidence suggests U.S. missile used in strike«, *NBC News,* 12. Mai 2005, online unter: http://www.nbcnews.com/ [17. August 2017]

49 »Only 4% of drone victims in Pakistan named as Al Qaeda members«, *The Bureau Of Investigative Journalism,* 16. October 2014, online unter: https://www.thebureauinvestigates.com/ [17. August 2017]

50 »Artists in Pakistan target drones with giant posters of child victims«, *Independent*, 8. April 2014, online unter: http://www.independent.co.uk/ [17. August 2017]
51 »Wer nach Waziristan geht und dort umkommt, ist selbst schuld«, *Telepolis*, 13. Januar 2014, online unter: https://www.heise.de/ [17. August 2017]
52 »Deutscher Konvertit stirbt bei US-Drohnenangriff«, *Das Erste*, 13. Januar 2014, online unter: http://daserste.ndr.de/ [17. August 2017]
53 »The UN Says US Drone Strikes in Yemen Have Kille More Civilians Than al Qaeda«, *Vice News*, 15. September 2015, online unter: https://news.vice.com/ [17. August 2017]
54 »Strikes in Yemen«, *The Bureau Of Investigative Journalism*, online unter: https://www.thebureauinvestigates.com/projects/drone-war/charts?show_casualties=1&show_injuries=1&show_strikes=1&location=yemen&from=2002-1-1&to=now [17. August 2017]
55 »100 civilians killed a month in Yemen war, most by coalition: U.N.«, *Reuters*, 24. März 2017, online unter: https://www.reuters.com/ [17. August 2017]
56 »Yemen war: Saudi coalition ›causing most civilian casualties‹«, *BBC News*, 18. März 2016, online unter: http://www.bbc.com/ [17. August 2017]
57 »Yemen conflict: How bad is the humanitarian crisis?«, *BBC News*, 28. März 2017, online unter: http://www.bbc.com/ [17. August 2017]
58 »Inside America's Dirty Wars«, *The Nation*, 24. April 2013, online unter: https://www.thenation.com/article/inside-americas-dirty-wars/ [17. August 2017]
59 »The Drone That Killed My Grandson«, *The New York Times*, 17. Juli 2013, online unter: http://www.nytimes.com/ [17. August 2017]
60 »How Team Obama Justiefies the Killing of a 16-Year-Old American«, *The Atlantic*, 24. Oktober 2012, online unter: https://www.theatlantic.com/ [17. August 2017]
61 »‹Militants‹: media propaganda«, 29. Mai 2012, online unter: http://www.salon.com/ [17. August 2017]
62 »Alleged target of drone strike that killed American teenager is alive, according to state department«, *The Intercept*, 5. Januar 2017, online unter: https://theintercept.com/ [17. August 2017]
63 Jaffer, Jameel: *The Drone Memos*, The New Press, 2016
64 »The numbers behind the worldwide trade in drones«, *The Guardian*, 16. März 2015, online unter: https://www.theguardian.com/ [17. August 2017]
65 »Gaza: Life and death under Israel's drones«, 28. November 2013, online unter: http://www.aljazeera.com/ [17. August 2017]
66 Ebd.
67 »Precisely Wrong: Gaza Civilians Killed by Israeli Drone-Launched Missiles«, 30. Juni 2009, online unter: https://www.hrw.org/report/ [17. August 2017]
68 Ebd. und hier: »P'Tselem's investigation of fatalities in Operation Cast Lead«, online PDF: https://www.btselem.org/download/20090909_cast_lead_fatalities_eng.pdf [17. August 2017]
69 »Precisely Wrong: Gaza Civilians Killed by Israeli Drone-Launched Missiles«, *Human Rights Watch*, 30. Juni 2009, online unter: www.hrw.org [22.08.2017]
70 U.a. hier: »Sixty percent of global drone exports come from Isreal – new data«, 24. März 2015, online unter: https://electronicintifada.net/ [17. August 2017]

71 »Remembering Mamoun, killed by an Israeli missile as he played football«, 22. Juni 2012, online unter: https://electronicintifada.net/ [17. August 2017]
72 Z.B. hier: »Killer Drones«, Dezember 2013, online unter: http://www.waronwant.org/resources/killer-drones [17. August 2017]
73 »How Many Bombs Did the United States Drop in 2016?«, 5. Januar 2017, online unter: https://www.cfr.org/ [17. August 2017]
74 »On His Way Out the Door Obama Bombs Libya One Last Time«, 19. Januar 2017, online unter: https://www.commondreams.org/news/ [17. August 2017]
75 »Senior Libyan al-Quaida leader reported slain in drone strike«, *Military Times,* 15. November 2016, online unter: http://www.militarytimes.com/articles/ [17. August 2017]
76 »Mapped. The U.S. military's presence in Africa«, 1. Mai 2013, online unter: http://foreignpolicy.com/ [17. August 2017]
77 »The Stealth Expansion Of A Secret U.S. Drone Base In Africa«, *The Intercept,* 21. Oktober 2015, online unter: https://theintercept.com/ [17. August 2017]
78 Turse 2015, S. 15.
79 »US shuts drone base in Ethiopia«, *BBC News,* 4. Januar 2016, online unter: http://www.bbc.com/news/ [17. August 2017]
80 »Predator B Extended Range Conducts First Flight With Long Wings«, 25. Februar 2016, online unter: http://www.ga.com/ [17. August 2017]
81 »U.S. has secretly expanded its global network of drone bases to North Africa«, *The Washington Post,* 26. Oktober 2016, online unter: https://www.washingtonpost.com/ [17. August 2017]
82 Turse 2015.
83 Siehe u.a. hier: »Obama administration expands elite military unit's powers to hunt foreign fighters globally«, *The Washington Post,* 25. November 2016, online unter: https://www.washingtonpost.com/ [17. August 2017]
84 »Pentagon: Special OPS Killing of Pregnant Afghan Woman Was »Appropriate« Use Of Force«, *The Intercept,* 1. Juni 2016, online unter: https://theintercept.com/ [17. August 2017]
85 Turse 2015, S. 9
86 Turse 2015, S. 25
87 Turse 2015, S. 31, siehe auch: »Ansaru: A Profile of Nigeria's Newest Jihadist Movement«, 10. Januar 2013, online unter: https://jamestown.org/ [17. August 2017]
88 U.a. hier: »Democratic Republic of Congo: Ending Impunity for Sexual Violence«, 10. Juni 2014, online unter: https://www.hrw.org/news/ [17. August 2017]
89 Turse 2015, S. 32
90 »Rumblings Along the Coast«, 11. September 2012, online unter: http://foreignpolicy.com/ [17. August 2017], Siehe auch: »Deaths and Disappearances«, 10. Juli 2016, online unter: https://www.hrw.org/report/ [17. August 2017]
91 »Ethiopia: Army Commits Torture, Rape«, 28. August 2012, online unter: https://www.hrw.org/news/ [17. August 2017]
92 »Pentagon Denies Knowledge of Cameroon Base Abuses — Despite Being Aware of Reports of Torture«, *The Intercept,* 31.07.2017, online unter: theintercept.com [17. August 2017]

93 »Obama Expands War With Al Qaeda to Include Shabab in Somalia«, *The New York Times*, 27. November 2016, online unter: http://www.nytimes.com/ [17. August 2017]

94 »Strikes in Somalia«, *The Bureau Of Investigative Journalism*, online unter: https://www.thebureauinvestigates.com/projects/drone-war/charts?show_casualties=1&location=somalia&from=2007-1-1&to=now [17. August 2017]

95 »U.S. Strikes in Somalia Kill 150 Shabab Fighters«, *The New York Times*, 7. März 2016, online unter: https://www.nytimes.com/ [17. August 2017]

96 »Nobody Knows The Identities of the 150 People Killed by U.S. in Somalia, but Most Are Certain They Deserved It«, *The Intercept*, 8. März 2016, online unter: https://theintercept.com/ [17. August 2017]

97 »Bundesregierung bittet USA, Afrika-Kommando in Stuttgart nicht groß zu verkünden«, *Süddeutsche Zeitung*, 28. November 2013, online unter: http://www.sueddeutsche.de/ [17. August 2017]

98 Die Diffamierung der Weißhelme infolge der Oscarauszeichnung für den Dokumentarfilm über ihre Arbeit, geht, soweit ich das beurteilen kann, auf eine Schmutzkampagne seitens der Assad-Regierung und der Regierung Putin zurück. Die meisten Vorwürfe sind haltlos. Die Weißhelme tauchen nach jedem Luftangriff auf, nicht nur nach russischen, sondern auch nach US-amerikanischen, und waren sogar konkret daran beteiligt, ein US-Kriegsverbrechen aufzudecken.

99 Human Rights Watch: »Attack on the Omar Ibn al-Khatab mosque«, online PDF: https://features.hrw.org/features/slider_features/Syria-mosque-mar2017/imgs/syria0417web.pdf [17. August 2017]

100 »Confirmed: US Responsible for ›Aleppo Mosque Bombing‹«, 16. März 2017, online unter: https://www.bellingcat.com/ [17. August 2017]

101 »U.S. finds that March airstrike that struck building described as mosque was legal«, *The Washington Post*, 7. Juni 2017, online unter: https://www.washingtonpost.com/ [17. August 2017]

102 »The Pentagon says one civilian died in drone strike on Syrian mosque. Witnesses say it killed dozens«, *The Intercept*, 22. Juni 2017, online unter: https://theintercept.com/ [17. August 2017]

103 Ebd.

104 Ebd.

105 »International airstrikes and civilian casualty claims in Iraq and Syria: June 2017«, 12. Juli 2017, online unter: https://airwars.org/ [17. August 2017], siehe auch: »US-led coalition kills nearly 500 civilians in one month in Syria in record high«, *The Telegraph*, 23. Juni 2017, online unter: http://www.telegraph.co.uk/ [17. August 2017], siehe auch: »US-led coalition is ›killing more civilians than Russia‹«, *The Telegraph*, 23. Februar 2017, online unter: http://www.telegraph.co.uk/ [17. August 2017]

106 »Trump's Air War Has Already Killed More Than 2,000 Civilians«, 17. Juli 2017, online unter: http://www.thedailybeast.com/ [17. August 2017]

Die Täter

1 Vollständiges Transkript der Crew online unter: http://documents.latimes.com/transcript-of-drone-attack/ [17. August 2017]

2 »Anatomy of an Afghan war tragedy«, 10. April 2011, online unter: http://articles.latimes.com/ [17. August 2017]

3 »Life as a drone operator: ›Ever step on ants and never give it another thought?‹«, *The Guardian,* 19. November 2015, online unter: https://www.theguardian.com/ [17. August 2017]

4 Ebd.

5 »Drone Pilots Are Found to Get Stress Disorders Much as Those in Combat Do«, *The New York Times,* 22. Februar 2013, online unter: http://www.nytimes.com/ [17. August 2017]

6 »Obama's drone war a ›recruitment tool‹ for ISIS, say US air force whistleblowers«, *The Guardian,* 18. November 2015, online unter: https://www.theguardian.com/ [17. August 2017]

7 Interview des Autors mit Lisa Ling.

8 »Obama's secret kill list – the disposition matrix«, *The Guardian,* 14. Juli 2013, online unter: https://www.theguardian.com/ [21. August 2017]

9 »CIA veteran John Brennan has transformed U.S. counterterrorism policy«, *The Washington Post,* 24. Oktober 2012, online unter: https://www.washingtonpost.com/ [21. August 2017]

10 Z. B hier: »Donald Trump on terrorists: ›Take out their families‹«, *CNN*, 2. Dezember 2015, online unter: http://edition.cnn.com/ [21. August 2017]

11 Interview des Autors mit Bilal Abdul Kareem via Skype

12 »US ›kill list‹: Five times Bilal Abdul Kareem narrowly escaped death«, 1. April 2017, online unter: http://www.middleeasteye.net/ [21. August 2017]

13 NYT-Porträt von Bilal Abdul Kareem: »Reporting from Syria, an American With a Point of View and a Message«, *The New York Times,* 10. März 2017, online unter: https://www.nytimes.com/ [21. August 2017]

Komplizen

1 »Bundesregierung bittet USA, Afrika-Kommando in Stuttgart nicht groß zu verkünden«, *Süddeutsche Zeitung,* 28. November 2013, online unter: http://www.sueddeutsche.de/ [21. August 2017]

2 Remarks by President Obama and German Chancellor Merkel in Joint Press Conference«, *The White House,* 19. Juni 2013, online unter: https://obamawhitehouse.archives.gov/ [21. August 2017]

3 Fuchs, Christian: *kompakt: US-Militärlogistik – Based in Germany,* Ohne Rüstung Leben, März 2014, online PDF: https://www.ohne-ruestung-leben.de/fileadmin/user_upload/drucke/komp-drohnen-2014.pdf [21. August 2017]

4 Alle Daten beruhen auf Angaben des Pentagons.

5 »Germany is the tell-tale heart of America's drone war«, *The Intercept,* 27. April 2015, online unter: https://theintercept.com/ [21. August 2017]

6 »Martin Schulz (SPD) & Co kennen nicht Deutschlands Rolle im US-Drohnenkrieg #Ramstein«, 27.06.2017, online unter: https://www.youtube.com/

7 Siehe ebd. (Drone Papers von Intercept)

8 »Ex-NSA Chief: ›We Kill People Based on Metadata‹«, 12. Mai 2014, online unter: http://abcnews.go.com/ [21. August 2017]
9 »Verräterische Signale«, *Süddeutsche Zeitung,* 13. August 2013, online unter: http://www.sueddeutsche.de/ [21. August 2017]
10 »Bundesanwalt stellt Verfahren wegen Drohnenattacke ein«, *Spiegel Online,* 1. Juli 2013, online unter: http://www.spiegel.de/ [21. August 2017]
11 Gysi, Dr. Gregor, und Fraktion: »Kleine Anfrage«, H. Heenemann GmbH & Co., 21. November 2011, online PDF: https://dip21.bundestag.de/dip21/btd/17/077/1707799.pdf [21. August 2017]
12 »Regierung verschweigt den Tod eines Deutschen«, *Die Welt*, 25.11.2010, online unter: www.welt.de [21.08.2017]
13 Deutscher Konvertit stirbt bei US-Drohnenangriff«, *Das Erste*, 13. Januar 2014, online unter: http://daserste.ndr.de/ [21. August 2017]
14 Bundesnachrichtendienst »ein Wurmfortsatz der NSA««, *Frankfurter Allgemeine Zeitung,* 4. Juli 2014, online unter: http://www.faz.net/ [21. August 2017]
15 Gysi, Dr. Gregor, und Fraktion: »Antwort der Bundesregierung«, H. Heenemann GmbH & Co., 21. November 2011, online unter: http://dipbt.bundestag.de/dip21/btd/17/115/1711597.pdf [21. August 2017]
16 »Live-Blog aus dem Geheimdienst-Untersuchungsausschuss: BND gab Handynummern von Asylbewerber-Befragungen an USA«, 22. Oktober 2016, online unter: https://netzpolitik.org/ [21. August 2017]
17 »BND befragte Geflüchtete zusammen mit den USA und weiß nicht, was mit den Daten passierte«, 11. Januar 2017, online unter: https://netzpolitik.org/ [21. August 2017]
18 Gespräch des Autors mit dem Afghanen Saleem, Daten aus Sicherheitsgründen anonymisiert.
19 »Deutsche Behörde horcht Asylbewerber aus«, *Süddeutsche Zeitung,* 20. November 2013, online unter: http://www.sueddeutsche.de/ [21. August 2017]
20 Interviews des Autors mit Sadiq Rahim Jans Familienmitglieder.
21 Schriftliches Interview des Autors mit Jeff Bachman.
22 »Radio Free Europe, Radio Liberty, the CIA and the News Media by S Cone«, 1998/1999, online unter: http://media.leeds.ac.uk/papers/vp0123ae.html [21. August 2017]
23 Gespräch einer anonymen Quelle mit dem Autor
24 Gespräch des Autors mit Noor Behram; u.a. auch hier: »The Unblinking Stare«, *The New Yorker*, 24. November 2014, online unter: http://www.newyorker.com/magazine/ [21. August 2017]
25 »After 12 rejections, Apple accepts app that tracks U.S. drone strikes«, *The Intercept*, 28. März 2017, online unter: https://theintercept.com/ [21. August 2017]

Radikalisierung und Propaganda

1 Vgl. hier: Nawaz, Shuja: *FATA – A Most Dangerous Place,* Center for Strategic & International Studies, Januar 2009, online PDF: https://csis-prod.s3.amazonaws.com/s3fs public/legacy_files/files/media/csis/pubs/081218_nawaz_fata_web.pdf
2 Interview des Autors mit Esmatullah Bashari in Khogyani, Afghanistan

3 Z. B. hier: »Afghan President Warns Against Shifting Focus From His Country«, 8. Februar 2015, online unter: https://www.voanews.com/ [21. August 2017]

4 »›Mother of all bombs‹ killed 94 ISIS fighters, Afghan official says«, *CNN*, 15. April 2017, online unter: http://www.cnn.com/ [21. August 2017]

5 MOAB hit caves used by ISIS, drug smugglers and Osama bin Laden«, *CNN*, 14. April 2017, online unter: http://www.cnn.com/ [21. August 2017]

6 Alle Interviews wurden vom Autor in Khogyani, Afghanistan, geführt.

7 For Times Sq. Suspect, Long Roots of Discontent«, *The New York Times*, 15. Mai 2010, online unter: http://www.nytimes.com/ [21. August 2017]

8 »John Prescott: It wasn't just Jihadi John that radicalised young Muslims – it's our fault to«, *Mirror*, 21. März 2015, online unter: http://www.mirror.co.uk/news/ [21. August 2017]

9 »Lord Prescott says Tony Blair's ›bloody crusades‹ radicalized Muslims«, *The Telegraph*, 13. März 2015, online unter: http://www.telegraph.co.uk/ [21. August 2017]

10 PSR: *Casualty Figures after 10 Years of the »War on Terror«*, Body Count, März 2015, online PDF: https://www.ippnw.de/commonFiles/pdfs/Frieden/Body_Count_first_international_edition_2015_final.pdf [21. August 2017]

11 Eigene Übersetzung, Quelle: »Department of Defense Press Briefing by Colonel Warren via teleconference from Baghdad, Iraq«, *Department of Defense*, 11. März 2016, online unter: https://www.defense.gov/ [21. August 2017]

12 The U.S. military's stats on deadly airstrikes are wrong. Thousands have gone unreported«, *Military Times*, 5. Februar 2017, online unter: https://www.militarytimes.com/ [21. August 2017]

13 How Many Bombs Did the United States Drop in 2016?«, 5. Januar 2017, online unter: http://blogs.cfr.org/ [21. August 2017], siehe auch: »The U.S. Military Is Reporting Alternative Facts«, 7. Februar 2017, online unter: http://foreignpolicy.com/ [21. August 2017]

14 »Summary of Information Regarding U.S. Counterterrorism Strikes Outside Areas of Active Hostilities«, online PDF: https://www.documentcloud.org/documents/2938175-DNI-Drone-Numbers.html#document/p1 [21. August 2017]

15 Interview des Autors mit Mirza Shahzad Akbar

16 Columbia Law School Human Rights Clinic, Sana'a Center for Strategic Studies: *Out of the Shadows. Recommendations to Advance Transparency in the Use of Lethal Force*, Columbia, South Carolina 2017. Der 175-seitige Bericht ist online verfügbar unter: https://www.outoftheshadowsreport.com/ [10. August 2017]

Blick in die Zukunft

1 Zusammenschluss mehrerer Europäischer Staaten zur Weiterentwicklung der Drohnentechnologie.

2 U.S. Airstrikes in Iraq and Syria, Versus Drone Strikes in Pakistan, Yemen, and Somalia«, 10 November 2016, online unter: https://www.cfr.org/ [21. August 2017]

3 Exklusives Video liegt nur dem Autor vor und ist online nicht verfügbar.

4 Z. B. hier: »In Depth World of Drones: 5. Non-State Actors with Drone Capabilities«, *New America*, 2017, online unter: https://www.newamerica.org/

[21. August 2017] und hier: »Pentagon Confronts a New Threat From ISIS: Exploding Drones«, *The New York Times,* 11. Oktober 2016, online unter: https://www.nytimes.com/ [21. August 2017]

5 Unter anderem hier: Hoenig, Milton: *Hezbollah and the Use of Drones as a Weapon of Terrorism*, Public Interest Report, Frühjahr 2014, online PDF: https://fas.org/wp-content/uploads/2014/06/Hezbollah-Drones-Spring-2014.pdf [21. August 2017]

6 U. a. hier: »Houthi forces appear tob e using Iranian-made drones to ram Saudi air defenses in Yemen, report says«, *The Washington Post,* 22. März 2017, online unter: https://www.washingtonpost.com/ [21. August 2017]

7 »Hamas blames Israel for killing of drone expert in Tunisia«, *Reuters,* 17. Dezember 2016, online unter: http://www.reuters.com/ [21. August 2017]

8 »Israeli fighter jet shoots down Hamas drone over Gaza«, *The Jerusalem Post*, 20. September 2016, online unter: http://www.jpost.com/ [21. August 2017]

9 »In Depth World of Drones: 5. Non-State Actors with Drone Capabilities«, *New America,* 2017, online unter: https://www.newamerica.org/ [21. August 2017]

10 »Journalist attempting to sue over CIA drone strike that killed son and brother in Pakistan says he will ›never let go‹«, *Independent*, 27. September 2016, online unter: http://www.independent.co.uk/ [21. August 2017], siehe auch: »Pakistan Is Investigating a CIA Official Accused of Murder After a US Drone Strike«, *Vice News*, 1. Mai 2015, online unter: https://news.vice.com/ [21. August 2017]

11 Pakistan anti-drone activist Kareem Khan reappears«, *BBC News*, 14. Februar 2014, online unter: http://www.bbc.com/ [21. August 2017]

12 »Abducted Pakistani drone activist freed«, 14. Februar 2014, online unter: http://www.aljazeera.com/ [21. August 2017]

13 »Vergessenes Belutschistan«, 2015, online unter: https://de.qantara.de/ [21. August 2017]

14 »Drone victim meets with German MPs and officials in wake of Pakistan kidnapping«, 17. Feburar 2014, online unter: http://www.reprieve.org.uk/ [21. August 2017]

15 »US to pay €1m to family of Italian aid worker killed in drone strike«, *The Guardian,* 16. September 2016, online unter: https://www.theguardian.com/

16 Telefoninterview des Autors mit Mohammad Qasim und anderen Verwandten Mohammad Azams.

17 Anfrage des Autors gemeinsam mit der NYT an das State Departement

18 Interview des Autors mit Karim Popal

19 »Our Condolences«, *The Intercept,* 27. Februar 2015, online unter: https://theintercept.com/ [21. August 2017]

20 UNAMA: *Afghanistan Human Rights and Protection of Civilians in Armed Conflict – Special Report on Kunduz Province,* 12. Dezember 2015, online PDF: https://unama.unmissions.org/sites/default/files/special_report_on_kunduz_province_12_december_2015.pdf [21. August 2017], siehe auch: Medecins sans Frontières: *Initial MSF internal review: Attack on Kunduz Trauma Centre Afghanistan,* 5. November 2015, online PDF: http://www.doctorswithoutborders.org/sites/usa/files/msf_kunduz_review.pdf [21. August 2017]

21 »Death From the Sky«, *The Intercept,* 28. April 2016, online unter: https://theintercept.com/ [21. August 2017]

22 »Afghan civilians killed in NATO air strike in Kunduz«, 4. November 2016, online unter: http://www.aljazeera.com/ [21. August 2017]

23 »US says 33 Afghanistan civilians died in special forces raid last year«, *The Guardian,* 12. Januar 2017, online unter: https://www.theguardian.com/ [21. August 2017]

24 »Former US military personnel urge drone pilots to walk away from controls«, *The Guardian,* 17. Juni 2015, online unter: https://www.theguardian.com/ [21. August 2017]

25 »The Pentagon's ›Terminator Conundrum‹: Robots That Could Kill on Their Own«, *The New York Times,* 25. Oktober 2016, online unter: https://www.ny ,times.com/ [21. August 2017]

26 Hier wird auf den Comic-Helden Iron Man, kreiert von Marvel's Stan Lee, und die Science-Fiction-Figur Terminator, einst gespielt von Arnold Schwarzenegger, angespielt. Während Tony Stark in den Comics einen eisernen Anzug entwickelt hat, der ihn beschützt und Menschenleben rettet, ist der Terminator eine brutale Waffe, die konstruiert wurde, um Menschen zu töten.

27 »Pentagon Video Warns of »Unavoidable« Dystopian Future for World's Biggest Cities«, *The Intercept,* 13. Oktober 2016, online unter: theintercept.com [21. August 2017]

28 »Elon Musk leads 116 experts calling for outright ban of killer robots«, *The Guardian,* 20. August 2017, online unter: www.theguardian.com [22.08.2017]

29 »U.S. May Begin Airstrikes Against ISIS in Philippines«, *NBC News,* 7. August 2017, online unter: http://www.nbcnews.com/ [21. August 2017]

30 »Exclusive: No New US Drone Strikes In The Philippines, US Defense Official Says«, *The Daily Caller,* 8. August 2017, online unter: dailycaller.com [21. August 2017]

31 »The Drone Zone«, *The New York Times Magazine,* 6. Juli 2012, online unter: http://www.nytimes.com/ [21. August 2017]

32 »Deadly Drone Strike on Muslims in the Southern Philippines«, *Brookings,* 5. März 2012, online unter: https://www.brookings.edu/ [21. August 2017]

33 »Afghanistan air war: US strikes pound Islamic state bastion«, 7. August 2017, online unter: https://www.thebureauinvestigates.com/ [21. August 2017], siehe auch: »Extreme harm to Afghan civilians continues as suicide attacks worsen, latest UN report shows«, *UNAMA,* 17. Juli 2017, online unter: https://unama.unmissions.org/ [21. August 2017]

34 »Barack Obama paid another $400,000, this time for a 90-minute speech to advertisers«, *Independent,* 28. April 2017, online unter: http://www.independent.co.uk/ [21. August 2017]